中华人民共和国海船船员适任评估教材

交通运输类"十四五"创新教材

符合《海船船员适任评估规范（2024版）》评估要求

U0771135

电子电气员实操评估I

——船舶电站操作与维护、船舶电子电气管理与工艺

Ⓜ **中国海事服务中心** 组织编写

大连海事大学出版社

DALIAN MARITIME UNIVERSITY PRESS

图书在版编目（CIP）数据

电子电气员实操评估. Ⅰ, 船舶电站操作与维护、船舶电子电气管理与工艺／中国海事服务中心组织编写. 大连：大连海事大学出版社，2025. 6. —（中华人民共和国海船船员适任评估教材）. — ISBN 978-7-5632 -4706-6

Ⅰ. U665.14

中国国家版本馆 CIP 数据核字第 2025ZQ7466 号

大连海事大学出版社出版

地址：大连市黄浦路523号　邮编：116026　电话：0411-84729665（营销部）　84729480（总编室）
http：//press.dlmu.edu.cn　E-mail：dmupress@ dlmu.edu.cn

大连天骄彩色印刷有限公司印装　　　　　大连海事大学出版社发行

2025 年 6 月第 1 版　　　　　　　　　2025 年 6 月第 1 次印刷
幅面尺寸：184 mm×260 mm　印张：16.75　　　　　　字数：418 千

出版人：余锡荣

策　　划：李明阳　　　　　　　　　组　　稿：沈荣欣
责任编辑：王　琴　　　　　　　　　责任校对：高　颖
封面设计：张爱妮　　　　　　　　　版式设计：张爱妮

ISBN 978-7-5632-4706-6　　定价：60.00 元

中华人民共和国海船船员适任评估教材

编审委员会

主　　任:单红军

委　　员:(按姓氏笔画排序)

于忠武　王　勇　万　健　吴中平　吴丽华　施祝斌

唐强荣　温华兵　曾庆成

审定委员会

主　　任:单红军

委　　员:(按姓氏笔画排序)

马洪涛　王平义　王明春　王　琪　吕　明　刘金华

刘锦辉　闫松银　李忆星　李　丽　李明月　杨甲奇

肖亚明　何江华　张庆宇　张守波　陈东水　陈常晖

周明顺　黄江昆　景向伟

编写委员会

主　　任:曾庆成

执行主任:王　勇　余锡荣　张玉波

副 主 任:(按姓氏笔画排序)

王方金　王希行　方　诚　邓　华　邓志华　叶晓飞

代勇刚　曲　涛　朱永祥　朱耀辉　刘月鹏　刘世伟

刘志军　刘克忠　刘宗正　刘宪珍　许　亮　孙长飞
李先强　李江华　李　志　李明阳　李　颖　李　翼
杨神化　吴晓赟　何　毅　汪益兵　张世峰　张芳亮
张秀霞　张洪朋　张　洋　张　强　邵国余　范　鑫
林杰民　林珊仟　周欣花　郑学贵　俞万能　俞文胜
贾宝柱　徐言民　徐　攀　郭文波　郭　敏　唐　锋
黄党和　盛进路　隋江华　彭周华　董远志　蒋庆伟
程文阁　曾冬苟　曾志伟　黎冬楼　薛丛华　魏　安

委　　员：（按姓氏笔画排序）

王立军　王建军　王　勇　王乃璋　王维伟　韦国栋
方　力　卢艳民　田学军　付乾坤　冯海龙　宁　波
吕二广　吕建明　朱永强　刘长青　刘沁源　刘新亮
关长辉　江建华　许志彬　许媛媛　苌占星　李连博
李继凯　李道科　李富玺　杨双齐　杨　林　杨　栋
吴叶平　沈荣欣　张一久　张　华　张远强　张　明
张春阳　张选军　张　磊　陆宝成　陈永利　陈丽芬
陈维军　武　斌　林　郁　岳现杰　金建元　念　静
周娅琼　宗永刚　赵志强　赵俊豪　赵贵竹　郝振钧
胡贤民　柯洋洋　姜广丰　夏　楷　奚　瑞　高世有
高　颖　高增云　席建龙　唐德才　黄　华　黄兴旺
阎　义　蒋　龙　韩晓春　温清洪　赖云灵　赖　强
雷绍权　裴景涛　戴　武

前　言

　　作为全球贸易主动脉的海洋运输，承载着90%以上的国际货物流动，在世界经济格局中发挥着举足轻重的作用。海船船员是全球航运体系的核心，其专业素养与适任能力直接决定着全球海上物流链的安全畅通与运营效能。在智能船舶技术日新月异、新能源装备迭代升级、自动化系统深度应用的当代航运变革中，国际公约和国内海事管理法规亦呈现动态演进态势，这些深刻变化对海船船员的知识架构、技术应用与应急处置能力提出了前所未有的高标准。

　　为精准对标高素质船员培养标准，打造与世界一流海运强国相匹配的船员队伍，交通运输部海事局颁布了《海船船员适任评估规范(2024版)》，并于2025年4月1日正式实施。此规范旨在通过科学、系统的评估体系，确保船员具备与岗位相匹配的专业技能与素质。鉴于这一重要背景，中国海事服务中心积极响应行业需求，凝聚行业专家智慧，组织编写了这套《中华人民共和国海船船员适任评估教材》。该系列教材严格遵循评估规范要求，结构严谨，重点突出，实用性强，既为船员备考提供精准指导，又着力于培训过程中对船员实操技能与复杂场景处置能力的强化，切实提升船员的岗位胜任能力。

　　本套评估教材分为航海、轮机、电子电气三大专业，共16册。

　　航海专业包括:《航海实操评估Ⅰ——船舶操纵、避碰与驾驶台资源管理》《航海实操评估Ⅱ——航次计划、气象传真图分析》《航海实操评估Ⅲ——货物积载与系固》《航海实操评估Ⅳ——航线设计、电子海图显示与信息系统》《航海实操评估Ⅴ——航海仪器的使用、雷达操作与应用》《航海实操评估Ⅵ——GMDSS设备操作》《航海实操评估Ⅶ——水手工艺、水手值班》;

　　轮机专业包括:《轮机实操评估Ⅰ——轮机模拟器、动力装置测试分析与操作》《轮机实操评估Ⅱ——机舱资源管理》《轮机实操评估Ⅲ——动力设备拆装》《轮机实操评估Ⅳ——电气与自动控制》《轮机实操评估Ⅴ——动力设备操作》《轮机实操评估Ⅵ——船舶电工工艺和电气设备》《轮机实操评估Ⅶ——金工工艺》;

　　电子电气专业包括:《电子电气员实操评估Ⅰ——船舶电站操作与维护、船舶电子电气管理与工艺》《电子电气员实操评估Ⅱ——通信与导航设备维护、计算机与自动化》。

　　本套评估教材的出版具有多重意义。一是有利于行业发展，通过系统提升船员实操能力，为航运业转型升级注入强劲动能，推动我国航运业向绿色航运、智慧航运发展;二是有益于船员职业发展，引导船员精准掌握实训要点，提高培训效率和学习效果;三是有助于评估考试管理，为海船船员适任评估工作提供更加符合行业需求的标准和内容，推动海船船员适任评估工作从实施流程、评估方式到评判标准的全国统一。

　　中国海事服务中心邀请全国航海院校知名专家、航运企业资深船长、轮机长，以及海事局

1

船员考试领域业务骨干共同参与本套评估教材的编写和审定工作。编审团队深度融合国际公约、国内法规最新要求与航海新技术发展趋势，注重理论联系实际，突出"用、学、考"一体化思维，通过贴合实际的案例、深入浅出的讲解，阐明评估要义，突出评估要点，使整套评估教材既具专业深度又易学易用。我们衷心期望这套凝聚航海智慧的评估教材能够成为广大船员职业成长的加速器，为我国高素质船员队伍建设发挥积极作用。同时，也热忱欢迎行业同仁和广大船员对本套评估教材提出宝贵意见和建议，以便我们不断完善，使其更好地服务于我国的航海事业。

中国海事服务中心
2025 年 4 月

编者的话

STCW 公约马尼拉修正案生效后,交通运输部对《中华人民共和国海船船员适任考试和发证规则》进行了修订,并配套编制了《中华人民共和国海船船员适任评估规范(2012 版)》。随着海事公约的修订,以及船舶设备的更新和新技术的应用,该规范部分内容已不相适应,亟须修订。于是,《中华人民共和国海船船员适任评估规范(2024 版)》应运而生,其在评估项目、内容、时长、任务、场景、要素、评判标准及方式等方面都进行了调整和优化。为配合《中华人民共和国海船船员适任评估规范(2024 版)》的实施,满足海船船员适任评估和培训的需要,我们编写了这本《电子电气员实操评估 I——船舶电站操作与维护、船舶电子电气管理与工艺》教材。

本教材主要介绍电子电气员两个实操评估项目"船舶电站操作和维护""船舶电子电气管理与工艺"的相关实操评估过程、知识和技能。本教材主要面向参加海船船员适任评估的考生,也可作为航海院校船舶电子电气工程专业学生的实操训练参考资料,以及航运企业对船员进行相关技能培训的教材。通过使用本教材,读者能够更好地理解和掌握船舶电子电气员的实操技能,以满足《中华人民共和国海船船员适任评估规范(2024 版)》的要求。

本教材由大连海事大学牛小兵、汪旭明,江苏海事职业技术学院吴俊,江苏航运职业技术学院高峰主编,张晨阳、张玉良、王爱军、靳辰浩、顾益民、周园园、陈金国、孙巧梅、徐振国参与了本教材的编写工作。中国海事服务中心李富玺、上海海事局时冬生、长江海事局柳继文担任本教材主审。全书由牛小兵统稿。

希望本教材能为广大读者在海船船员适任评估及相关航海实践中提供有力帮助,也期待大家对本教材提出宝贵意见和建议,以便我们不断完善。

目　录

第二篇　船舶电子电气管理与工艺

第一篇

船舶电站操作和维护

第一章

电气安全

第一节　正确使用个人防护设备

个人防护设备(Personal Protective Equipment, PPE)也称劳动防护用品,是为了保护个人在生产过程中的安全和健康而配备给个人使用的防护用品。它用于防护有灼伤、烫伤或者容易发生机械外伤等危险的操作,在强烈辐射热或者低温条件下的操作,散放毒性、刺激性、感染性物质或者大量粉尘的操作以及经常使衣服腐蚀、潮湿或者特别肮脏的操作等。

劳动防护用品分为特种劳动防护用品和一般劳动防护用品,我们常接触到的是一般劳动防护用品,常见的有工作服、安全鞋或绝缘鞋、安全护目镜或护面罩、绝缘手套、绝缘垫、护耳设备、安全带、安全帽、橡皮围裙、防尘面罩、防护服等。

船上个人常见劳动防护用品一般有几个类别:(1)安全帽,用于保护头部;(2)呼吸护具,用于预防职业性尘肺病及其他呼吸系统疾病;(3)眼面护具,用于保护作业人员的眼睛、面部;(4)听力护具,用于预防作业人员听力受损;(5)防护鞋,用于保护作业人员的足部免受伤害;(6)防护手套,用于保护作业人员的手部免受伤害;(7)全身防护设备,用于保护作业人员免受劳动环境中的物理、化学因素的伤害。

一、安全帽

安全帽,是指对人头部受坠落物及其他特定因素引起的伤害起防护作用的帽子。安全帽由帽壳、帽衬、下颏带及附件等组成。

戴安全帽前,应检查安全帽各配件有无破损、装配是否牢固、帽衬调节部分是否卡紧、插口是否牢靠、绳带是否系紧等;若帽衬与帽壳之间的距离不在 25～50 mm,应用顶绳调节到规定的范围。确认安全帽各部件完好后方可使用。使用者根据头部的大小,将帽箍长度调节到适宜位置(松紧适度)。高空作业人员戴的安全帽要有下颏带和后颈箍,且下颏带和后颈箍应拴牢,以防帽子滑落与脱掉。安全帽在使用时受到较大冲击后,无论帽壳是否有明显的断裂纹或变形,都应停止使用,更换新的安全帽。一般安全帽使用期限不超过3年。安全帽不应储存在有酸碱、高温(50 ℃以上)、阳光直射、潮湿等处;避免被重物挤压或被尖物碰刺;帽壳与帽衬可用冷水、温水(低于50 ℃)洗涤,不可放在暖气片上烘烤,以防帽壳变形。

二、呼吸护具

呼吸护具也叫呼吸道防护设备,如图1-1所示。

呼吸护具的作用:防尘口罩用于防止空气中的粉尘进入人体的呼吸器官;过滤式防毒面具与正压式呼吸器用于防止作业人员缺氧或吸入有毒有害物质,一般用于扫舱、油漆、敲锈、锅炉通灰等作业或进入有毒有害气体或缺氧的场所。

注意事项:

(1)不管是防尘口罩、过滤式防毒面具或正压式呼吸器,都要正确戴好,口罩要完全遮盖口鼻,面罩则要完全贴合面部。

(2)使用过滤式防毒面具时,应先将滤毒罐底部的进气口打开,且进入毒气区前,要搞清楚现场的毒气浓度与性质,否则禁止使用。

(3)滤毒罐的使用寿命和使用频率与化学品浓度有关,具体依据装备说明。发现滤毒罐失效,应及时进行更换。

(4)使用正压式呼吸器前,要检查设备各部分是否完好,是否有破损,如气瓶压力是否正常,测试低压报警是否正常工作,供气管路、面罩气密性是否良好,且使用者要熟悉正压式呼吸器的使用方法。

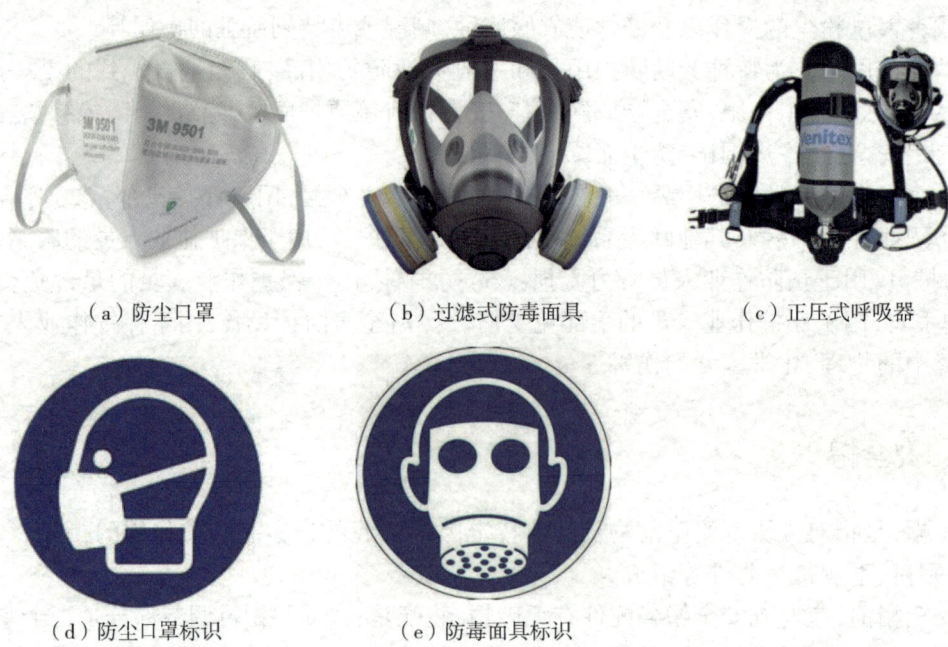

(a)防尘口罩　　　　　　(b)过滤式防毒面具　　　　　　(c)正压式呼吸器

(d)防尘口罩标识　　　　　　(e)防毒面具标识

图1-1　呼吸护具及标识

三、眼面护具

眼面护具如图 1-2 所示。

眼面护具的作用是保护作业人员的眼睛、面部免受强光、化学物品和其他外来物质的伤害。护目镜、普通面罩一般用于甲板、舱壁的油漆、敲铲和打磨作业;焊工面罩一般用于在船上进行的气割、电焊等热工作业。

注意事项:

(1)因面罩和护目镜种类繁多,工作时应根据作业要求选择合适的种类。

(2)使用前要检查护目镜镜面以及面罩是否完好,镜面、面罩是否清晰,如有破损、污损应及时更换。

(3)要正确使用,护目镜要贴合眼部,面罩应能将整个面部遮蔽。

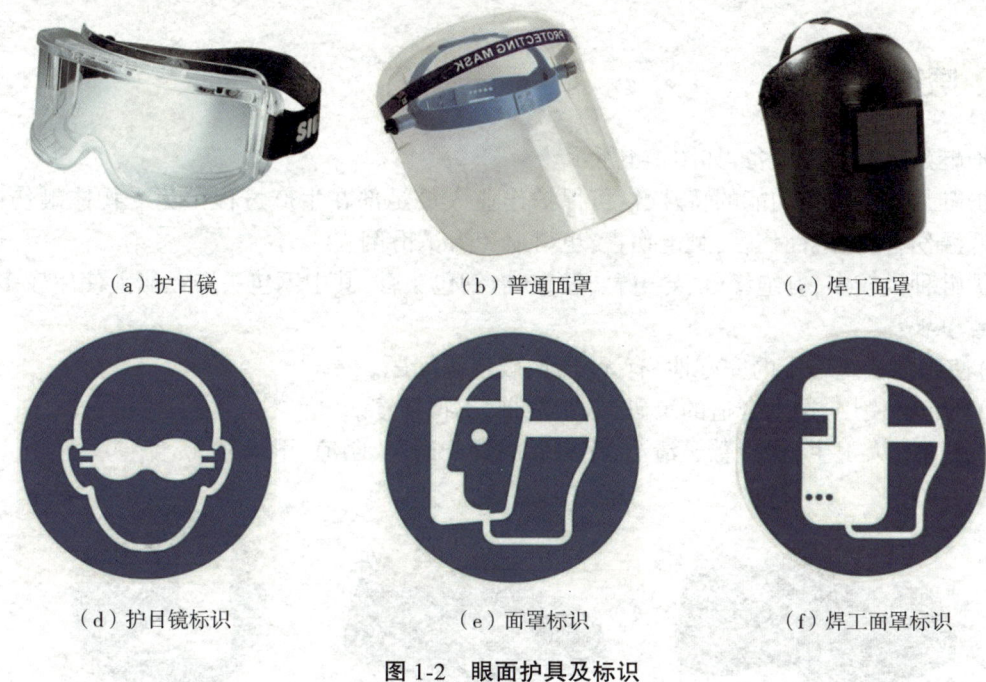

（a）护目镜　　　　　　　　（b）普通面罩　　　　　　　　（c）焊工面罩

（d）护目镜标识　　　　　　（e）面罩标识　　　　　　　　（f）焊工面罩标识

图 1-2　眼面护具及标识

四、听力护具

听力护具,也叫耳部防护的设备,如图 1-3 所示。

听力护具的作用是保护听力免受噪声损害。

听力护具主要分为两类,一类是放置于耳道内的耳塞,另一类是放置于外耳的耳罩。

听力护具一般用于机舱等高噪声场所或从事易产生高噪声的作业。

注意事项:

(1)相较于耳罩,耳塞的结构相对简单,降噪能力也不如耳罩,需要根据实际情况来选择合适的种类。如果噪声较大,两者可同时使用。

（2）使用耳罩时,要调节好头带,使耳罩头带能较好地贴合头部,耳罩要完全将耳朵包裹进去。

（3）使用耳塞时要注意清洁,应专人专用,如有条件,耳罩也应专人专用。

（a）耳塞　　　　　　　　　（b）耳罩　　　　　　　　（c）听力护具标识

图1-3　听力护具及标识

五、防护鞋

防护鞋是足部防护设备,如图1-4所示。

防护鞋是具有防护功能的特殊鞋,可保护作业人员足部在生产过程中免受物体砸伤或刺割、高、低温伤害,化学性伤害,触电伤害,也可避免人员滑倒。

防护鞋种类较多,有绝缘鞋、导电鞋、酸碱鞋、钢包头鞋,其中钢包头鞋在船上使用较多。

注意事项:

（1）使用前检查鞋子的完好性,有无开胶、破损等问题。

（2）要正确使用,选用合适的尺码,系紧鞋带,不得拖穿。

（3）注意个人卫生,保持鞋子清洁,穿完后放置于通风、阴凉、干燥处。

（a）钢包头鞋　　　　　　　（b）绝缘鞋　　　　　　　（c）安全鞋标识

图1-4　防护鞋

六、防护手套

防护手套是手部防护设备,如图1-5所示。

防护手套的作用是保护手部免受伤害或避免通过手部造成触电等人身伤害。

防护手套一般用于电工、热工、靠离泊等作业。

注意事项:

（1）因为手套的种类较多，作业人员应根据具体的工作内容选择适合的手套。

（2）使用前应检查手套是否完好。

（3）使用时要将手腕覆盖好，将衣袖系好，或者塞进手套里。

（4）有些作业禁止戴手套，比如操作车床、钻床等高速旋转的设备。

（a）普通手套　　　　　　（b）绝缘手套　　　　　　（c）防静电手套

（d）耐酸碱手套　　　　　　（e）焊工手套　　　　　　（f）手套标识

图 1-5　手套

七、全身防护设备

全身防护设备如图 1-6 所示。

全身防护设备的作用：工作服可避免身体受到伤害或保证作业安全，一般用于作业场所；安全带则是通过绳带将高处作业者的身体系接于固定物体上，以防止坠落事故发生。

注意事项：

（1）工作服的种类较多，作业人员应根据具体的工作内容选择适合的工作服。

（2）穿工作服前要检查工作服是否完好、合身，防静电工作服禁止附加或配套任何金属物件。穿工作服时，应做到三紧，即"领口紧、袖口紧、下摆紧"，防止工作服被旋转设备绞缠或者被物体挂住。工作服使用完，要及时清洗保养。

（3）登高作业高度大于 2 m 时必须使用安全带。使用前要检查安全带各部位是否完好无损，如检查绳带有无变质、卡环是否有裂纹、卡簧弹跳性是否良好。使用时必须高挂低用，安全带要拴挂在使用者上方的坚固钝边的结构物上。安全带不能扭结使用，钩子要挂在连接环上。

（4）安全带严禁拆卸改装，存放时应注意防潮。

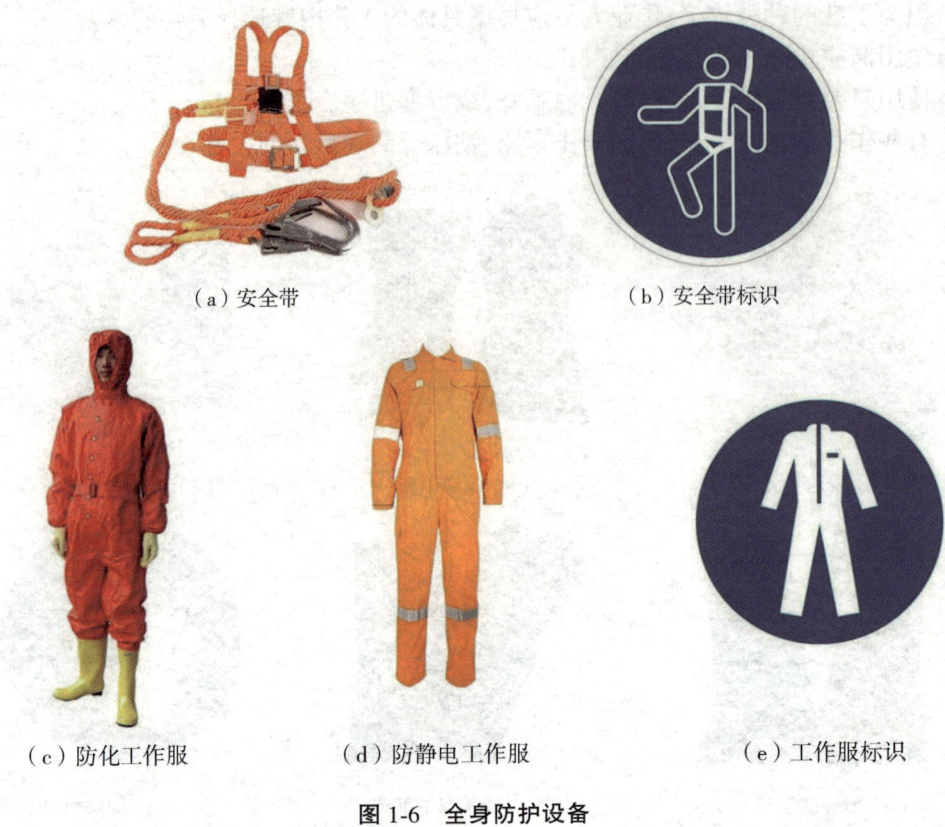

（a）安全带　　　　　　　　　　　　　（b）安全带标识

（c）防化工作服　　　　　（d）防静电工作服　　　　　（e）工作服标识

图1-6　全身防护设备

第二节　正确使用便携式和固定式接地设备

一、接地或接零

下列电气设备的金属部分,可接地或接零:

（1）电动机、变压器和高压电器等的底座和外壳。

（2）互感器的二次绕组,包括发电机中性点柜外壳、发电机出线柜和封闭母线的外壳等。

（3）配电、控制、保护用的屏（柜、箱）及操作台等的金属构架和底座。

（4）铠装控制电缆的外皮、非铠装或非金属护套电缆的1~2根屏蔽芯线。

（5）电力电缆接线盒、终端盒的外壳、电缆的金属护层、穿线的钢管和电缆桥架等。

（6）变压器、发电机、高压并联电抗器中性点所接消弧线圈、接地电抗器、电阻器或变压器等的接地端子。

（7）电热设备的金属外壳。

（8）电动机必须有效接地（或接零）,接地线应固定在电动机的接地螺钉上,不得接于电动机的底座上;电动机接地线截面一般按以下原则选取:当相线截面积小于 $25~\text{mm}^2$ 时,为同相线的截面积;当相线截面积为 25~50 mm² 时,为 25 mm²;当相线截面积大于 50 mm² 时,为同相线截面积的 50%。

(9)在中性点不接地系统中,电气设备金属外壳应与接地装置做金属连接。交、直流电力电缆的接线盒外壳、电缆金属护套或屏蔽层、敷设的钢管、电缆支架等均应接地。

(10)穿过零序互感器的电缆,其电缆头接地线应穿过互感器后接地,并应将接地前的电缆头金属外壳、金属包皮、接地线与地绝缘。当电气设备装有金属构架时,接地线可利用金属构架实现接地。

(11)电气设备调试时,试验用的电子电路、高频设备及电子仪器应接地;直流信号的接地应与交流信号的接地分开。

(12)运行在中性点接地的三相四线制低压电网中的设备,不允许单纯采取保护接地措施,而应采用接地又接零方式。

(13)在中性点接地的三相四线制低压电网中,不允许有的设备接零,有的设备又只保护接地而不接零。

二、不接地或接零

下列电气设备的金属部分,可不接地或接零(另有规定除外):

(1)在木质、沥青等不良导电地面的干燥房间内,交流额定电压在 400 V 及以下、直流额定电压在 440 V 及以下的电力设备外壳,但当维护人员可能同时触及电力设备外壳和接地物件时除外。

(2)在干燥的场所,交流额定电压在 100 V 及以下,直流额定电压在 110 V 及以下的电力设备外壳(爆炸场所除外)。

(3)安装在配电屏、控制屏和配电装置上的电气测量仪表、继电器和其他低压电器的外壳,以及当发生绝缘损坏时,在支持物上不会引起危险电压的绝缘子金属底座等。

(4)安装在已与接地网相连接的金属架构上的设备,但应保证设备接地的部分与架构之间有良好的电气连接。

(5)额定电压在 220 V 及以下的蓄电池室内的支架。

(6)安装在金属底座上,且其底座与接地网(或接地体)有良好的电气连接的设备(变压器冷却风扇、冷却油泵等)的外壳(爆炸危险场所除外)。

三、便携式接地设备接地线时的注意事项

(1)装拆接地线时应由两人进行,一人操作,一人监护。

(2)装设接地线时应戴绝缘手套,使用绝缘棒。

(3)接地线装设时应先接地,验明确无电压后,立即装设导体端。拆除顺序与装设顺序相反。

(4)连接要牢固,严禁采用缠绕方法连接。

(5)装设接地线时人体不得碰触接地线和未接地的导线。

第二章

发电机手动准同步并车、自动并车及负荷转移操作

第一节　同步表法手动准同步并车、负载转移及分配、手动解列操作

一、同步发电机并车

1. 并车前电网状态检查（假设此时 1 号发电机在网运行，2、3 号发电机备用）

(1)电站的工作模式处于常规状态，即模式选择开关转到"MANU"位，如图 2-1 所示。

图 2-1　工作模式选择

(2)确定 1 号发电机的电压和频率正常，如图 2-2 所示。如频率、电压有偏差，做相应调整。

图 2-2　电气仪表

（3）观察在网运行发电机的功率，若大于其单机功率的80%，则必须启动备用机组。

2.备用机组的启动

（1）综合2、3号发电机的使用情况和机电状态，选择一台作为备用机组（假设此次选择2号发电机）。

（2）检查2号发电机是否具备启动条件：冷却水、滑油、燃油、启动气源。确认机旁控制面板的"LOCAL/REMOTE"选择开关处于"REMOTE"位。确认主配电板上该机组的"READY FOR START"灯保持亮的状态。

（3）需要进行手动并车时，按下2号发电机的"ENGINE START"按钮，如图2-3所示，启动备用机组，待机组加速到接近额定转速，且稳定运行几分钟。观察待并发电机的电压和频率是否正常。电压一般无须调整，因有自动电压调压器（AVR）的作用。可手动调节待并发电机的转速，使其频率与电网频率相同或稍高一点。

图2-3　发电机启停控制

3.并车（使用同步表）

（1）打开同步表选择待并发电机，如图2-4所示，通过同步表检测电网和待并发电机的频差大小、方向和相位差。同步表指针的旋转方向取决于频差方向，顺时针代表待并发电机频率高于电网频率。同步表指针的旋转快慢表示频差的大小，旋转周期与频差成反比，如当要求频差等于0.25 Hz时，旋转周期应为4 s。相位差是不断变化的，同步表指针的位置指示瞬时相位差，如11点位置代表相位差为30°，而6点位置代表反相（相位差180°）。

图2-4　同步表选择

（2）实际并车要求待并发电机频率略微高0.2~0.33 Hz，故同步表指针应调整为3~5 s顺时针转一圈。在逆时针旋转（待并发电机频率小于电网频率）的情况下并车，则待并发电机并入电网后因会出现逆功率而导致并车失败。如果频率差太大(指针旋转周期小于 2 s,频率差大于 0.5 Hz),合闸后转速高的机组剩余动能很大,两机所产生的整步力矩不足以将其拉入同步,结果将是失步产生很大冲击而导致跳闸断电。

(3)实际并车要求相位差在 15° 以内,同相点在 12 点。而从按合闸按钮到主开关真正合闸有一定的延迟时间,故应该稍微提前一些合闸,所以一般把合闸时刻定在 11 点。并车对相位差的要求较高,较大的相位差将导致过大的冲击电流,不仅造成待并发电机合闸失败,还会引起供电机组跳闸,造成全船失电。绝对禁止 180° 左右合闸。

(4)合闸成功后,如图 2-5 所示,应及时断开同步表。因为同步表为短时工作制,工作时间不能超过 15 min。

(5)并车成功后应及时转移负载。

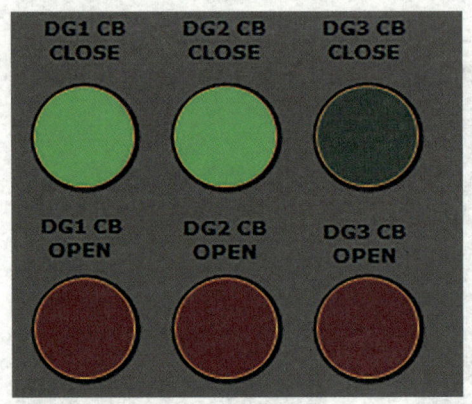

图 2-5　发电机并联运行

二、并联机组的负荷转移与分配

(1)刚刚并好车时,调频调载,如图 2-6 所示。从功率表可以看出,刚接入的发电机功率表指针接近于零,尚未带负载,通过调节两台发电机的调速控制旋钮,使刚并入的发电机加速,原在网发电机减速,在保持汇流排频率为额定值的条件下,使两台机组均衡承担负荷。

图 2-6　转速调节

(2)负荷变动时,调频调载。在稳定并联的情况下,若电网负荷有变动,则两机组按一定的规律自动分配负荷,不需要人为调整。但是,当两机组由于调速特性有差别,而电网负荷变动又较大时,功率分配将产生较大的差值,此时就需要手动进行负载的转移。

三、相关知识

1.并车需要满足哪些条件?

(1)待并发电机的电压有效值 U_2 与运行发电机的电压有效值 U_1 相等,即 $U_2 = U_1$。

(2)待并发电机的频率 f_2 与运行发电机的频率 f_1 相等,即 $f_2 = f_1$。

(3)待并发电机电压的相位 δ_2 与运行发电机电压的相位 δ_1 一致,即 $\delta_2 = \delta_1$。

(4)待并发电机电压的相序与运行发电机电压的相序相同(实际发电机电压的相序在安装调试时已经确定,此时不需要判断)。

如果参数相差较大,将产生很大的冲击电流。若冲击电流太大,会造成并车失败,严重时会导致全船停电,甚至造成发电机组的损坏。

2.何谓牵入同步?

发电机并车时,合闸瞬间任一并车条件不满足,都会在发电机组之间产生冲击电流。

(1)冲击电流的无功分量起均压作用。

(2)冲击电流的有功分量起整步作用。整步功率对应的整步转矩,对于超前发电机而言是阻转矩,使转速下降;对于滞后发电机而言是驱动转矩,使转速上升,最终将两机拉入同相位同步运行。该过程称为牵入同步过程。

3.如何使用灯光法并车?

(1)灯光明暗法

灯光明暗法原理如图 2-7 所示,假设此时发电机电压幅值相同(实际中比较容易达到),当待并发电机电压与电网电压的相位一致时,则电压差理论上为 0,灯熄灭;当两电压的相位是反相时,则电压差最大,灯最亮。当相位差从 $0 \sim 180°$ 变化时,灯的亮度按暗、最亮、暗闪烁变化。闪烁速度的快慢表示频率差的大小,熄灭表示相角重合(即相位一致),此时可以合闸。

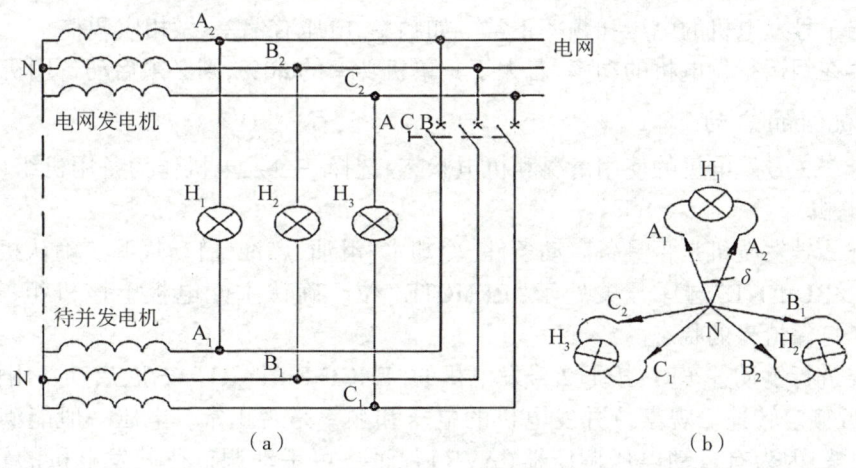

图 2-7 灯光明暗法原理

明暗法的缺点:亮、暗闪烁速度的快慢只能表示频率差的大小,无法指示频率差的正负。此外,实际上电压差不到 0 时,灯泡就已经熄灭。因此,对合闸时刻需要进行一定的预判。

（2）灯光旋转法

灯光旋转法原理如图2-8所示,三盏灯轮流熄灭,产生旋转的视觉。操作员由此判断出待并侧相对电网侧频率的高低,据此决定发电机是降速操作还是升速操作。中间的指示灯熄灭,表示相位一致(即相角重合)可以合闸投入发电机。

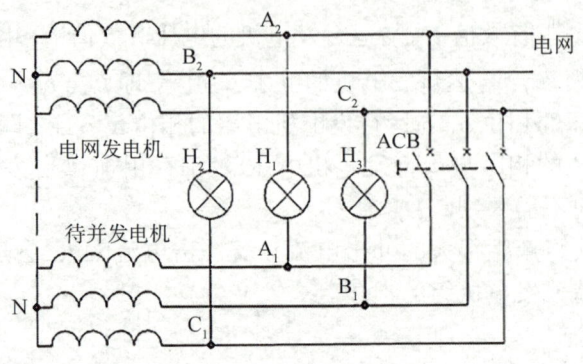

图 2-8　灯光旋转法原理

第二节　灯光明暗法或灯光旋转法
同步并车、负载转移及分配

一、同步发电机并车

1.并车前电网状态检查（假设此时1号发电机在网运行，2、3号发电机备用）

（1）电站的工作模式处于手动状态,即模式选择开关转到"MANU"位。

（2）确定1号发电机的电压和频率正常。如频率、电压有偏差,做相应调整。

（3）观察在网运行发电机的功率,若大于其单机功率的80%,则必须启动备用机组。

2.备用机组的启动

（1）综合2、3号发电机的使用情况和机电状态,选择一台发电机作为备用机组(假设此次选择2号发电机)。

（2）检查2号发电机是否具备启动条件:冷却水、滑油、燃油、启动气源。确认机旁控制面板的"LOCAL/REMOTE"选择开关处于"REMOTE"位。确认主配电板上该机组的"READY FOR START"灯保持亮的状态。

（3）需要进行手动并车时,按下2号发电机的"ENGINE START"按钮,启动备用机组,待机组加速到接近额定转速。观察待并发电机的电压和频率是否正常。电压一般能满足并车要求,不需要调整,因为有自动电压调压器（AVR）保证。可手动调节待并发电机的转速（扳动"加速/减速"开关）,使其频率与电网频率相同或稍高一点。

3.并车（使用灯光旋转法）

（1）打开同步指示灯选择待并发电机,通过灯光检测电网和待并发电机的频差大小、方向和相位差。同步表下三个灯的旋转方向取决于频差方向,顺时针代表待并发电机频率高于电网频率。灯光明暗变化的周期长短(旋转的周期)表示了频差的大小,旋转周期与频差成反比,如当要求频差等于 0.25 Hz 时,旋转周期应为 4 s。相位差是不断变化的,对应相灯(最上面的那个灯)指示瞬时相位差,如最暗的时刻(暗区的中心时刻)代表相位差为 0°,而最亮的时刻代表反相(相位差 180°)。实际上由于指示灯在电压不到 0 时就已经熄灭,因此对合闸时刻应进行一定的预判,合闸时刻应该在灯光熄灭时间段的中间。

(2)实际并车要求待并发电机频率略微高 0.2~0.33 Hz,故灯光旋转的周期(或对应相灯明暗变化的周期)为 3~5 s。在逆时针旋转(待并发电机频率小于电网频率)的情况下并车,则待并发电机并入电网后会出现逆功率而导致并车失败。如果频率差太大(指针旋转周期小于 2 s,频率差大于 0.5 Hz),合闸后转速高的机组剩余动能很大,两机所产生的整步力矩可能不足以将其拉入同步,结果将是失步产生很大冲击而导致跳闸断电。

(3)实际并车要求相位差在 15°以内,同相点在 12 点。而从按合闸按钮到主开关真正合闸有一定的延迟时间,故应该稍微提前一些时间合闸。所以一般把合闸时刻定在接近最暗时刻但提前一些。并车对相位差的要求较高,较大的相位差将导致过大的冲击电流,不仅造成待并发电机合闸失败,还可能会引起供电机组跳闸,造成全船失电。绝对禁止在相位差为 180°左右时合闸。

(4)合闸成功后,应及时断开并车旋转开关。

(5)并车成功后应及时转移负载。

二、并联机组的负荷转移与分配

1.并好完成（合上闸）后，应马上进行调频调载

一般从功率表可以看到,刚接入的发电机功率表指针接近于零,尚未带负载,此时应同时调节两台发电机的调速控制旋钮,使刚并入的发电机加速,原在网发电机减速,以保持汇流排频率为额定值的条件下,使两台机组均衡承担负荷。

2.负荷变动时，调频调载

在稳定并联的情况下,若电网负荷有变动,则两机组按一定的规律自动分配负荷,一般不需要人为调整。但是,如果两机组由于调速特性的差别,而电网负荷变动又较大时,功率分配可能产生较大的差值,此时就需要手动进行负载的转移,使得并网发电机承担相同比例或相同的负载。

第三节　自动并车与解列操作

一、发电机组自动启动、自动并车、自动调频调载

自动电站一般在以下三种情况下发出自动启动发电机组的指令。第一种是用电压继电器检测电网是否失电,如果失电则发出启动指令。第二种是按电网的运行功率原则发出启动指令,也就是使运行在电网上的发电机总额定功率与电网实际消耗功率相适应。如果电站运行功率不足,将按预定程序自动启动备用机组并投入运行;当电站运行功率比较富裕时,应按预定的顺序停止多余机组的工作。当有大负载投入电网时,首先要识别电站运行功率是否足够,如果足够可直接将大负载投入电网进行工作;如果大负载投入后,电网功率不足,则需要启动一台备用机组,待该机组并车成功且投入电网后,才允许投入大负载。第三种是按照自动电站故障处理原则,当运行机组出现冷却水高温等不太严重的机电故障时,自动电站发出启动指令;当运行机组过载、主开关异常脱扣、汇流排电压或频率异常时,也将自动启动备用机组。

自动准同步并车实际上是手动准同步并车的模拟。因此,在自动准同步并车过程中,要能自动检测和调整电压差、频率差的大小和方向,并能选择合适的合闸提前时间和提前角。

在模拟器上演示自动启动、自动并车的步骤如下:

(1)将电站模式设置为自动状态:将各机组的"机旁/遥控(LOCAL/REMOTE)"开关转到"遥控(REMOTE)"状态;将并车屏上的"自动/半自动/手动"模式选择开关转到"自动(AUTO)"模式。

(2)设定备用机组优先级:如1号机组在运行,将备用开关转换到"1-3-2",则3号机组处于第一备用顺位。当有增机指令的时候,启动信号发给3号机组。如果3号机组启动失败,则启动指令传递给2号机组。

(3)加载,观察自动启动和自动并车过程:在主配电板上逐步增加运行机组负载至约80%单机额定功率,使"重载(HEAVY LOAD)"灯闪光,观察备用机组的自动启动过程,注意自动启动的开始时刻及结束时刻。

在自动启动完成后,观察备用机组和电网的电压与额定功率值,观察自动合闸过程并估算自动合闸时间。

观察自动均分负载过程,并记录负载均分结果和电网频率值。

若在备用机投入电网过程中(空气断路器还未合闸),出现负载减少,则备用机自动停止增机。

(4)改变负载,观察自动调频调载的规律。

二、发电机组的自动解列、自动停机（两机并联、各带50%额定负载）

当两台(以上)机组并联运行,若因电网负荷降低到可以停掉一台机组时,应自动发出"解

列"指令。或者,运行中的某机组因发生不太严重机电故障(例如冷却水出口温度偏高)时,自动系统可以先启动备用机组,并车,然后使故障机组解列。解列指令发出后,通过负荷自动分配器将待停机组的负荷转移给其他的运行机组,这就是解列操作。

在模拟器上演示自动解列、自动停机的步骤如下:

(1)逐渐减小电站负载,使其从单机额定功率的80%以上逐渐减至20%以下(开始计时)。

(2)通过功率表观察待解列机组向运行机组转移负载的过程,记录待解列机组分闸时的负载功率和延时时间(模拟延时时间为1 min)。

(3)若在解列过程中出现负载增加(如空压机、泵等自动启动或将冷藏箱开关手动合闸),则解列机自动停止转移负载,返回自动均分负载运行状态,停止解列。

(4)机组解列后,经延时(模拟延时时间为1 min),柴油机自动停机。

三、相关知识

1.船舶电站自动化的基本功能

(1)发电机组依据电站运行情况和实际负荷需要,按预定的顺序自动启动备用机组,并能自动投入、自动停机(包括发电机组在停机状态下的预润滑;取决于负荷大小的发电机组运行台数管理;发电机组在自动、故障状态下解列、停机的控制)。

(2)发电机组之间的自动并车。

(3)电压及无功功率的自动调节。

(4)并联运行中功率的自动分配、转移与电网频率的自动调整。

(5)重载询问(也叫投入大负载时的自动询问装置)。

(6)船舶电站的综合保护(包括发电机组机电故障的自动处理与报警)。

(7)运行状态显示及故障监视,系统给定参数的监视与修改(包括全船断电、欠频监视)。

2.备用机组自动启动的条件

备用机组自动启动主要包括电网产生增机指令、备用机组已准备好两个条件。

当发生以下的任何事件,电网都会产生增机指令:重载即将投入,现有电网容量不足;备用机组启动失败;运行机组发生故障,如滑油压力低、冷却水高温、超速等;电网电压失常(大于105%或小于95%额定电压持续5 s);电网频率失常(大于105%或小于95%额定频率持续5 s);运行发电机电流失常(大于125%额定电流持续9 s);运行发电机主开关误动作等。

以下条件都满足时,表示备用机组准备好了:启动气源压力正常;燃油控制手柄放置在"运行"位置;机组已置于"自动"操作方式;无转速信号(停机状态或低于点火转速);发电机主开关"未合闸";机组未"阻塞"(或已手动复位);盘车杆已置于指定的安全位置。

第四节　重载询问与重要负载的自动切换操作

一、重载询问功能概述

现代船舶上，单机功率达数百千瓦乃至上千瓦的大功率负荷已屡见不鲜，如推进装置、侧推装置、大型绞缆机、大型消防泵以及工程船舶上某些特殊用途的动力负荷，其容量甚至可与发电机的单机容量相比拟。启动这样的大负荷，应先看一下船舶电站中现有的功率储备是否能满足大负荷的启动和运行要求。若不能满足大负荷的启动和运行要求，则应先启动备用机组、并车，并在确认功率储备足够时，才允许该大负荷接入电网。这就是重载询问功能。

为实现重载询问功能，大功率负荷启动箱上的"启动"按钮发出信号不是送入控制箱内的控制电路，而是送入自动电站管理系统中，管理系统经过判断是否需要启动备用机组。只有在电网上功率余量足够时，才由管理系统发出大功率负荷的启动指令，让大功率负荷投入运行。

启动询问电路如图 2-9 所示。在原来的启动线路中串入"允许启动"触点。这对触点可以直接由自动控制系统提供，也可以通过继电器扩展。考虑到一般自动控制系统只输出一对触点，所以在启动器中设一个扩展继电器 K_2。启动按钮 S_2 有两对常开触点，一对用于启动，一对用于启动询问。当询问选择开关 S_3 置于"询问"位时，按下 S_2，启动线路因 K_2 线圈未接通，接触器 K_1 不会动作；当询问线路接通，向自动控制系统发出启动询问。允许启动时自动控制系统的相应输出触点闭合，K_2 线圈得电动作，指示灯亮，表示可以启动，再次按下启动按钮 S_2，K_1 线圈得电动作，电动机启动运转。同时 K_1 的辅助常闭触点动作断开询问线路，避免在运行的情况下再次询问。

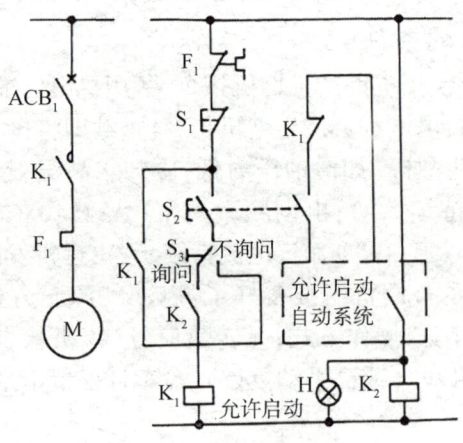

图 2-9　启动询问电路

二、重载询问功能演示

重载询问在模拟器上的演示过程如下：

（1）状态设定1：电站处于自动状态，单机运行，接近60%负荷。

按下模拟负载的重载询问按钮，电网功率余量不足，黄色指示灯闪亮代表要等待电站并车；观察机组的自动启动、自动并车、自动转移负载；然后黄色指示灯熄灭，负载自动投入，绿色指示灯亮，在此过程中，认真观察负载投入瞬间电网负荷变化的过程。

（2）状态设定2：电站处于自动状态，双机并联，各带小于50%负荷。

按下模拟负载的重载询问按钮，电网储备功率足够，直接启动负载，绿色指示灯亮。

三、重要负载的自动切换

船上非常重要的系统，如主机润滑系统、主海水系统，必须在相应工况下保证其能不间断地运行。这些系统的动力设备除了需要配备两套外，还应具备自动切换功能，使得当运行设备出现故障时，另一套设备能自动投入运行，满足船舶运行需要。现以主机滑油泵自动切换为例进行介绍。

1.系统组成及工作流程

船舶主机滑油泵自动切换系统，主要由滑油泵和控制组件两大部分组成，如图2-10所示。其中，泵管路中需要安装一个压力开关，控制组件包括PLC通用控制电气电路。

滑油泵主备自动切换控制电路图如图2-11所示。其工作流程是：手动启动1号滑油泵，2号滑油泵选择自动状态。1号滑油泵为主用泵，2号滑油泵为备用泵，只有主用泵运行后，备用泵才可以在备用状态（此时备用泵选择自动状态）。

功能1：主用泵启动后，备用泵选择自动状态，当PLC检测到主用泵的运行信号后，备用泵指示"备用"输出。压力开关压力低信号持续10 s时，启动备用泵，停止主用泵运行（主用泵报故障）。

功能2：运行任何一个泵，当配电板母排失电后，下次上电20 s恢复泵在失电前状态（此功能不受压力开关和自动模式影响）。

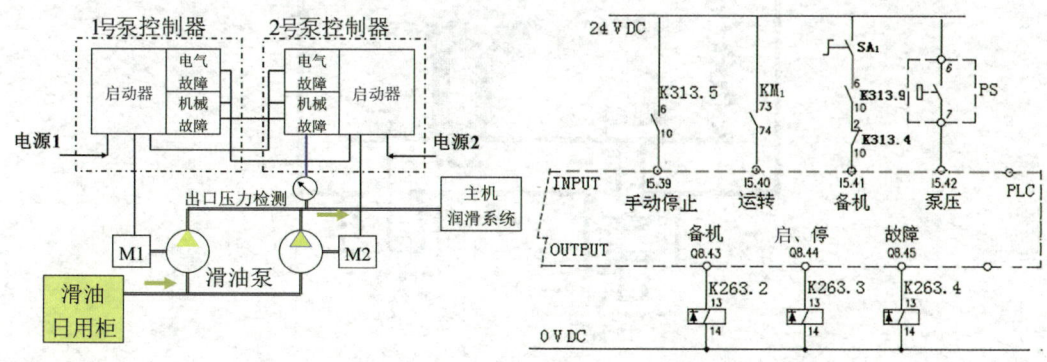

图2-10　滑油泵系统图

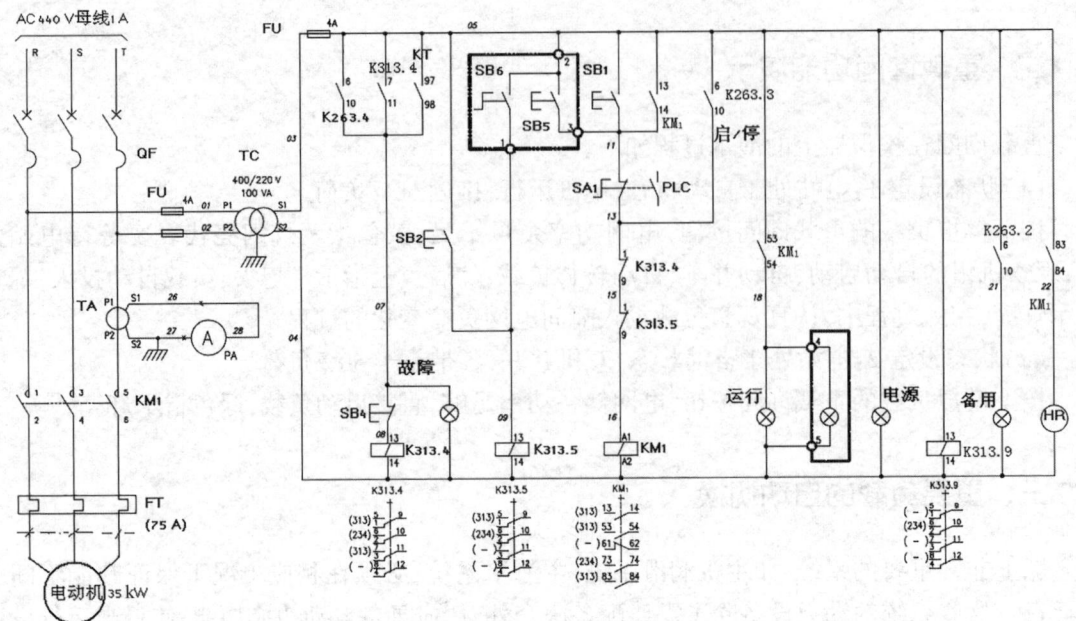

图 2-11 滑油泵主备自动切换控制电路图

2.压力开关原理与调节

主滑油泵的自动切换通常是将压力开关作为触发信号的。

下面以 YT-1226 型压力调节器为例加以说明。图 2-12 所示为 YT-1226 型压力调节器的结构原理图。被测量的输入信号压力 P 接至测量室,通过波纹管转换为力信号并作用于比较杠杆,产生测量力矩。此外,杠杆上还作用着由给定值弹簧产生的给定力矩和由幅差弹簧产生的幅差力矩。

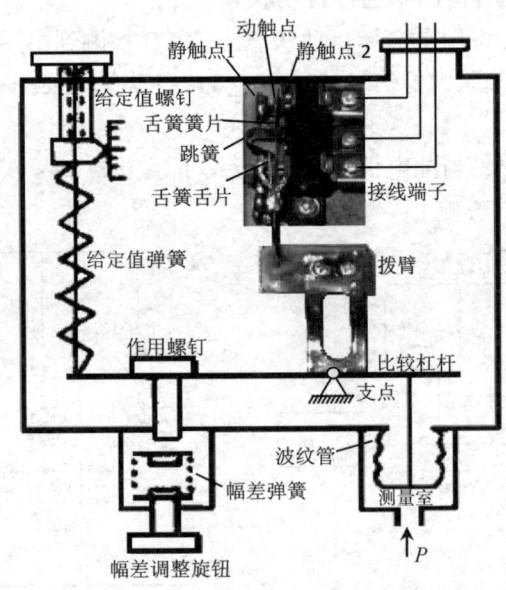

图 2-12 YT-1226 型压力调节器结构原理图

当输入信号压力 P 处在压力的下限值时,比较杠杆处于水平位置。这时动触点离开静触点 1 且闭合于静触点 2。此时,作用螺钉与幅差弹簧盘之间存在一定的间隙,幅差弹簧对杠杆不起作用。当压力 P 增大时,比较杠杆绕支点逆时针转动,通过拨臂使舌簧的下边框左移,通过舌簧舌片使跳簧压缩,储存弹性能。同时,作用螺钉与幅差弹簧盘的间隙逐渐消失,当比较杠杆继续转动时,不仅要克服给定力矩,还要克服幅差力矩。当比较杠杆转过某个角度,即被测量压力 P 达到上限值时,舌簧舌片正好与舌簧簧片处在同一平面,跳簧有了释放能量的机会,迅速把舌簧簧片弹开,使动触点离开静触点 2 而与静触点 1 闭合。当压力 P 降低时,比较杠杆绕支点顺时针转动,当比较杠杆回到水平位置时,舌簧舌片又与舌簧簧片处在同一平面,跳簧再次把舌簧弹开,使动触点离开静触点 1 而于静触点 2 闭合。当压力 P 在上限值和下限值之间变化时,跳簧保持原状态不变,也就是调节器的输出状态不变。

给定值弹簧调整的是压力开关的下限值,用 P_L 表示,幅差调整旋钮用于调整幅差 ΔP,压力开关的上限值 P_H 等于下限值 P_L 加上幅差 ΔP,即 $P_H = P_L + \Delta P$。因此,压力开关的上限值是通过调整幅差来设定的。

YT-1226 型压力开关给定指针的指示范围是 $P_L = 0 \sim 0.2$ MPa,幅差调整旋钮上标记有 10 个格的刻度挡,对应的幅差范围为 $\Delta P = 0.07 \sim 0.25$ MPa。幅差调整旋钮所调的格数 X 可根据下式进行估算。但由于刻度精度比较低,在实际使用时应该进行试验测定或现场调整。

$$\Delta P = P_H - P_L = 0.07 + (0.25 - 0.07) \times \frac{X}{10}$$

第三章

发电机主开关结构识别、
基本故障判断及应急处理程序

第一节　船舶发电机主开关基本结构识别、
手柄合闸、分闸操作

一、认识主开关的外形和机构

在自动化模拟机舱的主配电板上认识框架式智能型主开关(施耐德 MT06)的外形,认识合闸、分闸按钮,合分闸指示牌、储能指示牌,电子脱扣器相关参数。在电站模拟器的主配电板上对照观察主开关的外形,如图 3-1 所示。

图 3-1　主开关外形

取掉演示操作用的 DW95 主开关的三个灭弧罩,观察主触点、辅助触点,观察灭弧罩的结构,如图 3-2 所示。

图 3-2　主开关触点系统

在主开关里找到三个脱扣器的位置，包括失压脱扣器、分励脱扣器和过电流脱扣器，如图 3-3 所示。观察转轴与三个脱扣器、手动脱扣按钮的位置关系。

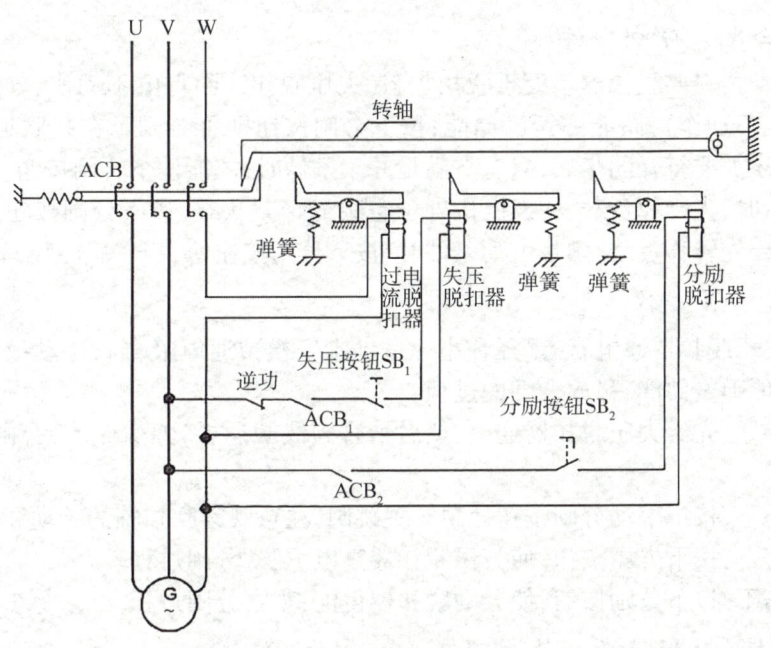

图 3-3　主开关脱扣器

找出主开关的合闸机构，包括手动合闸按钮、手动分闸按钮、合闸电磁铁、储能弹簧等。观察集成电路脱扣器的外观，如图 3-4 所示，了解集成电路脱扣器可设置的参数。

图 3-4　集成电路脱扣器的外观

二、主开关的合闸、分闸操作

1.主开关合闸、分闸条件

在单机运行时,只要脱扣器不处于脱扣状态(失压脱扣线圈得电不动作、分励脱扣器和过电流脱扣器失电不动作),储能弹簧已储能,按下合闸按钮即可合闸。在并联运行时,除了上述条件,必要时还需要打开同步表,只有在满足并车条件时,才能按下合闸按钮。

在单机运行时,先卸掉负载,使发电机处于空载或轻载状态,按下分闸按钮即可分闸。在并联运行时,需要先转移负载,满足解列条件时,按下分闸按钮使主开关分闸。

2.DW95 主开关操作

手动模拟失压脱扣器通电状态(压住电磁铁动衔铁模拟通电吸合),手动扳动合闸手柄合闸,注意观察储能弹簧储能、释放合闸的过程。

外接试验装置,先给失压脱扣器通电,然后给合闸线圈通电,弹簧储能、合闸线圈断电,储能释放合闸。

在合闸状态下,按下手动分闸按钮使主开关跳闸,注意观察脱扣轴的转动和分闸动作。

在合闸状态下,按下失压按钮,使失压脱扣器失电,观察分闸过程。

在合闸状态下,按下分励按钮,使分励脱扣器得电,观察分闸过程。

3.主开关试验装置操作（施耐德开关）

储能设置开关转到手动,手动储能、合闸,观察主开关合闸的过程。

储能设置开关转到自动,进行合闸,观察储能状态的变化。

在合闸状态下,分别使用机旁、遥控和失压设置使主开关分闸,观察主开关分闸的过程。

三、相关知识

1.主开关的脱扣器种类

主开关通常设有三个脱扣器作为保护元件,即失压脱扣器、过电流脱扣器及分励脱扣器。

(1)失压脱扣器的作用是实现失压、欠压保护。失压脱扣器保证在电压降到额定电压值的40%或以下时必须动作,使主开关断开;在电压降到额定电压的75%或以上时必须保证主开关可靠合闸。因此,失压保护可在额定电压的35%~70%时整定。

(2)过电流脱扣器的作用是实现对主电路的短路、过载保护。

(3)分励脱扣器的作用是进行遥控分励操作(远距离分闸操作)。分励脱扣线圈要在75%~110%额定电压时能使主开关跳闸。

有的主开关还设有热过载脱扣器、逆功率脱扣器等保护。

2.主开关合闸的方式

电动机的主开关有电动和手动两种合闸方式。利用储能弹簧释放的力量,在自由脱扣机构再扣时使主开关合闸,所以主开关合闸前必须先使储能弹簧储能。

(1)电动合闸方式

电动合闸方式是用配电板上的合闸按钮(或旋钮)或来自自动控制系统的信号,通过合闸控制电路使主开关器合闸。其储能弹簧的储能,又分为电动机储能、合闸电磁铁储能两种方式。采用电动机储能方式时,每次合闸后,储能电动机自动转动使储能弹簧储能(储能完成后自动停转),为下次合闸做准备。采用合闸电磁铁储能方式时,在合闸瞬间完成储能。操作合闸按钮(或旋钮)后,先是合闸电磁铁线圈通电拉伸储能弹簧储能,同时脱扣机构再扣,然后,合闸电磁铁线圈断电,储能弹簧瞬间释放使主开关合闸,整个过程约0.1 s。

(2)手动合闸方式

手动合闸方式分为电磁铁储能合闸与电动机储能合闸两种方式,手动合闸的操作与电动合闸的操作不同。对于电磁铁储能合闸方式的主开关,手动合闸是扳动前面板上的合闸手柄即可完成储能弹簧储能、脱扣机构再扣、储能弹簧释放等合闸动作。对于电动机储能合闸方式的主开关,手动合闸需先通过人力反复压面板上的储能手柄使储能弹簧储能,然后按下前面板上的合闸按钮使机械装置动作合闸。

第二节　船舶发电机主开关合闸失败、
故障跳闸的原因判断及排除

一、主开关合闸失败的原因判断及排除

1.主开关合闸失败的原因判断

主开关手动合闸的条件:脱扣器不动作、储能弹簧正常储能。主开关电动合闸的条件:满

足手动合闸的条件,然后合闸线圈及合闸控制回路正常工作。

断路器合闸操作时,可明显听到内部机构动作和触点闭合的声音。在断路器的前面板和配电板上有主开关合闸的指示。

(1)电动合闸,按下按钮后主开关毫无反应而手动方式合闸正常。

故障点在合闸控制电路。可一边按合闸按钮,一边用万用表测量合闸信号是否到达断路器的相应接线端子来确认。若合闸信号到达断路器接线端子,则是断路器内部控制电路故障。

(2)电动和手动合闸,均能听到开关内部机构动作,但合不上闸。

故障点在主开关机械机构,需进一步检查:保护跳闸装置、电气联锁等在起作用。发电机的保护跳闸装置误动作或动作后未复位、与岸电互锁等,都会使主开关处于脱扣状态。保护跳闸装置、电气联锁等,一般通过使断路器的脱扣线圈通电来实现,可用万用表测量欠压脱扣器线圈和分励脱扣器线圈的外部接线端子有无跳闸信号来确认,信号可能出现的问题有:过载电流、短路电流、接地故障电流、闭合时暂态电流过大。

简单表述:

(1)失压脱扣器不动作:检查保险丝是否烧断;检查脱扣器按钮接触是否良好;检查失压脱扣器线圈,若断路应修复或换新。

(2)过电流脱扣器失调(动作值太小):校正、调整到规定值。

(3)脱扣机构磨损严重、钩不住:修理脱扣机构或换新。

(4)热脱扣动作后没复位:停几秒,待热元件复位。

2.主开关合闸失败故障演示

以 DW95 为例,其储能方式为电磁铁储能,设置故障。

(1)设置故障点:合闸线圈控制回路接点断开。

现象:可搬动手柄合闸,按下合闸按钮无反应。

分析:可手动合闸,说明储能部分、触点部分、再扣部分正常;按下合闸无反应,说明故障在合闸控制电路。

检修方法:对照合闸控制电路,可一边按合闸按钮,一边用万用表测量合闸信号是否到达断路器的相应接线端子,重点是确认合闸接触器有无动作。

(2)设置故障点:失压线圈回路接点断开。

现象:搬动手柄和按下合闸按钮出现合闸动作,但立即断开。

分析:储能弹簧正常,但脱扣机构无法再扣,说明脱扣器故障,可能是机械故障(如脱扣机构磨损严重、钩不住),也可能是电气故障(如失压脱扣器失电或分励脱扣器异常得电)。

检修方法:先检查电气回路,很快可发现失压线圈不得电,找到断开点即可。

拓展:跳闸装置误动作或动作后未复位、与岸电互锁等,一般通过使主开关的失压脱扣器线圈断电来实现,可通过用万用表测量失压脱扣器线圈的外部接线端子有无跳闸信号来确认。

(3)设置故障点:过电流脱扣器参数调小。

现象:发电机有时可合上,有时合不上,合上后,负载增大并马上跳闸。

分析:负载变化可导致跳闸,一般是由过电流脱扣器参数失调引起的,合闸时冲击电流的随机变化导致合闸有时合上,有时合不上。

检修方法:校正、调整过电流脱扣值到规定值。

（4）设置故障点：机械故障。

在排除电气故障后，可确认机械故障。该故障一般需要厂家检修。

常见的机械故障有：

①机械连杆松动：拧紧即可；

②脱扣机构磨损：需要换新；

③合闸电磁铁卡涩：调整松动；

④脱扣器杠杆转动不灵活或反作用弹簧老化：对应调整。

二、主开关故障跳闸的原因判断及排除

1.主开关故障跳闸的原因判断

若系统无短路或直接接地现象，继电保护未动作，断路器自动跳闸称断路器"误跳"。对"误跳"的分析、判断与处理一般分以下三步进行。

（1）根据事故现象的以下特征，可判定为"误跳"。

在跳闸前主开关所在发电机控制屏上仪表读数、配电板上绝缘指示正常，表示系统无短路故障；跳闸后，该发电机控制屏上的电压表、电流表及功率表指示为零。

（2）查明原因，分别处理。

若由于人员误碰、误操作，保护盘受外力振动引起自动脱扣的"误跳"，应排除开关故障原因，立即送电。对其他电气或机械部分故障，无法立即恢复送电的则应联系轮机长说明情况，将"误跳"断路器停用，转为检修处理。

（3）对"误跳"断路器分别进行电气和机械方面的故障检查、分析。

电气方面的故障原因：保护误动或整定位不当，或电流、电压互感器回路故障；二次回路绝缘性能不良，直流系统发生两点接地（跳闸回路发生两点接地）。

机械方面的故障原因：合闸维持支架和分闸锁扣维持不住，造成跳闸。

2.主开关误跳闸故障演示

（1）设置故障点：模拟船舶振动。

现象：只有失电报警，而无具体故障警报。

分析：若不是继电保护，则有可能是操作人员误碰、误操作，或是受到机械外力振动，因为脱扣机构维持不住，引起"误跳"。

处理方法：可立即合闸送电。

（2）设置故障点：过电流脱扣器参数调小。

现象：发电机负载功率较大时，极容易跳电。

分析：负载增大可导致跳闸，一般是由过电流脱扣器参数失调引起的，还有可能是电流互感器、电压互感器回路故障或二次回路绝缘性能不良引起误跳闸信号。

检修方法：校正、调整过电流脱扣值到规定值。

（3）设置故障点：失压脱扣器反作用弹簧拉力过大。

现象：大功率异步电动机启动时，发电机跳闸。

分析：在大功率异步电动机启动时，会引起瞬时电压大幅下降，若失压脱扣器反作用弹簧

拉力过大,会导致失压脱扣器误动作。

处理方法:减小反作用弹簧的拉力。

三、主开关脱不开闸的原因判断及排除

在主开关无法电动分闸的情况下,首先尝试通过按下断路器面板上的分闸按钮手动分闸,如果手动分闸能够成功,则可以抽出主开关,进一步检查主开关电动分闸控制回路;如果手动分闸无法完成,则要考虑手动断开两段汇流排间的联络开关或断开主开关所连接汇流排上的隔离故障主开关,隔离故障主开关所连接的汇流排段后主开关完全失电,则可以抽出主开关,进一步检查主开关机械跳闸装置和电动分闸控制回路。

1.主开关脱不开闸的原因判断

框架式自动空气断路器的跳闸也有电动和手动两种方式。通常使用电动方式,即用配电板上的分闸按钮或来自自动控制系统的信号,通过分闸控制电路使断路器跳闸。作为备用,一般主开关都保留手动分闸方式,通过断路器面板上的按钮直接驱动主开关的机械装置跳闸。

(1)若用电动和手动方式均不能分闸,则需进一步检查主开关机械机构。

(2)若可手动分闸而不能电动分闸,则故障点在分闸控制电路。电动分闸控制也通过使开关的欠压脱扣器线圈断电或使分励脱扣器线圈通电来实现,可按住配电板上分闸按钮,通过用万用表测量欠压脱扣器线圈和分励脱扣器线圈的外部接线端子来确认。

脱不开闸常见原因及处理:

(1)脱扣线圈不动作:检查脱扣线圈工作电压是否正常、保险丝是否烧断;检查脱扣按钮接触是否良好;检查脱扣线圈,若断路,应修复或换新。

(2)主触点烧坏粘连:检查、修理或更换主触点。

(3)传动机构卡住:检查、修理传动机构。

2.故障演示(以DW95为例,电磁铁储能)

(1)设置故障点:分励线圈回路触点断开。

现象:可手动分闸,但按下分闸按钮无反应。

分析:一般遥控分闸都是通过分励脱扣器来实现的。遥控分闸还设有专门的跳闸回路。故障可能发生在跳闸控制电路或是分励线圈回路。

检修方法:利用万用表测量断电检测开路点。

(2)设置故障点:反作用弹簧作用力调小。

现象:发电机出现欠压、逆功率故障而不跳闸。

分析:欠压、逆功率保护都是通过使失压脱扣器动作而跳闸的。若没有跳闸,则说明失压脱扣器没有动作,可能是失压线圈没有断电,比如常闭触点没有动作,也可能是杠杆机械卡涩或是反作用弹簧作用力太小。

检修方法:排除电气线路故障后,可手动按下脱扣器衔铁,检测脱扣器机械转动是否灵活、反作用弹簧作用力的大小。通过调大反作用弹簧作用力来排除故障。

(3)设置故障点:其他故障。

分析:主开关的传动机构卡住也可导致脱不开闸。可首先检测锁扣机构是否有问题。主

触点如果烧坏粘连,也可导致脱不开闸。

第三节　自动化电站与非自动化电站主开关跳闸的应急处理

一、主开关跳闸的应急处理

1.自动化电站

(1)除因短路保护而使主开关跳闸断电外,对于其他各种机电故障致使主开关跳闸的故障,自动化电站均能自动处理,不需要值班轮机人员加以干涉,值班人员仅需按照报警指示故障进行相应的检查、排除处理即可。

(2)若电网突然失电,除报警设备外,其他所有设备均停止运行。此时值班人员切忌启动机组、合闸供电,首先应查看报警指示。警报必指示发电机短路,控制系统自动切换至非自动状态。应答后至主配电板后面仔细检查汇流排是否发生短路,只有在找到短路点并排除故障后或确信主配电板没有发生短路(船舶电网短路保护的选择性整定不当)才可按复位按钮,系统即恢复至自动状态,同时解除阻塞,此时值班人员可遥控启动值班机组投入电网运行。

2.常规电站

(1)并车操作时发生电网跳电。

首先检查原运行机组与待并发电机组的机电状况,由于并车操作不当时,发电机主开关不是过流保护跳闸就是逆功率跳闸,所以应复位过流继电器、复位逆功率继电器(视具体发电机控制屏而定,有些不需要),一切正常时合上其中任一台机组的主开关,然后按功率大小及重要性逐级启动各类负荷,待发电机组带上相当负荷时再将另一台机组按并车条件进行并车操作。

(2)运行机组因机械故障跳闸电网失电。

首先应答警报、消声,警报或指示滑油失压或指示超速等机械故障,然后启动备用机组,待转速、滑油压力、电压正常后即可合闸供电,之后按功率大小及重要性逐级启动各类负荷,最后检修故障机组。

(3)单机运行时启动大负荷或几乎同时启动几个较大负荷致使发电机过流跳闸电网失电,若机舱报警,则先应答警报、消声,复位过流继电器(视具体发电机控制屏而定,有些不需要),然后合上发电机主开关,再按功率大小及重要性逐级启动各类负荷投入运行,之后启动备用发电机组,待一切正常后按并车操作的要求进行并车,投入电网并联运行,最后启动大负荷投入电网运行。

(4)运行机组因发电机短路或失压保护跳闸电网失电。

常规电站大多无此报警功能,若机组仍在运行但电压很小或没有电压,说明是失压保护跳闸,则应停掉这一台机组,然后启动备用机组投入电网运行,最后检查故障机组的发电机调压器;若机组仍在运行且电压正常,则说明可能是短路保护跳闸,应检查主配电板汇流排是否短路,排除短路故障后或确信主配电板没有发生短路故障时即可合闸供电。

(5)运行机组主开关误动作跳闸或因船舶电网选择性保护不良而跳闸失电。

常规电站无此报警功能,按上述短路保护处理方案检查,确保配电板没有发生短路后才可合闸供电。

(6)燃油供给故障(如调速器失灵、断燃油等)致使主开关跳闸电网失电。

常规电站基本上没有这类监测报警点,主开关主要因失压保护跳闸。现象是伴随着转速下降、跳闸停机。

检查系统燃油供给系统,如果系统管路、滤器、阀门、油头等堵塞,则应清洁或更换;确保系统无故障后启动备用发电机组投入电网运行,确信调速装置没有问题,然后检修故障机组的调速器。

二、模拟器故障设置

1.常规电站状态下主开关跳闸的应急处理

(1)设置故障点:发电机单机运行,滑油失压。

现象:主开关跳闸,电网失电,发电机停机,滑油失压报警。

分析:发电机停机,说明出现了严重的机电故障。

处理方法:确认应急发电机向应急电网供电,使应急发电机处于自动状态;查看报警装置,查看报警是否为指示滑油失压、机组超速;若为上述报警,应启动备用机组,待转速、电压正常后合闸供电;按照功率大小及重要性逐级启动各类负荷;检修故障机组。

(2)设置故障点:发电机单机运行,励磁故障,电压很低。

现象:主开关跳闸,电网失电,发电机未停机,电压表显示电压很低。

分析:如果频率表正常,则故障一般是由励磁系统故障引起的;如果频率也很低,则故障可能由调速器故障引起的。

处理方法:确认应急发电机向应急电网供电,使应急发电机处于自动状态;启动备用机组,待转速、电压正常后合闸供电;按照功率大小及重要性逐级启动负荷;检修故障机组。

(3)设置故障点:发电机单机运行,汇流排短路。

现象:主开关跳闸,电网失电,发电机未停机,电压表显示电压正常。

分析:如果发电机之前负荷正常而显示过电流或是并车屏显示短路,则可确定故障为发电机外部短路。

处理方法:确认应急发电机向应急电网供电,使应急发电机处于自动状态;先排除短路故障,然后启动备用机组,待转速、电压正常后合闸供电;按照功率大小及重要性逐级启动各类负荷。

(4)设置故障点:发电机并车操作时跳闸

现象:主开关跳闸,电网失电,两台发电机未停机,电压正常。

分析:并车操作时可能由于相位相差较大,引起较大冲击电流导致过流保护跳闸,也可能因为逆功率而跳闸。

处理方法:复位过流继电器,复位逆功率继电器;一切正常后合上其中一台机组的主开关;按功率大小重要性逐级启动各类负荷;待发电机带上相当负荷时再将另一台机组按并车条件进行并车操作。

2.自动电站状态下主开关跳闸的应急处理

(1)设置故障点:发电机单机运行,冷却水高温。

现象:运行机组报警,备用机自动启动、并车,运行机组的负荷转移到备用机组,原运行机组自动解列。

分析:由于电站处于自动状态,而冷却水温度高的故障暂时不会对机组造成损伤,因此自动电站执行了"换机"操作,电网未断电。

处理方法:只需对造成运行机组冷却水温度高的原因进行排查即可。

(2)设定故障点:1号机单机运行时,滑油失压。

现象:运行机组报警,停机,2号备用机自动启动、合闸供电。

分析:由于电站处于自动状态,而滑油失压对柴油机可能造成损伤,因此自动电站执行了停机同时启动备用机组的指令,电网有短时断电,需要重新启动部分负载。

处理方法:只需对造成运行机组滑油失压的原因进行排查即可。

(3)设定故障点:发电机单机运行,汇流排短路。

现象:发电机主开关跳闸,主电网失电,除报警外,机舱没有其他任何反应且报警指示的是短路保护。

分析:由于电站处于自动状态,除了短路外,对于其他故障,自动电站均能自动处理,恢复供电,所以此种现象一般由短路引起。

处理方法:切忌启动机组,合闸供电。首先应查看报警指示,把自动转换为手动,只有在找到短路点并排除故障后或确保主配电板没有发生短路(船舶电网短路保护的选择性整定不当)才可按复位按钮,即解除系统阻塞。然后,启动备用机组,合上主开关,恢复电网供电。最后把电站切换至自动状态。

三、相关知识

1.船舶在海上航行时副机发生故障或跳电造成全船失电的应急处理

应首先停止主机运转并立即通知值班驾驶员、轮机长,然后迅速启动备用发电机组,尽快恢复供电;如果情况特殊急需用车避让,只要主机有可能短期运转则应执行驾驶台命令;如果备用发电机组不能启动,则应立即启动应急发电机,并首先给导航设备和舵机供电;在恢复正常供电后,立即启动为主机服务的各电动泵,尽快启动主机,恢复正常航行。

2.船舶在狭水道或进出港航行时突然发生全船失电的应急处理

应迅速启动备用发电机组,尽快恢复供电,同时停止主机运转并立即通知驾驶台;在应急处理过程中,必须有轮机员坚守主机操纵台,随时与驾驶台联系;如因情况危急,船长必须用车,轮机长或轮机员在确认船长的命令后,强制主机运转而不考虑主机损坏的后果;将全船失电的经过、原因(或可能的原因)、时间、所采取的应急措施、有无造成损失等情况详细记入轮机日志。

在应急处理过程中,如果备用发电机组不能立即启动,则应启动应急发电机,首先保证导航设备和舵机供电;如果属于过负荷跳电,发电机仍在空负荷下运转,则应切"次要负载",如:

通信机、空调、冰机、厨房和部分照明等，然后合闸供电，若合闸后仍然跳电，不应再次合闸，防止发生严重损坏；如果是单机跳电应迅速调整电网负荷，确保主机安全运行，再启动备用发电机组或应急发电机，恢复正常供电。

3.船舶在系泊装卸货时副机发生故障或跳电的应急处理

应迅速启动备用发电机组，如果需要应立即启动应急发电机，尽快恢复起货机供电；尽量保证起货机开工台数。在船电供应不足的情况下，可适当减少起货机工作台数。

在尽量保证起货机开工头数的基础上，尽快查找副机发生的故障或跳电的原因，排除故障后立即恢复供电，确保装卸货物能顺利进行。

第四节 主开关及其控制回路的维护和修理

一、船用主开关控制回路保护功能原理分析（以 DW98 型自动空气断路器为例）

DW98 型自动空气断路器采用半导体脱扣器作为保护装置，其原理接线图如图 3-5 所示。半导体脱扣器能实现欠压延时跳闸保护，特大短路瞬时跳闸保护，短路短延时跳闸保护以及过载长延时跳闸保护。

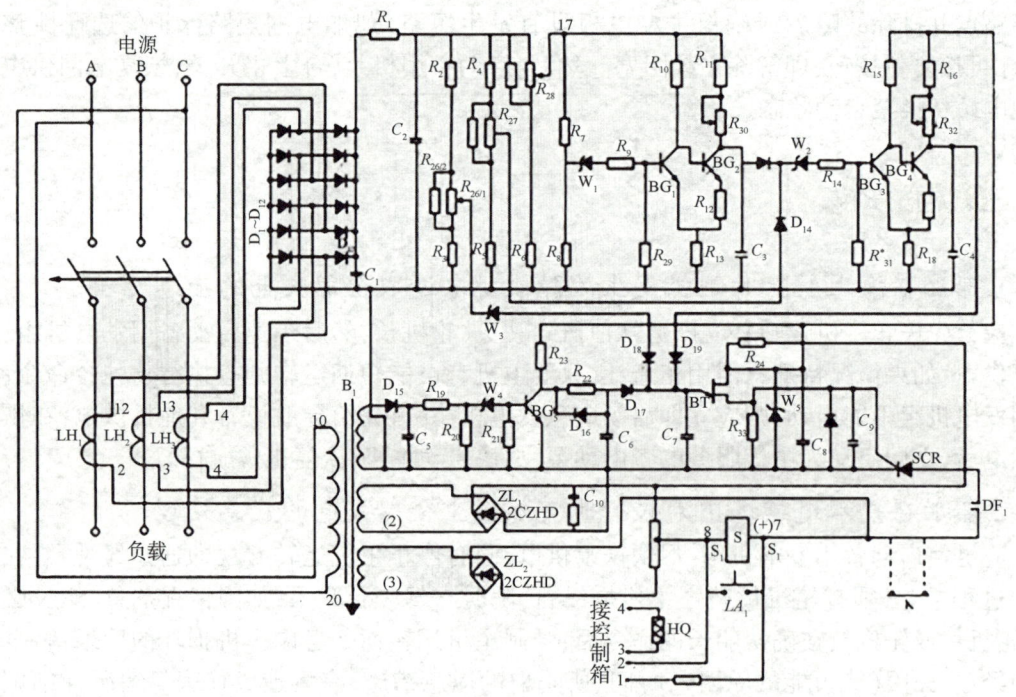

图 3-5 DW98 型自动空气断路器半导体脱扣器电路原理接线图

1.欠压延时跳闸保护

发电机电压经变压器 B_1 的第二个副边绕组降压，并经 ZL_1 桥式整流，R_{24}、C_8 阻容滤波，稳压管 W_5 稳之后，作为晶体管直流稳压工作电源。

欠压保护的电压形成和整流滤波回路：由图 3-5 中可见，发电机电压 U_{AC} 由变压器 B_1 的第一个副边绕组降压到 15 V。经二极管 D_{15} 半波整流，电容 C_5 滤波，电阻 R_{19}、R_{20} 分压后，在 R_{20} 上取出弱电直流电压控制信号，该电压信号与发电机电压成正比，加到后面的启动电路上。

欠压保护的启动电路和时限电路由稳压管 W_4、晶体管 BG_5 和充电延时电容 C_6、C_7 等组成。

当发电机工作于正常电压时，R_{20} 上的电压可以使稳压管 W_4 击穿，晶体管 BG_5 处于饱和导通状态，因而其时限电路的延时电容 C_6 被短路。BG_5 集电极电位约 0.3 V，故 D_{17} 不能导通。此时，出口电路不输出欠压信号。

当发电机电压低于欠压保护启动电压整定值，例如达 $65\% U_e$ 时，R_{20} 上的电压低到不足以击穿稳压管 W_4，晶体管 BG_5 截止，工作电源通过电阻 R_{22}、R_{23} 对 C_6 和 C_7 并联充电，电容充电达单结晶体管 BT 的峰值电压所需的时间，就是欠压保护的延时时间。DW-98 型自动空气断路器半导体脱扣器的欠压延时有 0.5 s、1 s、3 s、5 s 四种选择，延时完毕，通过出口电路，发出欠压延时保护跳闸信号，使开关跳闸，实现发电机欠压延时保护。

半导体脱扣器总的出口电路由单结晶体管 BT 和可控硅整流器（SCR）组成无触点出口电路。欠压延时、特大短路瞬时、短路短延时和过载长延时跳闸保护的动作信号，分别通过二极管 D_{17}、D_{18} 和 D_{19} 来启动这一出口电路，故该出口电路由 D_{17}、D_{18} 和 D_{19} 组成的三端"或门"控制着，只要上述保护其中之一动作时，就会使触发器发出脉冲，触发 SCR 导通，即通过该出口电路发出跳闸控制信号。

晶体管保护装置都是间接动作式的，因此其出口电路的输出信号要去控制一个跳闸操作机构。由前所述，自动空气断路器的失压脱扣器 S 就是一个跳闸操作机构，当 S 有电时，开关才有可能合上闸，而当 S 失电时，开关就会自动跳闸，故可使出口电路的输出通过控制 S 来操作自动跳闸。

正常情况下，发电机电压经变压器 B_1 的第三个副边绕组降压、ZL_2 整流后，对 S 供电，其电流方向是由 7 点到 8 点。

当保护装置出口电路的可控硅 SCR 导通时，使电源 B 通过 SCR 给 S 又加上一个由 8 点到 7 点的电压，此电压与电源 C 对 S 所加电压的方向相反，相互抵消，因此使 S 失压，开关自动跳闸。

2.过电流跳闸保护

(1)过电流保护的电压形成和整流滤波回路

发电机的三相电流分别经三个电流互感器 $LH_1 \sim LH_3$ 进行检测，经三个单相桥式整流器 $D_1 \sim D_{12}$ 进行整流，由 C_1、C_2、R_1 滤波之后，通过三组并联的分压器，将电流信号最后变换成弱电直流电压控制信号。显然，分压器输出电阻上的弱电直流电压控制信号与发电机的强电交流电流信号成正比。

在图 3-5 中，从左至右，第一组分压器 R_2、R_{23}、R_3 为特大短路瞬时跳闸保护的信号检测电路；第二组分压器 R_4、R_{27}、R_5 为短路短延时跳闸保护的信号检测电路；第三组分压器 R_{28}、R_6 为过载长延时跳闸保护的信号检测电路。

（2）特大短路瞬时跳闸保护的启动电路

所谓"特大短路"，在这里是指接近电源处发生短路。因为短路路径特短，阻抗很小，故短路电流特别大。由于要求快速性，因此采用电流速断保护，瞬时动作跳闸。

特大短路瞬时跳闸保护的启动电路由稳压管 W_3 和二极管 D_{18} 构成。正常情况下 W_3 截止，保护不动作。当发生特大短路时，由 $R_{26/1}$ 整定的电压足以使 W_3 击穿。通过 D_{18} 使 C_7 迅速充电，BT 几乎立即发出脉冲，触发 SCR 导通，使 S 失电，开关瞬时动作跳闸，实现特大短路瞬时跳闸保护。

调整 $R_{26/1}$，可以在 $(5\sim10)I_{tkoe}$ 整定启动电流值。I_{tkoe} 是指断路器脱扣器的额定电流，而不是开关或发电机的额定电流。例如：DW98-400 型开关的脱扣器额定电流的规格为 100 A、150 A、250 A、300 A、400 A，DW98-600 型开关的脱扣器额定电流的规格为 500 A、600 A，因而，在选择断路器时，要考虑到断路器脱扣器的额定电流与发电机额定电流的相互配合。

（3）短路短延时跳闸保护的启动电路和时限电路

短路短延时跳闸保护的启动电路和时限电路，主要由稳压管 W_2、晶体管 BG_3 及 BG_4 构成的射极耦合触发器式启动电路及充电延时电容 C_4 组成。短路短延时跳闸保护的控制信号从检测环节的 R_{27}、R_5 输出，经 D_{14}、W_2、R_{14} 加到作为监控器 BG_3 的基极上。

在正常情况下，电流小于短路短延时的启动电流整定值，由分压器输出的电压小于稳压管 W_2 的击穿电压，W_2 截止，BG_3 无基极电流，亦截止，BG_4 饱和导通，C_4 上电压甚低，D_{19} 截止，故出口电路不工作。

当发生短路时，电流增大，由 R_{27} 整定输出的直流控制电压使 W_2 击穿，于是 BG_3 导通，BG_4 截止。由 BG_4 的工作电源经电阻 R_{16}、R_{32} 对 C_4 充电。当 C_4 上的电压使 D_{19} 正向导通后，C_4 与 C_7 并联而被充电。电容被充电达 BT 峰点电压的时间即为时限电路的延时时间。当充电达 BT 峰点电压时，BT 发出脉冲，触发 SCR 导通，使 S 失压，开关跳闸，从而实现了短路短延时跳闸保护。

对于短路短延时跳闸保护，调整 R_{27} 的动触点，可在 $(3\sim5)I_{tkoe}$ 整定启动电流值。调整 R_{32} 的大小，可在 $0.2\sim0.6$ s 整定延时时限，保护具有定时限特性。

（4）过载长延时跳闸保护的启动电路和时限电路

过载长延时跳闸保护的启动电路和时限电路，主要由稳压管 W_1，晶体管 BG_1、BG_2，构成的射极耦合触发器式启动电路，以及电阻 R_{11}、R_{30} 和电容 C_3 构成的充电延时电路组成。

发电机过载信号，由电位器 R_{28} 整定的电压取得。这一电压，一方面作为 BG_1、BG_2，直流工作电源，另一方面又经电阻 R_7、R_8 进行分压并从 R_8 上取出电压信号加到启动电路的 W_1 和 BG_1 基极上。

在发电机正常工作时，R_8 上的电压较低，稳压管 W_1 是截止的，BG_1 无基极电流，也处于截止状态，BG_2 饱和导通，保护装置不动作。

当出现过载时，R_8 上的电压升高，使 W_1 击穿，BG_1 饱和导通，BG_2 截止。这时，从 R_{28} 上取得的电压信号，经 R_{11}、R_{30} 直接对 C_3 充电。C_3 上的电压按指数规律上升，进行延时。当 C_3 上的电压上升到足以击穿 W_2 时，延时完毕。W_2 被击穿后，同短路短延时跳闸保护动作过程一样，开关跳闸，从而实现了过载长延时跳闸保护。

在分析这一部分电路时，应注意以下两点：

①长延时的信号是经过短延时信号的通道送出去的,但由于长延时的时间远大于短延时的时间,因此长延时的时间主要决定于 C 充电电路的时间常数。

②对 C_3 充电的电源电压是由过电流信号变换过来的,是随过载的大小而成正比变化的电压,因此虽然 C_3 充电电路的时间常数不变,但延时不是定时限的,过载小时延时时间长,过载大时延时时间短,这就使过载长延时跳闸保护具有反时限特性。

对于过载长延时跳闸保护,调整 R_{28} 的动触点,可以在 $(1.0 \sim 2.5) I_{\text{tkoe}}$ 整定过载启动值。当启动值整定在 $1.2 I_{\text{tkoe}}$ 时,调整 R_{30} 的动触点,可在 $5 \sim 30$ s 整定长延时的时间。

二、主开关日常维护

主开关一般处在工作位置,其动触点与固定触点相接触,允许电流通过,可手动合闸或自动电动合闸。

主开关试验位置是一个专门预留的位置,主要用于供检修操作和安全试验。试验位置使得断路器主触点与主回路断开,但二次回路仍然连接。操作人员可以在不影响主回路通电的情况下,对断路器进行各项测试和检查工作。当电力系统出现故障时或进行日常维护时,可以在试验位置上进行手动操作,切换电流、电压等参数,从而测试断路器的功能是否正常。

主开关处于断开位置,其动触点与固定触点分离,已完全断开,可以安全地进行电路维护、设备检修或更换等工作。防止电流意外流过,从而保障作业人员的安全。

为确保主开关能够稳定可靠地工作,并延长其使用寿命,我们建议进行以下定期维护工作:

(1)每六个月,为断路器的活动部件涂抹润滑油脂,检查并紧固固定部件的螺丝。同样,每六个月应对动触点和固定触点进行表面光洁度和厚度的测量。当触点厚度减少至原厚度的 1/3 时,应同时更换动触点和固定触点。此外,灭弧室及栅片也需要每六个月进行一次清理,检查栅片间是否有熔接现象并做相应处理,同时对灭弧室进行烘潮处理。合闸控制器、合闸线圈及其内部电路板也需要每六个月进行一次检查和清洁。

(2)每两年,应对脱扣电流整定值和延时时间进行校对。对于已使用超过其 3/4 机械寿命或电气元件寿命的断路器,其脱扣电流整定值和延时时间的校对工作应每年进行一次,并相应缩短其保养周期。

1.外观检查
(1)检查外壳是否有裂纹、锈蚀或过热痕迹。
(2)确认操作机构(手柄、按钮)灵活无卡滞。
(3)检查接线端子是否紧固,避免松动导致发热。

2.清洁与润滑
(1)用精密电气清洁剂清洁触点表面,去除氧化层或碳化残留。
(2)对机械传动部件(如弹簧、连杆)涂抹专用润滑油脂。

3.功能测试
(1)手动分合闸操作,验证机械动作是否顺畅。
(2)通过模拟保护信号(如过流、短路)测试脱扣机构的灵敏性。

4.绝缘测试

使用兆欧表(如 500 V 或 1 000 V)测量相间及对地绝缘电阻,应大于 1 MΩ。

5.参数校准

检查过流、短路保护整定值是否与系统匹配,必要时应重新校准。

三、常见故障与修理

1.无法合闸

(1)机械故障:检查储能弹簧是否失效,脱扣机构是否卡死。

(2)电气故障:测试合闸线圈是否断路(正常电阻值通常为几十欧姆至几百欧姆),检查控制电源电压是否正常。

(3)辅助触点问题:清洁或更换接触不良的辅助触点。

2.异常跳闸

(1)误动作:检查保护继电器整定值是否正确,排除外部干扰信号。

(2)过载或短路:排查负载侧是否存在接地或短路故障。

3.触点烧蚀

轻微烧蚀可用砂纸打磨修复;严重烧蚀则需更换触点或整个断路器。

4.控制电源故障

检查熔断器是否熔断,整流模块是否损坏,备用电源(如蓄电池)是否失效。

5.控制回路断路或短路

使用万用表通断挡逐段排查,重点检查易损点(如端子排、插接件)。

对地短路时,可采用分段隔离法定位故障区域。

第四章

船舶发电机组启动失败故障分析及恢复

一、柴油发电机组启动条件

船舶电站使用的柴油机相对于船舶推进用的主机而言为辅柴油机。辅柴油机一般是中高速柴油机，转速为 750~1 800 r/min。通常，柴油机有两种启动方式：一种是由蓄电池供电、直流电动机作为动力的电动启动方式，这种方式常用于启动小功率柴油机，应急电站中较普遍使用；另一种是由压缩空气作为动力源的启动方式。

对于柴油机的启动和停机还应了解以下概念。

1.启动前的预润滑

柴油机自身的滑油循环系统包括自身运行的滑油泵、管路过滤器和冷却器等，在柴油机运行过程中能自行建立一定的滑油压力，保证自身的循环。但停机时润滑系统也停止工作，因此经较长时间停机后应有启动前的预润滑程序，以确保柴油机各个需要润滑的运动部位有足够的滑油，避免干摩擦。

2.启动时燃油控制

柴油机的喷油量是由调速器和控制手柄来控制的。当柴油机运行时，调速器自动维持转速恒定。启动时，调速器尚未正常工作，这时的燃油量可用手柄来限制。

3.预热和暖机

柴油机从冷态下启动温度变化范围很大，为了防止各部分发热不均匀而产生过大的热应力，启动前应对柴油机进行预热，启动成功后要暖机。现代电站中，通常的实现预热的方法是，将各台柴油机的冷却淡水管系连成一个整体，使运行中的柴油机的冷却水（约 55 ℃）也循环于备用机的冷却系统，使备用机组总处于这一温度下。这样，当备用机组启动成功以后，即可以较快地加速（甚至无须再做暖机运行），直到额定转速投入运行。

二、柴油发电机组启动过程

（1）接收启动指令后，按设定程序启动。

（2）对于一次启动指令，可以允许进行三次启动。若三次启动均失败，则发出报警信号。每次接通电/气源的时间，一般限制在 5 s 左右。

（3）控制启动时的给油量。

（4）柴油机点火成功，立即切断启动动力源。

（5）若需要暖缸运行程序时，应将油门控制于"暖缸转速"，待时限到达后再加速。若允许直接加速，则可直接加大油门，使转速升到额定值附近。

（6）当转速上升到额定转速的 90% 时，可以认为启动加速程序已经完成，自动切断预润滑系统，并经适当延时（几十秒）后接入对本机的滑油压力监视（因为柴油机自带的滑油泵使润滑系统建立必要的油压需要一定的时间）。柴油机所需要的其他监视，无须延时。

三、启动故障原因的分析及恢复

1.故障设置

当使用船舶电站模拟器进行船舶发电机组启动失败故障原因分析时，假设如下场景：当前电站有 1、2、3 号三台同步发电机，1 台发电机（如 1 号发电机）运行给船舶电网供电，各发电机均处于遥控手动位置，准备启动待并发电机组（如 2 号发电机）。模拟 2 号发电机组启动过程出现以下故障（或其他相关故障）之一：

（1）启动空气压力不足；

（2）供油回路阀门未打开或滤器脏堵；

（3）发动机安保动作未复位；

（4）启动电磁阀回路断线；

（5）供油电磁阀回路断线；

（6）盘车机未脱开。

2.操作流程与故障分析步骤

（1）观察故障现象，检查报警信息，启动 3 号发电机组并车操作。尝试将 3 号发电机组与电网同步并车，观察并车过程中是否出现异常（如频率波动、电压不稳）。

（2）将 2 号发电机组控制模式由"遥控"切换至"机旁控制"，再次尝试启动，观察故障现象并记录：启动 2 号发电机组时，控制面板显示"启动失败"报警。检查并记录其他相关报警信息（如滑油压力低、冷却水温高等）。分析故障环节：若 3 号发电机组正常启动，2 号发电机组无法启动，需排查共用系统（如燃油供应系统、压缩空气系统）。

（3）常见故障原因：

①启动空气压力不足

检查：查看空气压力表，确认压力是否达到启动要求（通常为 2.5~3.0 MPa）。

恢复：补充压缩空气或检修空压机。

②燃油供应异常

检查：检查燃油箱油位及供油阀门是否开启，燃油滤器是否脏堵（拆滤器观察杂质）。

恢复：清洗或更换滤器，确保供油管路畅通。

③安保系统未复位

检查:查看控制面板是否有"安保锁定"报警(如超速、滑油压力低)。

恢复:手动复位安保系统(按下复位按钮或重启控制系统)。

④启动电磁阀或供油电磁阀回路故障

检查:使用万用表测量电磁阀线圈电阻,确认是否断路或短路。检查控制线路连接是否松动或腐蚀。

恢复:更换损坏的电磁阀或修复线路。

⑤盘车机未脱开

检查:手动盘车确认柴油机转动阻力是否异常。

恢复:脱开盘车机联锁装置,确保盘车机完全分离。

(4)故障排除操作:根据上述原因逐一排查,修复后清洁操作界面并紧固接线。重启测试:在机旁控制模式下重新启动发电机组,观察启动过程是否正常。检查并监控运行参数(滑油压力、冷却水温、排烟温度)是否稳定。

3.注意事项

并车操作时需同步频率、电压和相位,避免电网冲击。

故障排除后,切换 2 号发电机并网,持续监控 2 号发电机组运行状态至少 30 min。

第五章

配电盘、配电屏、配电系统的操作及测试

第一节　配电盘和配电屏的认识和操作

一、船舶配电装置概述

对照电站模拟器软件系统单线图（如图 5-1 所示），指出主发电机、主开关、汇流排等重要设备，分别找出对应的模拟器硬件。

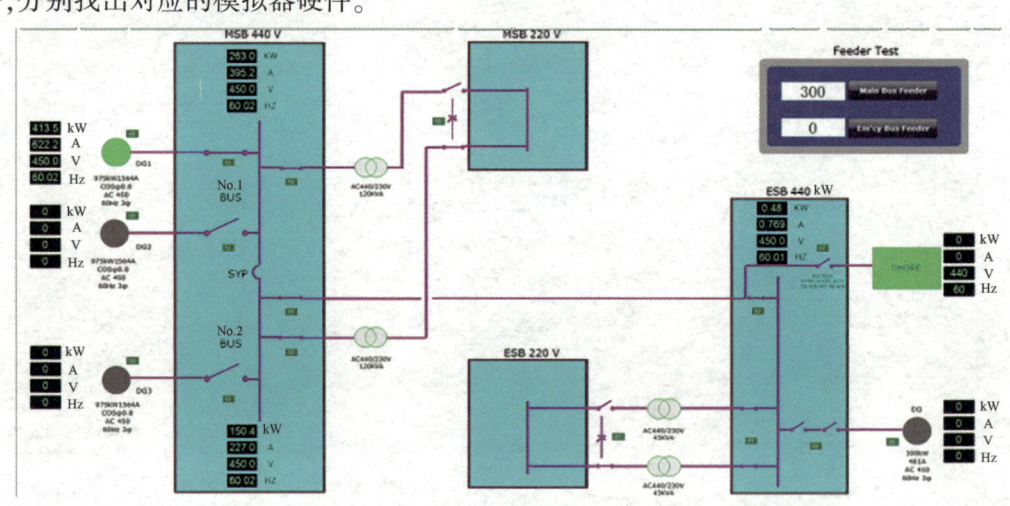

图 5-1　电站模拟器软件系统单线图

在电站模拟器软件内，打开主发电机及机旁控制箱界面（如图 5-2 所示），观察柴油辅机的各系统，通过机旁面板上的仪表了解柴油机的工作状态。对照电站模拟器硬件部分的发电机机旁控制箱（如图 5-3 所示），加深理解。

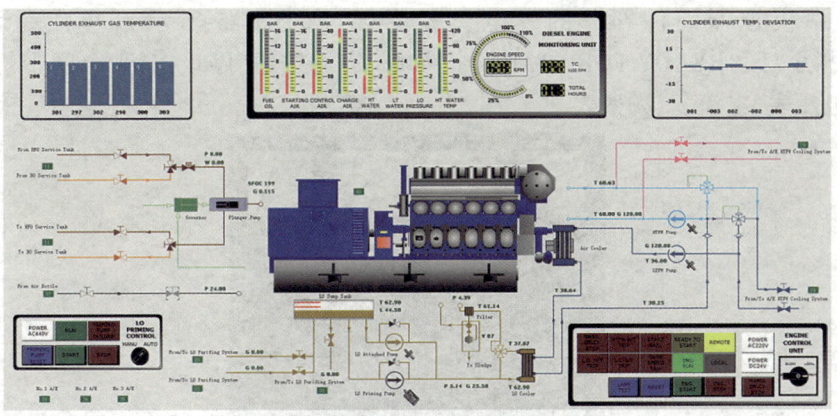

图 5-2 电站模拟器软件主发电机及机旁控制箱界面

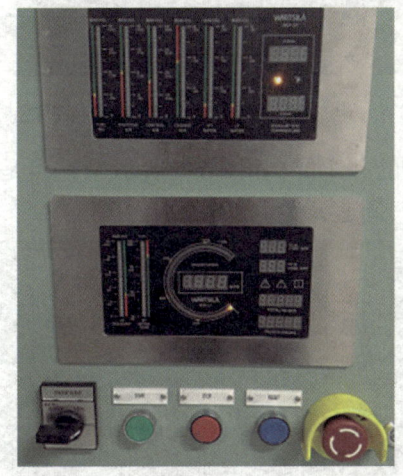

图 5-3 电站模拟器硬件部分的发电机机旁控制箱

在电站模拟器硬件部分的主配电板(如图 5-4 所示)前,观察主配电板的各个组成部分:发电机控制屏、并车屏、负载屏。

图 5-4 电站模拟器硬件部分的主配电板

对于电站模拟器硬件部分的发电机控制屏（如图 5-5 所示），重点是认识"GEN.
RUNNING"指示灯、"READY FOR START"指示灯、启动按钮、停止按钮、合闸带灯按钮、分闸
带灯按钮、电压表、电流表、频率表。

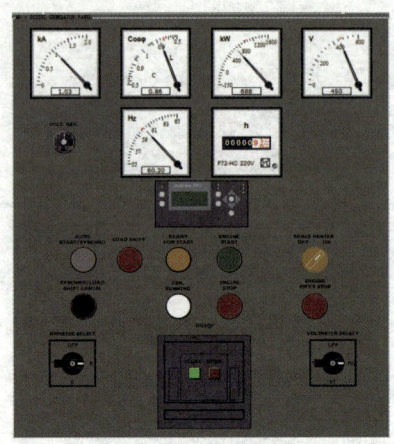

图 5-5　电站模拟器硬件部分的发电机控制屏

对于电站模拟器硬件部分的并车屏（如图 5-6 所示），重点是认识同步表及切换开关、模式
控制开关、合闸按钮、分闸按钮、调速开关。

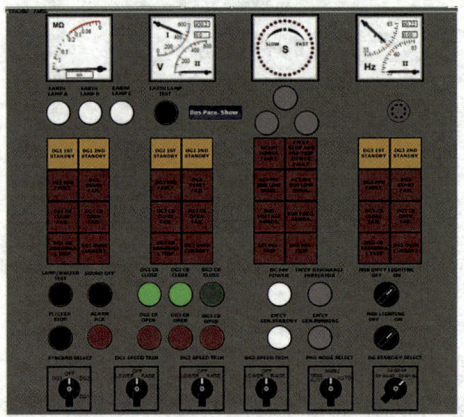

图 5-6　电站模拟器硬件部分的并车屏

对于电站模拟器硬件部分的负载屏，重点是了解各类负载配电开关的位置。

二、配电盘和配电屏的操作

（一）启动与供电操作

1.合闸前检查

确认发电机已稳定运行，电压、频率正常。检查配电屏断路器状态（分闸/合闸）及指示灯
是否正常。

2.合闸操作

手动或遥控控制闭合主断路器,观察电压表、电流表数值是否在额定范围内。

关键动作:合闸后立即观察电网绝缘状态,确保无瞬时漏电。

(二)负载分配与切换后查看电网绝缘状态

1.负载转移

通过负载分配器调整各发电机的输出功率,确保均衡分配(偏差不大于 10%)。切换重要负载时,采用"先断后通"原则,避免并联短路。

2.切换负载后绝缘状态监测

负载切换完成后的 5 min 内,关注电网绝缘表,绝缘电阻不能低于 1 MΩ。

三、知识延伸

在电站模拟器软件内,打开应急发电机界面及控制箱(如图 5-7 所示),观察应急发电机的各系统,重点是启动子系统。对照硬件和软件,熟悉应急发电机机旁控制面板、应急发电机控制屏(如图 5-8 所示)和配电屏。

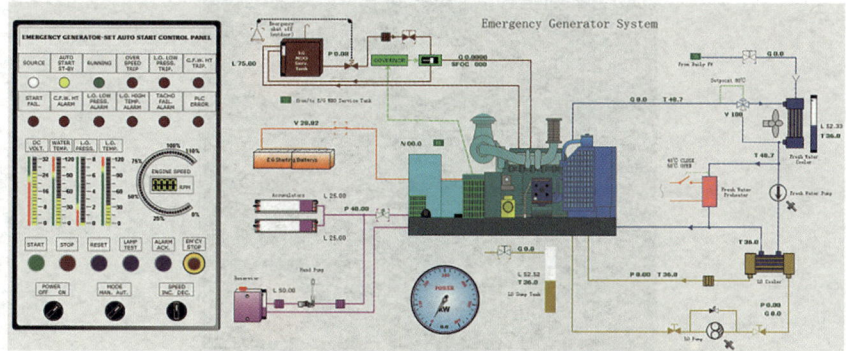

图 5-7　电站模拟器硬件部分的应急发电机界面及控制箱

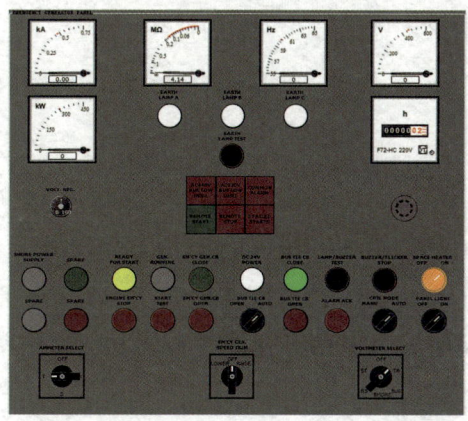

图 5-8　电站模拟器硬件部分的应急发电机控制屏

对照硬件和软件,熟悉蓄电池和充放电板,如图5-9所示。

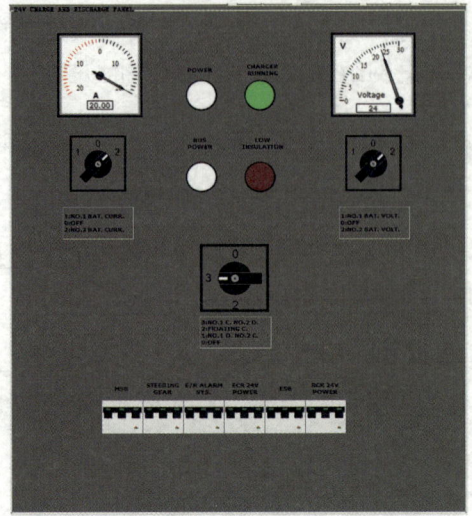

图5-9　电站模拟器硬件部分的充放电板

对照硬件和软件,熟悉岸电箱和岸电主开关,如图5-10所示。

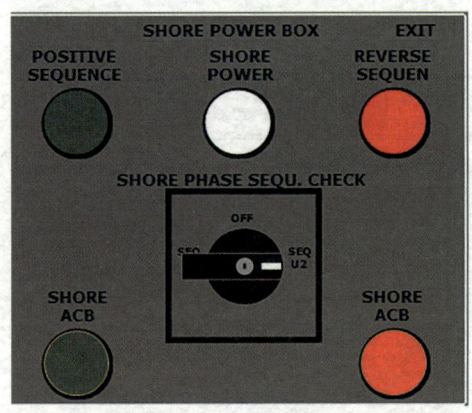

图5-10　电站模拟器硬件部分的岸电箱和岸电主开关

在自动化模拟机舱内,对以上部分的实物进行观察和熟悉。

四、相关知识

1.船舶电力系统的组成
船舶电力系统由电源、配电装置、电力网和负载四个部分组成。

2.船舶电源的种类
船舶电源包括主发电机组、应急发电机和蓄电池,在港口还可通过岸电箱接入岸电。

3.船舶配电装置的种类
船舶配电装置包括主配电板、应急配电板、充放电板和岸电箱,与船舶电源对应。主配电板下面还有动力配电箱和照明配电箱,用于给动力负载和照明负载配电。

4.主配电板的组成和功能

主配电板由发电机控制屏、并车屏、负载屏和汇流排组成。主配电板是船舶电力系统的操作中心。它的主要功能是:

(1)正常运行时,手动或自动接通或切断电源至用电设备间的供电网络,对电网供电或停止供电。

(2)测量和监视电力系统的各种电气参数(电压、频率、电流、功率、功率因数、绝缘电阻等)。

(3)调整电力系统的各电气参数值(如电压、频率)。

(4)当电力系统发生故障或不能正常运行时,保护电路将自动切断故障电路或发出报警信号。

(5)对电路状态、开关状态以及偏离正常的工作状态进行信号显示。

第二节　掌握配电盘上的测量仪表、PLC、显示屏等的日常维护

一、配电盘上的测量仪表、PLC 及显示屏的维护和保养

(1)日常应检查测量仪表、开关、PLC 控制器的接线、指示灯是否完好,相关指示和显示是否正常,如有异常应及时修复或更换。

(2)测量仪表应每 4 年校验一次。

(3)每月一次检查主开关各活动零件是否活动正常,紧固件是否松动,可调部分有无变形或移位等,如发现不正常,应及时采取相应措施。

(4)每半年一次检查合闸操作机构是否灵活、可靠;清洁灭弧罩及栅片上的烟灰;保持触点表面光洁;检查过载、失压保护装置及其延时装置是否正常、可靠。

(5)过载、短路、欠压整定值每 4~5 年校验一次。

(6)每半年检查一次充磁装置整流二极管等设施,防止倒流。

二、配电盘运行中的监视和管理

(1)观察配电盘上各仪表读数(如电压、频率、电流、功率等),并做记录。

(2)根据工况进行发电机的并联运行或解列,使电站合理、经济运行。

(3)观察并联发电机组间功率分配是否合理。如果不合理,应进行手动调节并使之合理分配。交流发电机各相电流不得相差 10%,且每相电流不应超过额定值。

(4)检查运行中的发电机的调压装置是否有不正常的振动或声响。若有异常,应查明原因,排除故障。

(5)注意观察发电机滑环的火花情况。

（6）对于故障待修或正在检修的电气设备，在主配电板上断开电源时，必须在其相应的开关上悬挂告示牌，以免造成触电事故或设备损坏。

（7）配电盘上同步表、兆欧表均按短期工作设计，并车或测量完毕后，应将转换开关扳回零位。

（8）观察配电盘上兆欧表或地气灯所显示的船舶电网绝缘情况。如绝缘性能不良，应及时进行检查、排除。

第三节　自动空气断路器等配电设备的操作与维护

一、自动空气断路器的维护

自动空气断路器的结构包括触点系统、灭弧装置、自由脱扣机构、合闸操作传动机构和脱扣器（失压脱扣器、分励脱扣器、过电流脱扣器），有的还配有锁扣装置。

触点由主触点、副触点和弧触点、辅助触点组成。主触点承担电路的正常工作电流。弧触点是为了避免断开电路时产生的电弧烧坏主触点而设置的。副触点是为了避免断开电路时，因电流由主触点移到弧触点的瞬间压降太大而产生电弧烧坏主触点而设置的。

合闸时先接通弧触点，然后是副触点，最后是主触点。分闸时先断开主触点，然后是副触点，最后是弧触点。自由脱扣机构的作用是使触点保持闭合或迅速断开，主要设置外部短路保护、过载保护、欠压保护等。自动空气断路器大多采用灭弧栅来灭弧。

框架式自动空气断路器的维护和检修应注意以下 7 条，这也是排除其最常见的几类故障时应重点考虑的因素：

（1）自动空气断路器在使用前应将各电磁铁工作表面（如失压脱扣器电磁铁吸台面）的防锈油漆或油脂擦净，以免影响开关的动作值。

（2）每隔一段时间（如每月或至少一个季度），应清除落于断路器表面及零件上的灰尘和黑烟，注意绝缘零件表面的清洁，以保证断路器绝缘性能良好，防止绝缘性能变坏。

（3）合闸操作传动机构在使用一段时间后（如每次清洁后），应在传动机构部分涂润滑油脂，以改善传动机构的磨损。

（4）各部分的螺钉、螺栓均应紧固，不应有松动。应及时更换有磨损或损坏的零件。

（5）灭弧室在因短路分断后或较长时期（如每半年）使用后，应清除灭弧室内壁和栅片上的金属颗粒和黑烟灰。长期未使用的灭弧室（如配件），使用之前需确保绝缘性能良好。

（6）断路器主触点使用一定次数后，如发现触点表面有毛刺、金属颗粒等，或每半年应当拆卸主触点，用 200 号细砂纸研磨以保证良好的接触，防止出现接触不良引起过热，如研磨后的触点厚度变为原来的 1/3 以下时，须更换触点，且动触点和固定触点须同时更换。

（7）定期检查各脱扣器（特别是半导体脱扣器）的动作整定值和延时时间，参数变化时应进行重新设定。

二、自动空气断路器的常见故障及排除

自动空气断路器正常工作时,应定期清洁,必要时需上润滑油脂。因为自动空气断路器结构比较复杂,所以故障种类较多,如表 5-1 所示。

表 5-1　故障排除表

故障现象	原因分析	处理方法
(1)电动操作断路器不能闭合	(1)操作电源电压不符; (2)电源容量不够; (3)电磁铁拉杆行程不够; (4)电动机操作定位开关变位; (5)控制器中整流管或电容器损坏	(1)调换电源; (2)增大操作电源容量; (3)重新调整或更换拉杆; (4)重新调整; (5)更换损坏元器件
(2)手动操作断路器不能闭合	(1)失压脱扣器无电压或线圈损坏; (2)储能弹簧变形导致闭合力减小; (3)反作用弹簧作用力过大; (4)机构不能复位再扣	(1)检查线路,施加电压或更换线圈; (2)更换储能弹簧; (3)重新调整弹簧反力; (4)重新再扣接触面至规定值
(3)分励脱扣器不能使断路器分断	(1)线圈短路; (2)电源电压太低; (3)再扣接触面太大; (4)螺钉松动	(1)更换线圈; (2)调换电源电压; (3)重新调整; (4)拧紧
(4)启动电动机时断路器立即分断	(1)过电流脱扣器瞬动整定值太小; (2)脱扣器某些零件(如半导体器件、橡皮膜等)损坏; (3)脱扣器反作用弹簧断裂或脱落	(1)调整瞬动整定值; (2)更换脱扣器或更换损坏的零部件; (3)更换弹簧或重新装上
(5)失压脱扣器不能使断路器分断	(1)反作用弹簧变小; (2)如为储能释放,则储能弹簧变小或断裂; (3)机构卡死	(1)调整弹簧; (2)调整或更换储能弹簧; (3)消除卡死原因(如生锈)

三、自动空气断路器跳闸后的复位操作

自动空气断路器跳闸后,戴绝缘手套、护目镜等个人防护装备,通过主配电板切断故障回路的供电,确保操作安全。确认断路器已完全跳闸(操作手柄处于"TRIP"或中间位置)。检查配电板是否有烟雾、烧焦味或电弧痕迹。

1.复位操作具体步骤

步骤1:排查跳闸原因。常见的跳闸原因:过载、短路、欠压/过压、机械故障、保护装置误动作等。

步骤2:断开部分负载,降低总电流至断路器额定值以下,排除故障;使用万用表或绝缘测试仪排查短路点,修复后重新绝缘;检查电网电压是否稳定,必要时启用稳压装置。

步骤3:手动复位操作复位前,确保故障已排除,断路器本体及线路无异常。

复位标准型自动空气断路器的操作:将操作手柄向"OFF"方向扳动至极限位置,再向"ON"方向扳动至闭合位置,听到"咔嗒"声表示复位成功。

带复位按钮型自动空气断路器的操作:按下复位按钮(通常为红色或黄色),再扳动手柄至"ON"位置,观察断路器面板指示灯或机械标志,确认处于"ON"状态。

步骤4:通电测试,逐步恢复供电。合闸后,先空载通电,观察断路器是否再次跳闸,若无异常,逐步接入负载至额定值,持续监控电流、电压参数。记录合闸后的电流、电压及温升数据,确保在安全范围内。

2.注意事项

(1)禁止强行复位:未查明跳闸原因前,禁止多次尝试复位,否则可能扩大故障。

(2)复位前必须切断电源,避免带电操作引发电弧伤害。

(3)若断路器内部元件(如脱扣线圈、触点)损坏,须更换同型号备件。

(4)复位后需校验过载、短路保护功能(可通过模拟试验验证)。

四、带有应急切断标志的断路器的分断原理

1.带有应急切断标志的断路器概述

带有应急切断标志(如红色按钮、拉杆或旋转开关)的断路器是一种安全保护装置,用于在紧急情况下(如触电、设备短路、火灾等)快速切断电源,防止事故扩大。其核心特点是手动优先分断和高响应速度。带有应急切断标志的断路器主要应用于船舶主配电板、应急配电板和关键设备控制箱,以及存在触电风险的高压动力回路。

2.带有应急切断标志的断路器的结构

带有应急切断标志的断路器核心结构包括:机械式应急分闸机构,通过弹簧储能机构或杠杆联动实现快速脱扣;电磁式应急分闸机构,由电磁线圈触发脱扣机构(需外接应急电源)。应急切断标志设计了醒目的红色按钮/拉杆,便于紧急操作。为了防止误触,部分型号设计了需先解锁再操作的联锁装置。分闸后显示"OFF"或红色警示标志。

3.应急分断原理

正常分闸:通过控制回路信号(如过载、短路保护)触发脱扣器,机械机构断开触点。

应急分闸:手动触发,即直接操作应急按钮/拉杆,绕过控制回路,强制释放脱扣弹簧或激活电磁脱扣器。

动作过程:

(1)应急操作部件受力 → 触发机械联锁装置。

（2）储能弹簧瞬间释放能量 → 动触点快速分离。

（3）电弧被灭弧室熄灭 → 电路完全断开（小于 50 ms）。

4.应急分闸与常规分闸的区别

应急分闸与常规分闸的区别如表 5-2 所示。

表 5-2　应急分闸与常规分闸的区别

特性	应急分闸	常规分闸
触发方式	手动优先,直接物理操作	自动或远程电信号控制
响应时间	≤100 ms	200～500 ms（依赖保护装置响应）
优先级	最高（可中断其他保护逻辑）	受控于预设保护参数

第六章

配电系统的发电机保护测试

　　船舶配电系统是确保船舶电力供应的核心,其稳定性与安全性直接影响船舶的正常运行。为了保障发电机在故障发生时能够及时切断电流并避免进一步损坏,进行发电机保护测试是非常必要的。发电机保护测试可以有效检测发电机保护装置是否正常工作,确保在发生过载、短路或其他电气故障时能够及时保护设备。

　　船舶发电机保护装置包括多个保护功能,用于防止发电机受到过电流、过载、短路、欠压、逆功率等电气故障的影响。常见的保护功能包括以下几种。

1.过电流保护
在电流超过设定阈值时,过电流保护能够切断电路,避免设备损坏。

2.过载保护
当发电机的负载超过其额定负载时,过载保护切断电源,防止发电机长期在过载状态下运行。

3.短路保护
在发生短路故障时,短路保护装置能够快速切断电路,防止发电机损坏。

4.欠压保护
当发电机的输出电压低于设定值时,欠压保护能够切断电路,避免设备无法正常启动或运行。

5.逆功率保护
当并联运行的发电机组中的一台出现逆功率时,逆功率保护装置能够及时跳闸,防止正常运行的发电机组过载。

　　发电机保护装置的测试需要验证这些保护功能的准确性与响应时间,确保它们在实际故障发生时能够及时切断电流并保护设备。发电机保护测试的目的主要包括:

1.确认保护装置的功能
验证各个保护功能是否工作正常,并能够在电流、电压异常时做出响应。

2.检查响应时间和动作电流
确保保护装置能在设定的时间内动作,避免延时或误动作。

3.确保系统的稳定性、安全性

通过测试确保发电机在发生故障时不会对其他系统造成影响。

4.提高船舶电力系统的可靠性

保障发电机和配电系统的安全,避免电气事故导致的船舶停航。

船舶发电机保护测试是确保发电机及配电系统正常运行的关键。测试过电流、过载、短路、欠压、逆功率等保护功能,能够有效确保发电机在电气故障发生时不受损坏,并能及时恢复到正常状态。定期进行保护装置测试,不仅可以提高系统可靠性,还能防止由故障引发的船舶电力中断或其他安全事故。

第一节　过电流测试

船舶发电机的过电流测试是为了确保发电机在遇到过电流故障时,能够及时切断电流,防止设备损坏和事故发生。此测试过程包括对过电流保护装置的校验,确保其动作时间、动作电流和恢复功能符合设计要求。过电流测试不仅可以保证发电机的安全运行,也能确保船舶电力系统的稳定性。

一、过电流测试概述

过电流测试的目的是模拟实际运行中可能出现的过电流情况,检查发电机和保护装置在故障发生时的响应能力。过电流测试主要有以下几个方面:

(1)验证过电流保护装置的动作值和动作时间。

(2)检查过电流保护装置的恢复功能,确保它在过电流后能够恢复到正常状态。

(3)确保过电流保护装置不产生误动作,避免对正常工作状态下的电流波动产生误判。

二、过电流测试原理

为了进行过电流测试,需要一系列测试装置来模拟过电流情况,并检查保护装置的性能。主要测试装置包括:

(1)电流发生器:用于模拟不同的过电流情况。

(2)开关测试仪:用于检查保护过电流保护装置的响应,重点是记录从保护装置触发到动作的时间。

(3)电流仪表:用于测量电流的大小、实时监测电流和记录数据。

(4)过电流保护装置:用于保护发电机免受过电流损害,如继电器或断路器。

过电流测试装置原理简图如图6-1所示。在测试时,用电流发生器的模拟电流代替电流互感器测量的实际电流,输入过电流保护装置和电流仪表。

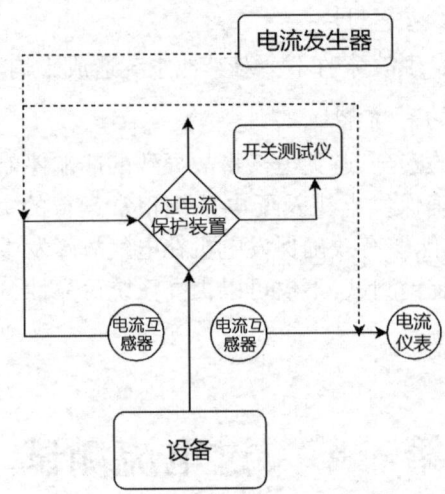

图 6-1　过电流测试装置原理简图

实践中,在进行过电流保护装置的测试时,保护装置应与电源和负载断开。以船用框架式空气断路器为例,说明其特征。船用框架式空气断路器通常具有三个主要的工作位置:连接位置(工作位置)、试验位置和断开位置。

(一) 连接位置(工作位置)

连接位置是指断路器处于正常工作状态时的位置。在此位置,断路器的主触点完全闭合,电流可以通过断路器进入负载电路,确保电气设备能正常运行。

在连接位置,断路器与电力系统的主电路完全接触,允许电流流动,为电气设备供电。断路器在连接位置会持续监测电路的运行状态,一旦出现过载、短路等故障,断路器会自动断开电路,防止电气设备受到损害。这是电力系统中的常规工作状态,所有负载设备可以在此状态下持续工作,确保系统能稳定运行。

(二) 试验位置

试验位置是指断路器在进行功能测试或故障模拟时的位置。在此位置,断路器的主电路触点断开,但控制电路依然连接。此状态下,断路器无法通电给负载设备,但可以进行各种检测和功能验证。

在试验位置,断路器可以通过外部测试设备(如主开关校验仪、模拟器等)进行测试,检查其是否能够按预定的参数进行动作。模拟电气系统的故障,如过载、短路等,确保断路器能在这些情况下及时断开电流,防止故障蔓延。通过在试验位置的测试可以验证断路器的保护特性是否能够正确响应,包括延时保护、瞬时保护、过载保护等。

(三) 断开位置

断开位置是指断路器的主电路触点完全断开时电路与电源隔离的位置。在此位置,电流无法通过断路器进入电气设备,整个电路被完全切断。

断开位置用于彻底切断电力供应,将电气设备与电源完全隔离,确保在维修、保养或故障处理过程中,设备不会带电,保障作业人员的安全。在发生严重故障或其他紧急情况下,可以迅速将断路器置于断开位置,切断电源,防止故障扩展。当电气设备需要检修或更换时,将断路器切换到断开位置,确保设备与电源彻底断开,避免电击危险。

这三个位置的设计为船用框架式空气断路器的日常工作、故障排查和维护提供了安全、可靠的电气保护。

三、过电流测试步骤

(一)准备阶段

(1)确保测试设备和测量仪表已正确连接,检查所有设备是否运行正常。

(2)校准电流发生器,设置过电流的测试范围。

(二)设定保护装置参数

(1)根据发电机额定电流和过电流保护装置的技术要求,设置保护装置的动作电流值。

(2)设定过电流保护装置的动作延时,以确保测试过程中的保护装置能够按照设定时间响应。

过电流保护主要有以下三种情况:

(1)瞬时过电流保护:直接模拟短路或瞬时过电流,测试继电器是否能够瞬时切断电路。

(2)定时限过电流保护:在过电流发生后的延时段内,检查保护装置是否能够有效响应。

(3)反时限过电流保护:模拟不同程度的过电流,检查保护装置是否能根据电流大小调整动作时间。

(三)模拟过电流故障

(1)启动电流发生器,逐步增大输出电流,直到达到设定的过电流阈值。

(2)观察过电流保护装置是否按照设定动作。

(3)记录过电流保护装置的反应时间和电流值,确保过电流保护装置能在规定时间内断开电路。

(四)测试结果记录

记录过电流发生时保护装置的动作时间、电流值及恢复功能。

四、过电流测试实训操作

(一)船用主开关校验仪简介

船用主开关校验仪的核心工作原理是通过模拟电气故障(如短路、过载、欠压等)来验证断路器和主开关在实际运行中的保护功能和动作特性。其具体原理如下:

1.模拟电气故障信号

船用主开关校验仪能够产生不同类型的模拟故障信号,这些信号能够模仿正常运行过程中可能出现的各种电气故障。主要模拟信号包括:

(1)短路电流:模拟电路中发生短路的故障情况,验证断路器是否能在极短的时间内切断电流。

(2)过载电流:模拟电流超载的情况,检验断路器是否能及时切断电路,防止过载损坏电气设备。

(3)缺相或相序不对:模拟电源缺相或相序错误,测试断路器是否能在这种情况下正确地断开电路。

(4)过电压:模拟电路中电压异常升高的故障情况,检查断路器是否能响应并断开电路。

2.自动化动作时间测试

船用主开关校验仪可精准测量断路器的动作时间,即从故障信号发生到断路器断开电路所需的时间。这个测试用于验证断路器是否能在规定时间内响应并断开电流,保护电气系统。

船用主开关校验仪在模拟故障发生时,通过高精度计时器记录故障发生到断路器断开电流的时间。如果动作时间超过设定范围,说明设备需要调整或检修。

3.保护功能验证

船用主开关校验仪能通过对设备保护功能的验证来检查其工作状态:

(1)过载保护:模拟设备在长时间工作下的过载情况,确保断路器能在规定的时间内切断电路。

(2)短路保护:模拟电路发生短路的故障,检验断路器是否能及时切断电源,防止进一步损害。

(3)欠压保护:检查断路器在电压缺失或不正常的情况下是否能够正确断开电源。

4.数据记录与结果分析

船用主开关校验仪可以实时记录测试过程中的各种电气参数(如电流、电压、频率等),并根据设定的标准对比分析,生成测试报告。报告内容包括:测试的设备名称、型号、测试参数;各种故障模拟情况下设备的响应情况;是否满足保护功能要求。

(二)模拟器实操

下面结合一套船用发电机主开关保护装置,演示保护装置的测试步骤。

(1)给主开关储能,合上主开关。检查主开关状态指示。

(2)在参数设置面板上,对系统参数进行设置。船用发电机主开关保护装置参数设置界面如图6-2所示。

(3)设置短路短延时参数:动作电流值,按下测试按钮,观察并记录测试结果,然后进行复位。

(4)合上主开关、设置系统参数,依次进行过载长延时、瞬时脱扣试验。

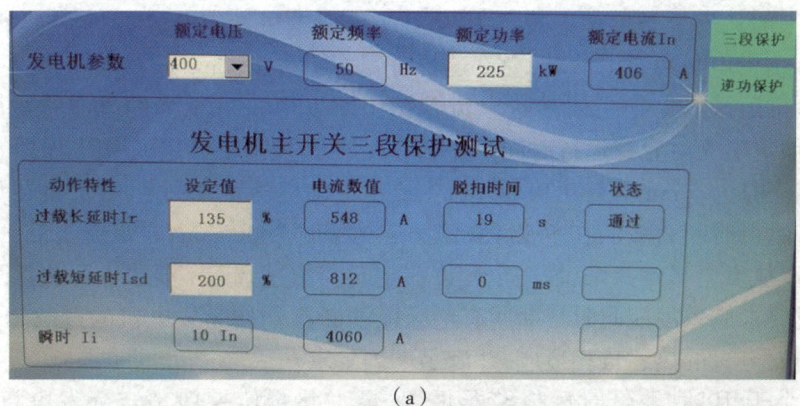

（a）

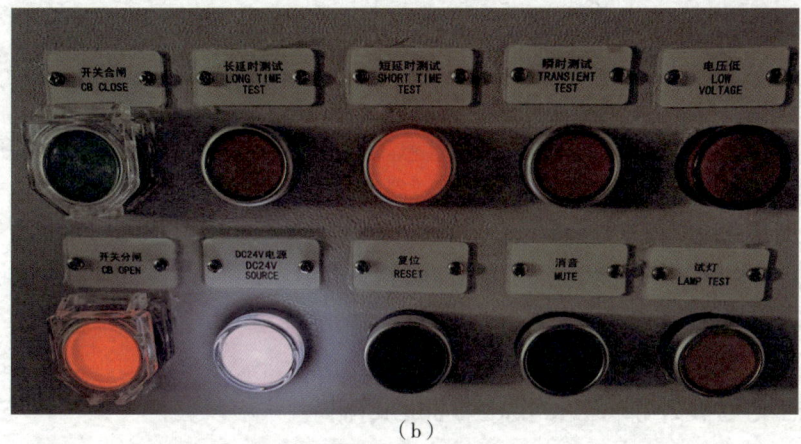

（b）

图 6-2　船用发电机主开关保护装置参数设置界面

第二节　过载测试

　　过载是指实际负载超过额定负载;过电流(简称过流)是指大于额定电流的不正常电流;短路是指电路中两点以人为或偶然的连接通过一极小的阻抗。

一、船舶发电机过载和短路概述

　　在船舶电力系统中,一般把较小的过电流称为过载;严重的过电流(例如短路)才称为过电流。把 1.1 倍发电机额定电流称为小过载;1.5 倍发电机额定电流称为较大过载;短路称为严重过载。

　　发电机损坏的主要原因是短路电流产生的热和电动力,长时间过电流运行产生的热会使绝缘老化。发电机允许运行的电流范围主要由流过定子电枢绕组的电流决定。

　　发电机发热与电流的大小和持续的时间有关,即由发电机的热容量决定。发电机的过电流特性是:在 1.1 倍发电机额定电流时允许运行时间不超过 2 h;在 1.5 倍发电机额定电流时不超过 5 min。一般从安全角度考虑规定为:在 1.1 倍发电机额定电流时,允许运行时间不超过 15 min;在 1.5 倍发电机额定电流时,允许运行时间不超过 2 min。

发电机单机运行的保护主要是过电流保护。对发电机可承受的电流过载来说,电流在 1.1 倍发电机额定电流时允许运行时间为 2 h,在 1.25 倍发电机额定电流时为 30 min,在 1.5 倍发电机额定电流时为 5 min。有功功率过载主要由原动机的型式决定,柴油机在承受 1.1 倍额定功率时允许运行时间为 2 h;在承受 1.2 倍额定功率时为 30 min;在承受 1.35 倍额定功率时为 5 min。所以从发电机本身来说,完全允许一定时间的过载而不要求主开关立即跳闸。

基于上述要求应采用能同时分断所有绝缘极的断路器作为发电机的过载和短路保护,其过载保护应与发电机的热容量相适应,并满足下列要求:

(1)过载小于 10%,经延时后报警器报警,最大整定值一般整定为发电机额定电流的 1.1 倍,延时时间不超过 15 min。

(2)过载 10%~50%,经少于 2 min 的延时后断路器分闸,一般整定为发电机额定电流的 125%~135%,延时 15~30 s 断路器分闸。

(3)过电流大于 50%,但小于发电机的稳态短路电流,经与系统选择性保护所要求的短暂延时后断路器分闸,断路器的短延时脱扣器一般整定为始动值为发电机额定电流的 200%~250%,延时时间最长为 0.6 s。

(4)在可能有 3 台及 3 台以上发电机并联运行的情况下,应设置瞬时脱扣器,整定值为稍大于发电机的最大短路电流设定值。

二、船舶发电机外部短路的原因判断及排除

(一)船舶发电机外部短路保护概述

发电机的外部短路故障对发电机和电气设备影响极大,因此发生短路故障时,保护装置应迅速动作。但为了实现保护的选择性,亦给予一定的延时。对于发电机外部短路保护,中国船级社《钢质海船入级规范》做了如下规定:对于船舶发电机外部短路保护一般应设有短路短延时和短路瞬时动作保护。当短路电流达 2~2.5 倍的额定电流时,保护装置延时 0.2~0.6 s 动作,使发电机自动跳闸;当短路电流达 5~10 倍的额定电流时,保护装置应瞬时动作,使发电机自动跳闸。

船舶电网短路保护(当电网发生短路时能自动切除故障)的最重要问题是保护装置的选择性,也就是故障发生时,保护装置只切除故障部分,而不会使前一级保护装置动作。这样就保证了其他没有发生故障的设备能继续正常运行。

为了实现电网选择性保护,通常可以按时间原则和电流原则进行整定。

时间原则是指以各级保护装置动作时间整定值的不同来实现选择性保护。动作时间应保证从用电设备至电源方向逐级递增。为了尽可能地缩短故障的持续时间,最靠近用电设备的开关动作时间应该尽可能短,以达到既能迅速切除故障,又能保证前后两级保护装置具有选择性动作的目的,其关键在于正确选择前后两级保护动作的时间差。船舶电网一般取时间差为 0.15~0.58 s。

电流原则是指以各级保护装置动作电流整定值的不同来实现选择性保护。动作电流应保

证从用电设备至电源方向逐级递增。越靠近电源,动作电流越大。采用按电流原则得到选择性保护的优点是短路时动作迅速。其动作的时间仅取决于保护装置的固有动作时间,通常约为 0.1 s。其缺点是常常受开关断流容量的限制,并易受外界因素干扰,级间协调也较困难,故往往用于容量不大的船舶电力系统中。

船舶电网短路保护多遵循包括时间原则和电流原则的综合原则。在主配电板和应急配电板上的馈电开关,一般不设带延时的短路保护,而多采用按电流原则整定的装置式自动开关,其电磁瞬时脱扣时间可达 0.02~0.05 s。在电网的末级(最接近用电设备的一级),可用熔断器对末端电网及发电机进行短路保护。

(二)船舶发电机外部短路故障的原因分析

船舶发电机外部短路的主要原因通常包括以下几方面:

1.电缆绝缘损坏

长期使用老化:电缆长期运行,绝缘层老化,导致相间或相对地短路。

受潮或盐雾侵蚀:船舶环境潮湿,电缆绝缘层吸潮或被盐雾腐蚀,导致漏电、短路。

机械损伤:电缆受到外力挤压、振动或刮擦,导致绝缘层破损,形成短路。

某散货船因机舱电缆长期受潮,导致绝缘击穿,短路电流使发电机电压降至 100 V,主配电板断路器跳闸,检查发现电缆绝缘阻值低于 0.5 MΩ,更换电缆后恢复供电。

2.负载设备短路

电动机绕组短路:电动机定子或转子绕组绝缘损坏,导致相间短路或匝间短路。

加热设备故障:电热设备(如锅炉加热器、电热管)因绝缘损坏或老化短路。

配电设备短路:配电箱、控制柜内部接线错误或绝缘失效,导致短路。

3.电气元件故障

断路器、接触器烧毁:电流过大或设备老化,导致触点烧蚀、短路。

开关及连接端子松动:振动或长期运行导致接线端子松动,引发相间或相对地短路。

电容器、变压器故障:滤波电容或变压器绕组短路,导致发电机跳闸。

某集装箱船在潮湿环境下,配电板绝缘支架破裂,导致两相母线短路,造成发电机跳闸。更换绝缘支架后系统恢复正常。

4.受潮或污染

潮湿环境:船舶电气设备长期处于高湿度环境,绝缘性能下降,容易短路。

油污、灰尘堆积:配电柜、接线盒内部积累导电性污垢,导致短路。

(三)船舶发电机外部短路故障的判断

1.初步判断

对于具有自动电站管理系统的电站,当发生发电机主开关跳闸、主电网失电、除报警外机舱没有其他任何反应且报警指示的是短路故障时,说明发生了发电机外部短路故障。

对于常规电站,当发生发电机主开关跳闸,且这一跳闸不是发生在同时启动几台大负荷时,不是出现在利用船上起货机进行装卸货作业时,不是出现在先出现转速下降后发生主开关跳闸时,也不是出现在先发生电压下降后再跳闸(从照明灯的亮度可得到判别)时,一般可判断发生了发电机外部短路故障,但也不排除有关人员的操作失误,如发电机并联操作不当使发电机电流达到短路保护整定值,也有可能由主开关本身故障引起跳闸。

2.具体判断

当船舶发电机发生外部短路时,通常会出现电流异常升高、断路器跳闸等现象。为了准确判断故障位置和原因,可以采用以下方法:

(1)观察故障现象

发电机跳闸:短路会引起发电机的过流保护或短路保护动作,使发电机的电路断开。

报警提示:船舶电力管理系统(PMS)或保护装置可能会发出"短路故障"报警。

电缆或设备冒烟、烧焦:如果短路严重,可能会在电缆或设备处产生火花、焦煳味或冒烟。

(2)断路器分步排查

发电机空载合闸供电:断开所有负载支路,仅保持发电机空载运行,观察是否正常。

逐一闭合支路开关:逐步接入各个支路,观察哪一路开关合闸后跳闸,找到短路故障支路。

(3)绝缘电阻测试

使用绝缘电阻测试仪测量各相对地、相间绝缘电阻。绝缘电阻应在几兆欧($M\Omega$)以上,低于 1 $M\Omega$ 可能存在短路或漏电风险。

短路故障表现:某一相对地或相间阻值趋近于零,则该支路可能存在短路。

(4)设备检查

检查电缆状况:查看电缆是否有破损、受潮、烧焦或松动的接头。

检查负载设备:尤其检查电动机、加热器、电气控制柜等是否存在短路损坏。

检查开关、断路器:观察是否有烧毁、接触不良或误动作现象。

(四)船舶发电机外部短路故障的排除

通过上述方法找到短路点后,通过以下措施来修复短路故障。

1.电缆修复

更换损坏的电缆,确保新电缆绝缘完好。受潮电缆可用电加热或吹风机烘干,恢复绝缘性能。

2.设备维修

修理或更换故障设备(如烧毁的电动机、电热元件等)。清洁受潮或受污染的配电箱、接线端子,避免短路复发。

3.紧固松动接线

重新检查所有接线端子,确保连接牢固。可使用热成像仪检测接头是否有温度异常升高现象。

4.更换损坏的断路器或开关设备

如果短路损坏了保护装置(如断路器、保险丝),应更换新的并重新调整保护参数。

(五)船舶发电机外部短路故障的预防

定期检查电缆和设备绝缘,尤其在潮湿环境下运行的设备。

合理使用短路保护装置(如断路器、保险丝、漏电保护)。

保持电气设备清洁,防止盐雾、油污、灰尘积聚。

避免负载超载或过热运行,定期维护船舶电力系统。

(六)船舶发电机外部短路故障的实训操作

(1)利用轮机模拟器设置故障点,如图6-3所示,主海水泵主回路短路,短路点在主海水泵断路器进线处,主海水泵配电开关无法脱扣。

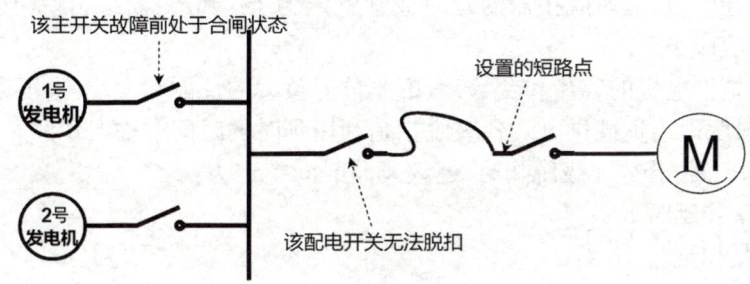

图 6-3　主开关保护装置参数设置界面

(2)观察现象:发电机主开关跳闸,发电机异常报警。

(3)分析:排除误操作;排除过载(未进行起货机装卸作业、未启动多台大负荷设备),排除欠压(电压表读数正常,跳闸之前没有感觉到照明灯变暗,柴油机转速出现显著下降),之后即可认为发生了短路。

(4)查找短路点:切除全部负载空气开关,发电机可空载运行,说明汇流排干线没有短路。将负载配电空气开关逐个合闸,当合上主海水泵回路配电开关时,发电机主开关跳闸,该线路就是外部短路点。根据选择性保护原理,发生短路时,首先应该是主海水泵配电开关跳闸,若该开关未跳闸,可判断该开关本身也有故障或时间参数设置错误。

(5)故障处理:切除该设备,恢复电网供电。修复主海水泵配电开关和短路点。

三、船舶发电机过载故障的原因判断及排除

(一)船舶发电机过载保护概述

船舶发电机过载保护的原则是:一方面要保护发电机不受损坏;另一方面要尽量保证不中断供电。因此,发电机过载保护广泛采用了自动分级卸载保护,即发电机出现过载后,自动分级卸载装置首先将部分次要负荷卸掉,以消除发电机的过载现象,并发出报警信号。若在一定时间内仍不能解除过载,为了保护发电机不被损坏,过载保护装置应发出发电机过载自动跳闸信号,将发电机从汇流排上切除。

对于发电机短时过载(大电动机启动、多台电动机同时启动和电力网远端发生短路等引起的过载),保护装置应避开这种短暂的过载,即过载保护应具有一定的延时特性。对于发电机过载保护,《钢质海船入级规范》规定:对无自动分级卸载装置的发电机,当过载达125%~135%额定电流时,保护装置延时15~30 s动作,使发电机自动跳闸;对有自动分级卸载装置的

发电机,当过载达150%额定电流时,保护装置延时10~20 s动作,使发电机自动跳闸。

船舶发电机过载保护一般是由自动空气断路器中的过电流脱扣器来实现的。优先脱扣过电流继电器动作电流的整定是以发电机过载保护的长延时整定电流为基础的。例如,某船发电机的额定电流为770 A,其优先脱扣过电流继电器整定为长延时脱扣器整定电流的90%,则:长延时整定电流=770×1.1=847 A,优先脱扣整定电流=847×0.9=762.3 A,故优先脱扣整定电流为发电机额定电流的99%。优先脱扣延时时间的整定,不仅要求该过电流继电器的动作电流整定值与发电机过载保护的长延时整定电流相互协调,而且要求延时时间的整定很好协调。在实际设计中,长延时脱扣器的延时通常整定为15~30 s,所以,优先脱扣的过电流继电器的延时整定值应小于15 s。

根据船舶电站发电机的容量和台数,考虑非重要负载的性能和大小,也可以采用分级脱扣卸载,以求最大限度地给负载供电。各级脱扣是利用延时的时间差来实现的。例如,长延时脱扣器的延时为20 s时,若分3级脱扣时,建议延时时间整定为:

(1)第1级脱扣延时5 s;

(2)第2级脱扣延时10 s;

(3)第3级脱扣延时15 s。

优先切断的非重要负载,通常根据负载的性质、功率的大小进行调整。如某集装箱船的优先脱扣切断负载分为2级,第1级切断的负载为机修工具、厨房设备、造水机、绞缆机、起货机、空调、货舱风机、住舱风机、日用淡水泵、舱底水分离泵、舱底压载扫舱泵;第2级切断的负载为冷藏集装箱电源。优先切断多少负载,取决于并联运行发电机的台数和负载率。

(二)船舶发电机过载故障的原因分析

船舶发电机过载故障是指发电机的输出功率超过其额定功率,导致电流过大、温度升高,甚至触发保护装置跳闸。过载可能由负载增加、发电机自身故障或运行环境异常等因素引起。以下是常见的原因分析:

1.负载增加导致过载

(1)负载总功率超出发电机额定功率

新增大功率设备:未经合理规划的电气设备(如大型电动机、空调、电加热器等)增加。

突加负载:多个设备同时启动(如多个电动机同时启动)导致短时间内负荷超标。

某散货船在装卸作业时,同时启动多个液压泵和冷藏压缩机,导致发电机功率需求超过额定功率的120%,引起电压下降至180 V,最终导致断路器跳闸。调整负载启动顺序后,系统恢复正常。

(2)负载设备异常运行

电动机堵转:电动机因机械故障无法正常旋转,导致电流急剧上升,使发电机过载。

短路或接地故障:部分负载设备短路或绝缘老化,造成电流异常大。

用电设备老化:某些老旧设备效率降低,能耗增加,导致电流过大。

某化学品船的压载泵电动机因长期未维护,轴承损坏导致运行阻力增大,电流超出额定值35%,最终导致发电机过载报警。更换电动机轴承后,电流恢复正常,避免了故障范围扩大。

（3）无功功率补偿不足

低功率因数运行：电动机、变压器等感性负载功率因数低，导致发电机输出的无功功率过多，总电流增大。

2.发电机输出能力下降

励磁系统故障：励磁电流不足导致发电机无法提供足够的有功功率，容易过载。

绕组老化或损坏：定子或转子绕组受潮、短路或老化，使发电机输出能力下降。

轴承或冷却系统故障：发电机轴承磨损、风扇损坏或散热不良导致温度升高，影响发电能力。

自动电压调节器（AVR）故障：AVR调节不当导致发电机电压偏低，使得负载电流增大，从而引发过载。

3.运行环境因素

环境温度过高：高温环境下，发电机散热不良，温升加快，过载能力降低。船舶机舱通风不良，导致发电机冷却效果下降。

湿度过高或盐雾侵蚀：绝缘性能下降，使得发电机额定输出能力降低，容易出现过载。

机械振动或冲击：长期振动可能导致接线松动，影响电流分配，导致局部过载。

4.控制系统问题

（1）负载分配不均

多台发电机并联运行时，负载分配不均，某一台发电机承担过多负载，导致单机过载。

某油船并联两台发电机供电，由于一台调速器调节异常，导致另一台发电机负荷过高，功率达到额定值的110%，最终因过载而跳闸。重新调整调速器后，两台发电机均匀分配负载，避免了再次跳闸。

（2）保护装置误动作

过载保护设定值过低，导致发电机在正常工作范围内发生误报警或跳闸。

（3）参数设置错误

某集装箱船在全负荷运行时，船舶电力管理交流（PMS）未能自动启动备用发电机，导致运行发电机过载跳闸，整个船舶电力系统短暂断电。重新调整PMS参数后，备用发电机可在过载时自动启动，避免了断电风险。

（三）船舶发电机过载故障的判断

发电机过载导致主开关跳闸，一般发生在发电机单机运行在较大负荷下，在不查看发电机实际功率时启动大负荷运行，如启动空压机、压载泵等导致发电机过载而跳闸；也可能是同时启动几台大负载；也可能发生在并联运行时，其中一台机组因机电故障保护立即跳闸，而分级卸载装置失灵或卸载后仍过载，导致机组出现过载而发生保护跳闸等场合。询问值班人员，如果有以上情况发生，可初步判断发生了过载故障。

准确判断过载故障，有助于快速排查和处理问题。以下是常见的判断方法：

1.直观判断（现场检查）

（1）观察发电机运行状态

发电机异常发热：机体温度明显升高，甚至触摸时感觉过烫。

绕组或电缆焦味：闻到焦味，说明发电机或线路可能因过载导致绝缘过热或烧毁。

（2）检查报警或跳闸情况

控制面板报警：发电机控制系统可能会显示"过载（Overload）"报警信号。

断路器跳闸：如发电机的断路器因过载而跳闸，表示电流可能超标。

过流保护动作：PMS可能触发过载保护，自动切断部分负载或停机。

2.仪表测量判断

（1）检查电流、电压、功率显示

电压异常下降：如果发电机输出电压比正常值低，可能是因负载过重导致电压下降。

有功功率超出额定值：可以通过发电机功率表或PMS查看。

（2）使用红外测温仪监测温度

用红外测温仪测量发电机定子、转子、轴承等部位的温度，若超过额定温度，可能是过载引起的过热。

3.负载分析判断

是否有新增大功率设备（如大型电动机、电热设备等）。是否有多个负载同时启动（如多个电动机一起启动，造成瞬时过载）。

4.试验法判断（排除法）

（1）逐步降低负载，观察电流变化

关闭部分负载，观察发电机的电流、电压、功率的变化情况。如果减少负载后电流恢复正常，则说明之前确实超载；若减少负载后仍然异常，则说明可能是发电机本身发生了故障。

（2）更换并联发电机测试

如果多台发电机并联运行，可以启用备用发电机，观察是否单台机组过载。若替换后仍然过载，则可能是负载分配或系统设计问题。

5.诊断保护系统的记录

查看PMS的历史记录，分析电流、功率、温度曲线，判断是否有长期过载情况。检查过载保护设定值是否合理，是否误动作。

（四）船舶发电机过载故障的排除方法

1.调整负载分配，合理用电

避免多个大功率设备同时启动。优化功率因数，增加无功补偿装置（如电容补偿柜），减少无功功率消耗。加强负载管理，按优先级分配供电，优先保障关键设备（导航设备、通信设备、应急电源）。修复负载异常运行故障。

2.优化发电机运行方式

如单台发电机负载过大，可考虑通过并联另一台发电机来共同承担负载。检查发电机是否老化，必要时进行保养。确保励磁系统正常，调整励磁电流，使发电机输出稳定。

3.检查散热和环境因素

保证机舱通风良好,清洁冷却风道,避免高温影响发电机效率。定期检查润滑系统,避免轴承过热影响运行。

4.检查电力系统控制设置

检查过载保护设定是否过低,若设定值过低,可能导致误跳闸。适当调整过载保护值,使其匹配发电机的实际运行能力。

(五)船舶发电机过载故障的预防措施

定期测量发电机输出电流、电压、温度,确保负载稳定在安全范围内。

合理调整负载,避免超过额定功率运行。

安装 PMS,自动分配负载,避免瞬时过载。

定期维护发电机及负载设备,确保电机、配电设备绝缘性能良好。

(六)船舶发电机过载保护实训操作

过电流保护的动作是使主开关跳闸。主开关分断大电流会损坏主触点,因此,不能直接用大电流校验保护的动作值,一般都采用主开关校验仪做模拟校验,并把主开关置于"试验"位置。过电流保护包括:脱扣预报警、长延时脱扣、短延时脱扣和瞬时脱扣。其中长延时脱扣针对的就是常规的过载保护。

这里使用轮机模拟器完成过载故障的判断和排除操作。

(1)利用轮机模拟器设置故障点:在单机运行功率较大时,再开启一台大负荷。

(2)观察现象:发电机主开关跳闸,发电机异常报警。

(3)分析:一般具有自动分级卸载的电站会显示优先脱扣指示,主开关随后跳闸,可判断为过载。

(4)故障处理:直接合闸,恢复电网供电,应首先恢复重要负载的供电。开启一台备用机,并入电网,并分配负荷。开启所需的大负荷。

第三节　欠压测试

一、船舶发电机欠压故障概述

当某台发电机与其他机组并联运行时,由于励磁系统发生故障,故障发电机有可能部分或全部失去励磁。这时发电机将向电网吸取超前的无功电流,甚至进入异步运行状态。部分失去励磁的故障称为欠励;全部失去励磁的故障称为失磁。有时把这两种故障统称为发电机失磁。单机运行时,欠励引起的现象是欠压;失磁引起的现象是失压。

船舶电站的发电机在并联运行时互为电源,一台机组发生欠励或失磁故障,发电机之间将产生无功环流。无功环流的数值有可能超过过电流保护的整定值,引起故障机和非故障机同时跳闸,导致电网失电。欠压保护主要是对并联运行发电机的保护,同时也是对诸如异步电动机等负载的保护。

对于船舶发电机的欠压保护,中国船级社《钢质海船入级规范》规定:对带有延时的发电机欠压保护,当发电机电压低于额定电压的 70%~80% 时,延时 1~3 s 动作;对不带延时的发电机欠压保护,当发电机电压低于额定电压的 35%~70% 时,瞬时动作。船舶发电机的欠压保护是由自动空气断路器中的失压脱扣器来实现的。

二、船舶发电机欠压故障的原因分析

船舶发电机欠压故障的常见原因主要有以下几种:

(一) 励磁系统故障

励磁电流不足:励磁调节器故障或参数设定错误,导致磁场强度下降,电压降低。

励磁绕组短路或断路:导致励磁电流无法正常传输,使磁场强度减弱,电压下降。

二极管或碳刷故障(在旋转励磁系统中):整流二极管损坏或碳刷接触不良,导致励磁回路中断。

某远洋货船在航行途中,机舱电力系统突然报警,显示主发电机电压降至 320 V(额定电压为 400 V),导致部分设备无法正常工作。检查发现 AVR 励磁输出异常,励磁电流远低于正常值。进一步检测发现,AVR 内部电路损坏,导致励磁电流无法调整。更换 AVR 后,发电机电压恢复正常。

(二) 柴油机转速异常

燃油供给不足:燃油系统堵塞或喷油嘴故障,导致柴油机功率不足,影响发电机转速。

调速器故障:柴油机转速下降,使发电机的输出频率和电压降低。

某油船在靠港前检查时,发现发电机电压降低至 370 V,且频率降至 47 Hz(额定频率为 50 Hz)。检查柴油机发现调速器反馈信号异常,导致柴油机转速下降。发电机转速降低,导致输出电压下降。解决方案:调整调速器参数,并清理燃油供给系统,使柴油机正常运转转速恢复至额定转速,电压也恢复正常。

(三) 电气连接问题

接线松动:母排接线端子松动,导致电阻增大,引起电压下降。

接触不良:断路器、继电器或接触器的触点烧蚀,使得电压输出不稳定。

一艘集装箱船在进行日常检查时,发现发电机电压长期在 380 V 以下。检查过程中发现:发电机至主配电板的连接端子松动,导致电阻增大,电压下降。重新紧固端子后,电压恢复至 400 V。

(四) 负载过大或三相不平衡

负载超额:船舶电网负载超过发电机额定功率,导致发电机带载能力不足,电压下降。

　　大功率设备突然载入：如大型冷藏压缩机、推进电动机等大功率设备突然启动，短时间内吸收大量电能，使电压急剧下降。

　　三相不平衡：单相负载过大，导致相间电压不均衡，使部分相电压低于安全范围。

　　一艘渔船在进行远洋捕捞作业时，突然发现主发电机输出电压从 400 V 降至 360 V，随后恢复，但偶尔再次出现电压下降。检查发现每次冷藏压缩机启动时，电压都会下降 10% 左右。由于冷藏压缩机启动电流过大，瞬间冲击导致发电机电压波动。解决方案：优化负载分配，在压缩机启动时减少其他大功率设备运行，并增加无功补偿装置，减少电压波动。

三、船舶发电机欠压故障的判断和排除

（一）初步判断和处理

　　发电机欠压保护跳闸主要发生在调速器及燃油系统或调压器出现故障时。调速器及燃油系统故障导致欠压保护的判断依据是先出现转速下降（这可从柴油机声音听到），后发生跳闸；调压器故障导致欠压保护的判断依据是先出现电压下降（这可从照明灯的亮度变化看出），后发生跳闸。

　　应答（消声、消闪），复位跳闸机组的主开关。启动备用机组，待备用机组电压、频率达到正常值时，合闸。停掉故障机组的原动机，进行维修，排除故障。经维修之后的机组作为备用机组。

（二）具体判断和排除

1.第一步：确认欠压现象是否真实
（1）检查主配电板电压指示表，观察是否低于额定值。

（2）使用万用表或功率分析仪测量发电机端子电压，排除仪表故障或误报。

（3）观察电压波动是瞬时波动还是持续欠压。

（4）检查报警系统是否有欠压、励磁故障、负载超载等警报。

2.第二步：检查励磁系统是否正常
（1）励磁电流测量

测量励磁电流，若过低，则可能是励磁系统故障。

（2）AVR（自动电压调节器）检测

①检查 AVR 参数设置是否正确，尝试手动调整励磁电压。

②测试 AVR 输出端是否有稳定的励磁电流输出。

（3）励磁绕组和整流二极管检查

①测试励磁绕组的绝缘电阻，检查是否存在短路或断路。

②旋转励磁系统中，检查整流二极管是否损坏。

若励磁电流偏低，可能是 AVR 故障、励磁绕组短路、二极管损坏等问题导致欠压。若 AVR 无输出，则可能是 AVR 内部电路损坏。

排除方法：更换相应的故障部件。

3. 第三步：检查负载是否异常

（1）检查是否有大功率设备启动

观察欠压发生时是否有冷藏压缩机、大型电动机等大功率设备启动。

（2）检查负载是否超额

计算负载功率是否超过发电机额定功率（如 1 000 kW 发电机，负载不应超过 900 kW）。

（3）检查三相负载是否平衡

使用三相电流表测量三相电流，若某一相电流过高，可能导致不平衡欠压。

排除方法：优化负载启动方式，预防过载，调整负载达到三相平衡。

4. 第四步：检查柴油机运行状态

（1）检查转速是否正常（频率检测）

如频率下降（如 47 Hz），则说明柴油机功率不足，导致电压降低。

（2）检查燃油供给情况

观察燃油系统是否存在燃油滤清器堵塞、喷油嘴故障等问题。燃油供应不足会导致柴油机功率下降，从而引发欠压。

（3）检查调速器状态

观察调速器是否能正常调节转速。若调速器故障，可能导致柴油机转速降低，进而影响发电机电压。

排除方法：检修调速器，确保燃油供油正常。

5. 第五步：检查电气系统是否存在接触不良

（1）检查主配电板接线端子

①测量接线端子间的电压降，若端子松动，可能导致局部欠压。

②观察接线端子是否有过热烧蚀现象。

（2）断路器及继电器检查

检查断路器是否因过载、短路电压异常，继电器触点是否氧化或烧损。

若某些接线端子发热，可能是接触不良导致电压损失。若断路器异常，则可能是过载或短路导致欠压。

排除方法：紧固接线；检修断路器及继电器。

四、船舶发电机欠压故障的预防措施

（1）定期维护励磁系统：检查 AVR、励磁绕组、整流二极管，确保励磁系统正常工作。

（2）合理管理负载：避免超载运行、优化设备启动顺序，确保三相负载平衡。

（3）确保柴油机运行稳定：定期检查燃油系统、调速器，防止供油不足或转速异常。

（4）维护电气系统：定期紧固接线端子，检查断路器和继电器触点，使其保持良好接触。

（5）安装电压监测系统：实时监控电压变化，提前发现潜在问题，避免故障扩大。

五、船舶发电机欠压保护测试实训操作

(一)欠压保护测试原理

进行欠压保护的参数调整时,欠压保护动作试验电路如图6-4所示。先将调压器调回零位,合上闸刀开关,逐渐增大输出电压至发电机的额定电压,失压线圈有电吸合,然后合上发电机主开关,再不断调节调压器使输出电压下降,调至欠压动作值,主开关应跳闸。欠压动作值及动作延时时间由 UVT 整流装置内的电位器调节。

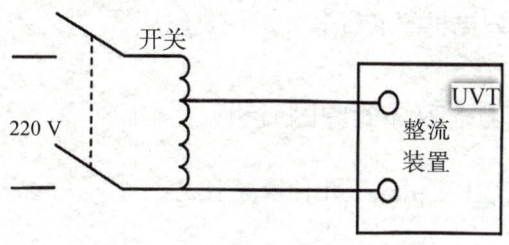

图 6-4　欠压保护动作试验电路

若只是验证欠压保护功能,可将励磁电流调到最小,然后手动调整油门,使原动机转速不断降低,当调整到动作阈值时,主开关跳闸,则欠压保护功能正常。

(二)轮机模拟器欠压故障设置

(1)设置故障点:调速器故障。

现象:发电机主开关跳闸,发电机未停机,电压、频率偏低。

分析:调速器故障导致转速下降,可从柴油机运行的声音听出来,也可通过仪表观察。

处理方法:启动备用机组,待转速、电压正常后合闸供电;按照功率大小及重要性逐级启动各类负荷。停掉故障机的原动机,对调速器进行维修。

(2)设置故障点:调压器故障。

现象:发电机主开关跳闸,发电机未停机,频率正常,电压偏低。

分析:调压器故障导致电压下降,可从照明系统亮度的变化显示出来,也可通过仪表观察。

处理方法:启动备用机组,待转速、电压正常后合闸供电;按照功率大小及重要性逐级启动各类负荷。停掉故障机组,对调压器进行维修。

第四节　逆功率测试

一、发电机逆功率概述

当某台发电机与其他机组并联运行时,由于某种特殊原因,发电机有可能进入电动机运行

状态,向电网吸取有功功率(称逆功率)。当发电机处于逆功率状态时,它不但不能分担电网的负载,反而会增加电网的负担,应采取保护措施把处于逆功率运行的发电机从电网中切除。发电机的逆功率保护是对并联运行的发电机的保护。

发电机在刚投入并联时,由于存在频率差和相角差,在拉入同步的过程中也会引起待并联发电机逆功率,但只要频率差和相角差在允许范围内,短时的逆功率是允许的。逆功率保护应具有一定的时间限制,以避开同步过程出现的短时逆功率冲击。

《钢质海船入级规范》规定:并联运行的交流发电机应设有延时 3~10 s 动作的逆功率保护。逆功率值按原动机的类型可整定为:

(1)原动机为柴油机,发电机额定功率为 8%~15%。

(2)原动机为涡轮机,发电机额定功率为 2%~8%。

二、船舶发电机逆功率故障的原因分析

船舶发电机逆功率故障主要由以下几种情况造成:

(一)柴油机动力不足或熄火

主要情形:燃油供应中断或不稳定(燃油泵故障、燃油滤清器堵塞);柴油机机械故障(如增压器失效、气缸进气不足);调速器异常,导致供油量不足,发电机无法维持输出功率。

预防措施:定期检查燃油系统,清理燃油滤清器,保证燃油供应稳定;监测柴油机运行参数,及时发现异常;定期校准调速器,确保供油控制正常。

某散货船在航行途中,其柴油机燃油滤清器严重堵塞,引起燃油供应不足,发电机逐渐丧失输出功率,最终导致逆功率继电器动作,发电机被切除。更换滤清器后,发电机恢复正常运行。

(二)发电机并网故障

可能原因:并网前未正确同步(如电压、频率、相位不匹配);负载分配不均,导致某台发电机负荷过低甚至倒送功率;逆功率继电器设定值过大,未能及时跳闸。

预防措施:严格按照电压、频率、相序同步的要求进行并网操作;设定合适的逆功率保护值(通常为额定功率的 2%~5%);监测负载分配情况,确保多台发电机合理承担负荷。

某油船并网两台发电机,其中一台发电机发生 AVR 故障,导致输出电压低于正常值。由于负载未能正确分配,该发电机逐渐进入逆功率状态,最终导致继电器跳闸,发电机被切除。

(三)调速器或 AVR 失效

可能原因:调速器故障,柴油机无法维持正常转速,功率下降;AVR 异常,发电机电压下降,无法提供足够的有功功率;负载变化过快,调速器和 AVR 响应不及时,导致发电机进入逆功率状态。

预防措施:定期检查调速器和 AVR 的工作状态,进行校准;监测发电机的输出功率,发现功率异常时应及时调整。

某集装箱船的调速器反馈信号异常,引起柴油机转速下降,发电机功率逐渐减小,最终进

入逆功率状态,导致继电器跳闸。调整调速器参数后,恢复正常运行。

(四)逆功率继电器设定不当或失效

可能原因:继电器设定值过高,导致逆功率状态持续过久,未能及时跳闸;继电器损坏或接线故障,未能在逆功率故障发生时正确切除发电机。

预防措施:设定合理的逆功率保护值;定期检查继电器的触点、线圈和动作响应时间,确保可靠性;进行逆功率保护测试,验证继电器是否能正确动作。

某邮轮逆功率继电器因长期未维护,继电器线圈老化未能及时动作,导致发电机逆功率持续时间过长,柴油机因超速报警而停机。更换继电器后,系统恢复正常。

三、船舶发电机逆功率故障的判断

(一)初步判断

发电机逆功率保护跳闸主要发生在并车操作时,此外,合闸时刻掌握不当,或并联运行时负荷分配操作调节方向反了,或并联时其中一台柴油机调速器损坏或燃油中断等场合也都会发生逆功率保护跳闸。

(二)详细判断流程

1.监测有功功率变化趋势

正常情况下:发电机的有功功率 P 应始终为正值,即发电机向负载供电。

逆功率状态:如果 P 变为负值,则说明发电机不再输出功率,而是从电网吸收功率,即进入逆功率状态。

2.观察柴油机转速和声音变化

正常运行时,柴油机的转速稳定,且运行声音均匀。若转速突然上升或不稳定,可能为逆功率故障。

进入逆功率状态后,由于发电机变成电动机,柴油机会被母线带动,导致转速上升或波动,甚至可能产生异常噪声。如果听到异常轰鸣或急促的加速声,可能是柴油机因进入逆功率状态而被带动加速。

3.监测发电机的无功功率变化

在正常并网运行时,发电机通常会提供一定的无功功率,以维持电网电压稳定。发生逆功率故障时,发电机的无功功率可能急剧下降,甚至反向。

4.监测逆功率继电器动作

检查逆功率继电器指示灯或报警装置。逆功率继电器是一种保护装置,一旦检测到发电机有功功率从母线倒送,且持续时间超过设定值(通常为 3~10 s),继电器就会动作,切除故障发电机。

5.分析并网系统的负载分配情况

如果多台发电机并联运行,正常情况下应当均衡分配负载。若某台发电机因功率调节异常,其负载逐渐减少,甚至进入逆功率状态,则可能出现了故障。负载分配异常可能由 AVR、调速器、并网控制故障引起。

四、船舶发电机逆功率保护实训操作

(一)单机测试

交流发电机的逆功率保护是由逆功率继电器来实现的,船舶上逆功率保护装置的整定值一般为额定功率的 8%~15%(原动机为柴油机),延时 3~10 s 动作。对逆功率保护整定值和动作正确性的校验,可在发电机单机运行的情况下,用正功率进行校验,为此应把继电器上的电压或电流连接对换,这样继电器把正功率作为逆功率测量,功率表指示的正功率数值就是逆功率数值。从空载状态开始往上加负载,当达到功率设定值时,开始计时,记录动作时间。

(二)并联测试

在发电机组并联运行时,可采用人工降低柴油机燃油供应产生逆功的方法(推荐方法)。
测试步骤:
(1)启动并网发电机,确保运行正常,并观察有功功率 $P(\mathrm{kW})$。
(2)缓慢降低柴油机供油量(调整燃油调节杆或降低调速器设定值),逐渐减少发电机功率输出。
(3)观察有功功率的变化,当 P 逐渐下降并变为负值时,记录继电器是否动作。
(4)验证逆功率继电器是否跳闸,并检查其跳闸时间(通常为 3~10 s)。
(5)复位继电器,若能恢复正常运行,则说明发电机功能正常。

第七章

船舶绝缘故障查找

第一节　船舶电力系统绝缘概述

　　船舶电网通常采用三相三线绝缘系统。船舶电网如果发生单相接地,虽然不影响三相电压的对称性,也不影响用电设备的正常工作,但存在危险隐患,增加了人体触电的危险;如果另外一相再发生接地,此时,另外两相对地之间已是线电压,且再有一相接地,就会造成线间短路的故障。电网中任一点单相接地都属于异常工作状态,须及时发现并消除。为了保障电网的正常运行,船舶电网的绝缘电阻不得低于 1 $M\Omega$。

　　用于电力、电热和照明的绝缘配电系统,不论是一次系统,还是二次系统,均应设有连续监测绝缘电阻,而且能在绝缘电阻异常较小时,发出听觉或视觉报警信号的绝缘电阻监测装置。

　　船舶主配电板照明配电屏上,设有电网绝缘监测装置,有地气灯、配电板式兆欧表、电网绝缘监测仪等,它们都是在电网有电时进行工作的。通常,绝缘指示灯用于监测电网是否单相接地;专用配电板式兆欧表(或监测仪)用于监测电网的绝缘电阻值。

　　绝缘指示灯法监测系统绝缘仅适用于三相绝缘系统,其工作原理如图 7-1 所示。

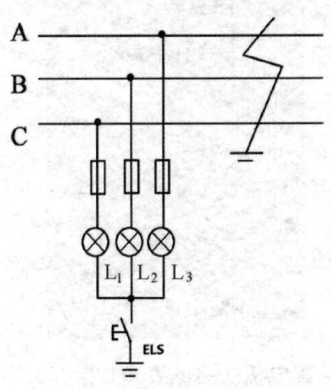

图 7-1　绝缘指示灯工作原理图

L_1、L_2、L_3三个指示灯接成 Y 形接法,当电网绝缘正常时,三个灯两端均是相电压,亮度相同。当某一相出现接地故障,如 A 相接地,值班人员按下 ELS 检测按钮,则 L_3 灯两端电压为0,灯泡不亮;此时可以将 A 相电位与接地线电位等效。这样其余两灯的两端电压分别为 U_{BA} 和 U_{CA},是线电压,则 L_1、L_2 灯的亮度增强。

若只是 A 相绝缘性能降低,也会造成 L_3 灯亮度减弱,L_1、L_2 灯亮度增强,从而提醒值班人员"电力系统中 A 相有接地故障",但是三相都绝缘性能下降时,则很难判断,因此,又称单相接地监测。

配电板式兆欧表安装在主配电板上,配电板式兆欧表由测量表头和附加装置构成,如图7-2 所示。它能在线随时监测船舶电网的绝缘电阻,通过转换开关分别测量 380 V(440 V)动力电网和 220 V(110 V)照明电网绝缘电阻,如图 7-3 所示。

（a）测量表头　　　　　　　　　　（b）背部接线端子

图 7-2　配电板式兆欧表

图 7-3　配电板式兆欧表和转换开关实物图

配电板式兆欧表连续监测装置能在接地异常时发出声光报警。其工作原理如图 7-4 所示:假设当电网 C 相绝缘性能低时,漏电流如图中流向形成回路,使得测量机构指针偏转,偏转角度对应接地程度。

若测动力电网的绝缘电阻,当电网绝缘下降时,漏电流将增大,漏电流经电源正极接线柱 3→电网→绝缘电阻 R_x→测量机构→接线柱 4(电源负极),漏电流越大,测量机构指针偏转越大,则说明绝缘电阻越小。

其余 A 或 B 相接地也同样使得表头偏转。

当测量照明电网对地绝缘时,将转换开关从零位打到 220 V 位,从附加装置正端流出的直流电流经转换开关到 220 V 照明电网,再经照明电网对地的绝缘电阻流到测量表头,最后流回附加装置的负端。动力电网对地绝缘的测量同照明网络。电网对地绝缘电阻越低,表头指针偏转就越大,当一相接地时,表头指针偏转最大,指示绝缘电阻值为 0。

对于新建造的船舶,各船级社规定:用于电力、电热和照明的绝缘配电系统,不论是一次还是二次配电网络,均应设有连续监测装置,用以监测相对于船体的绝缘电阻,且在绝缘电阻异常低时发出声光信号。一旦对船体的绝缘电阻下降至每伏电源电压 100 Ω 以下,必须触发报警装置。

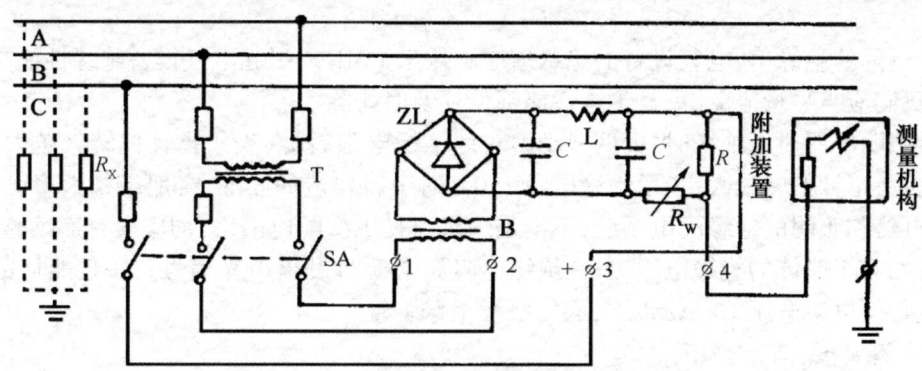

图 7-4　配电板式兆欧表工作原理图

船舶电网接地故障大多发生在照明网络,当值班人员通过配电板式兆欧表发现绝缘电阻低时,应及时找出接地故障点,排除故障隐患,必要时,可以采用分区断电的方法排查,分级逐个去检查,直到找出故障点。

照明网络接地故障的查找步骤如下:

(1)将兆欧表测量开关转至照明网络,此时绝缘显示为 0。

(2)在主配电板上,逐个拉掉开关,查看兆欧表指示是否恢复正常。

(3)拉掉开关的顺序为:生活区→甲板照明→机舱照明→驾驶台通导设备。

(4)在找到发生接地故障的配电开关后,切断该路供电,此时显示应该恢复正常值。

(5)到该开关控制的分配电箱处,使用手摇式兆欧表查找该二次网络,逐个测量,直至找到故障支路。

(6)断开该支路的分配电开关,合上其他开关,并在主配电板上恢复这个区域的供电(减小断电的影响范围)。

(7)具体查找故障区域,可从中间接线盒断开,以进一步判断故障地点。

(8)小区域(房间)中只有几个有限的供电设备,一般不超过 5 个,逐一查找即可。一般从灯头、插座、开关接线查起,最后排查电线接地。

第二节　船舶照明系统绝缘故障查找实训操作

一、操作内容

（1）模拟操作照明电路 220 V 电网绝缘性能低报警；

（2）拉电查找法的操作；

（3）手摇式兆欧表测试电网绝缘度。

二、实操步骤

船舶电网的绝缘值、电气设备的绝缘值应不低于 1 MΩ。引起电气设备绝缘性能降低的因素很多，我们应当尽量避免，一旦绝缘性能降低要及时排除。

测量照明电网对地绝缘时，电网或动力对地绝缘电阻越低，表头指针偏转就越大，当一相接地时，表头指针偏转最大，指示绝缘电阻为 0。对于新建造的船舶，各船级社大多已规定：用于电力、电热和照明的绝缘配电系统，不论是一次还是二次配电网络，均应设有连续监测装置，用以监测相对于船体的绝缘电阻，且在绝缘电阻异常低时发出声光信号。一旦船体的绝缘电阻下降至每伏电源电压 100 Ω 以下，必须触发报警装置。

（1）应答警报、消音、消闪。

（2）观察配电板式兆欧表的读数，看读数是否小于 1 MΩ，若是，则发生电网绝缘性能低故障，否则可通过拉电查找或通电查找的方法，找出绝缘性能低的部分设备。

（3）拉电查找法的正确操作：

①将电源开关逐个断开，断开开关的同时观察兆欧表。如果断开某个开关，绝缘性能恢复正常，则表明这个开关所控制的电气设备绝缘性能不好。然后将其他断开的开关逐个合上，同时观察兆欧表的读数，若合上后读数变小，则说明该路电路绝缘性能不好。

②发现接地故障线路供电开关后，切断该路供电。

③在分配电板处（若有）使用手摇式兆欧表（俗称：摇表）来查找二次配电网络。逐个测量分支电路的对地绝缘状况。

④找到接地的分支电路后，拉掉这一路分配电开关，合上其余开关，在主配电板前合上这一路配电开关向其他设备供电。

（4）手摇式兆欧表的正确使用：

①首先确认兆欧表的好坏，确定的方法如下：

A.开路试验：以 120 r/min 的转速摇动兆欧表，两表笔开路，兆欧表指针指向"∞"。

B.短路试验：轻轻转动手柄，两表笔短路，兆欧表指针指向"0"。

②若是照明系统，在查找具体接地点时，可以采用对分法，即从中间接线盒断开，来测量判断是哪一个小区域接地。之后每个小区域只有有限的几个供电点，应逐个检查每个供电点，主

要检查灯头、插头、开关的部分引线,检查灯头、插头、开关的内部状况。若经过这些检查找不到接地点,则应检查接线盒至用电器间电缆,直至找到接地点。

三、照明系统单相故障的分析和处理

设置故障点:照明电网中厨房照明灯 A 相接地。

现象:"AC 220 V BUS LOW INSUL."灯闪亮,蜂鸣器报警,如图 7-5 所示。

分析:灯指示照明电网绝缘性能低。

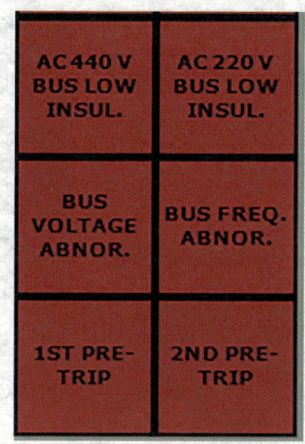

图 7-5　220 V 绝缘性能低故障报警

处理方法:消音、消闪,确认警报,如图 7-6 所示,使用拉电查找法找到发生绝缘故障的二次网络,再使用手摇式兆欧表找到具体的接地点。

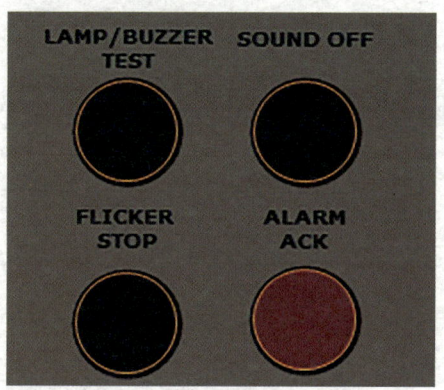

图 7-6　警报处理按钮

(1)地气灯与配电板式兆欧表如图 7-7 所示,按下地气灯按钮,其中 A 相灯熄灭,表明 A 相接地。打开配电板式兆欧表测量照明网络,兆欧表指示此时为 0。

(2)在主配电板前,逐个拉掉照明配电开关,查看兆欧表指示是否恢复正常值。

(3)拉区域开关的次序应为:船员居住区→甲板照明区→机舱照明区→驾驶台通导设施。

(4)找到发生接地故障的配电开关后,切断该路供电,查看兆欧表指示是否恢复正常值。

(5)在分配电箱前,运用手摇式兆欧表查找二次配电网络,逐个测量分支电路对地绝缘

状况。

（6）找到接地的分支电路后，拉掉这一路分配电开关，合上其余开关，在主配电板前合上这一路配电开关恢复供电。

（7）在查找具体接地点时，应从中间接线盒（如两个房间中间的）断开，判断哪一小区域（如房间）接地。

（8）小区域（房间）中只有有限的几个供电点，一般不超过 5 个点，应逐一检查每个供电点，主要检查灯头、插头、开关的部分引线，检查灯头、插头、开关的内部状况。若经过这些检查仍找不到接地点，则应检查接线盒至用电器间的电缆，直至找到接地故障点。

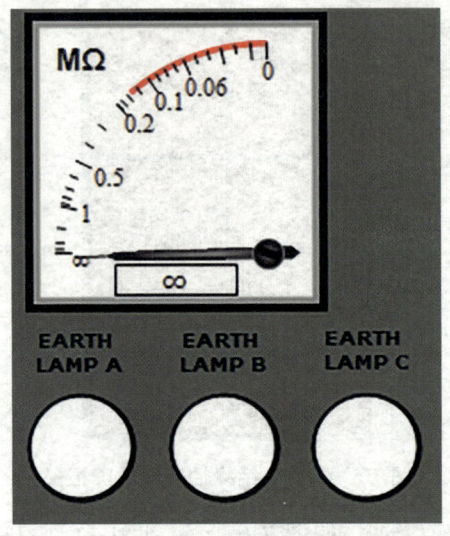

图 7-7　地气灯与配电板式兆欧表

第三节　船舶动力电网绝缘故障查找实训操作

一、操作内容

（1）模拟操作 440 V（或 380 V）动力电网绝缘性能低报警；

（2）拉电查找法的操作；

（3）用手摇式兆欧表测试电网绝缘度；

（4）模拟启动应急发电机组。

二、实操步骤

船舶电网绝缘值、电气设备的绝缘值应不低于 1 MΩ。引起电气设备绝缘性能降低的因素很多，我们应当尽量避免，一旦绝缘性能降低，要及时解决。

测量照明电网对地绝缘时,电网或动力对地绝缘电阻越小,表头指针偏转就越大,当一相接地时,表头指针偏转最大,指示绝缘电阻为 0。对于新建造的船舶,各船级社大多已规定:用于电力、电热和照明的绝缘配电系统,不论是一次还是二次配电网络,均应设有连续监测装置,用以监测相对于船体的绝缘电阻,且在绝缘电阻异常低时发出声光信号。一旦船体的绝缘电阻下降至每伏电源电压 100 Ω 以下,必须触发报警装置。

(1)应答警报、消音、消闪。

(2)观察配电板式兆欧表的读数,看读数是否小于 1 MΩ,若是,则发生电网绝缘性能低故障,否则可通过拉电查找或通电查找的方法,查出绝缘性能低的部分设备。

(3)拉电查找法的正确操作

①将电源开关逐个断开,断开开关的同时观察兆欧表。如果断开某个开关,绝缘性能恢复正常,则表明这个开关所控制的电气设备绝缘性能不好。然后将其他断开的开关逐个合上,同时观察兆欧表的读数,若合上后读数变小,则说明该路电路绝缘性能不好。

②发现接地故障线路供电开关后,切断该路供电。

③在分配电板处(若有)使用手摇式兆欧表(俗称:摇表)来查找二次配电网络。逐个测量分支电路的对地绝缘状况。

④找到接地的分支电路后,拉掉这一路分配电开关,合上其余开关,在主配电板前合上这一路配电开关向其他设备供电。

(4)手摇式兆欧表的正确使用

首先确认兆欧表的好坏,确定的方法如下:

开路试验:以 120 r/min 的转速摇动兆欧表,两表笔开路,兆欧表指针指向"∞"。

短路试验:轻轻转动手柄,两表笔短路,兆欧表指针指向"0"。

三、动力系统绝缘性能降低故障查找

设置故障点:一号海水泵 B 相与船体之间接 50 kΩ 电阻。

现象:"AC 440 V BUS LOW INSUL."灯闪亮,蜂鸣器报警,如图 7-5 所示。

分析:灯指示动力电网绝缘性能低。

处理方法:消音、消闪、确认警报,使用停止设备法找到发生绝缘故障的电动机,再对电动机进行提高绝缘性能的处理。

(1)打开配电板式兆欧表测量照明网络,兆欧表指示此时在 0.05 MΩ 左右。按下地气灯按钮,其中 B 相灯变暗,表明 B 相绝缘性能下降。

(2)依次停止各个泵、通风机,当停掉某个电动机时,动力电网绝缘性能恢复正常,即该设备发生绝缘故障。

(3)对于重要泵浦,应该先启动备用机组替换当前运行机组,再停机。

(4)发生绝缘故障的设备停机断电,进行提高绝缘性能的处理。

第八章

船舶应急配电板与岸电箱

第一节　船舶应急配电板的功能试验

一、应急发电机与应急配电板功能、操作与管理要求

1.应急发电机

一般规范都规定,客船和 500 总吨以上的货船应设有独立的应急电源。它可以是发电机,也可以是蓄电池组。作为应急电源使用的发电机称为应急发电机。

应急发电机组应该具有独立的冷却装置和燃油供给单元,并设有满足规范要求的启动装置。当船舶发生火灾或其他灾害引起主电源供电失效时,应急发电机组应能自动启动和自动连接应急配电板,尽快承载额定负载,最长时间不得超过 45 s。而主电源恢复供电后,应急发电机组便自动脱离。应急发电机的容量应确保《国际海上人命安全公约》(SOLAS 公约)与主管机关规定的供电范围和供电时间,并应考虑到这些用电设备可能同时工作。

2.应急配电板

应急配电板的功能是控制和监视应急发电机组的工作状况,并向应急用电设备供电。它与应急发电机组安装在同一舱室内,一般位于艇甲板层。应急配电板通常只有发电机控制屏和负载屏,应急配电板上面安装的电气仪表与主配电板类似,只是应急发电机不需要并联运行且无须逆功率继电器和同步表。

应急配电板的接线应该保证在主发电机、应急发电机和岸电开关之间具有电气联锁,目的是防止非同步合闸(在几个电源之间)。电气联锁主要是通过这些电源开关的辅助触点实现的。

(1)应急电网平时可由主配电板供电。只有在主发电机发生故障或检修时才由应急发电机组供电。

（2）主配电板通过供电开关（EMCB）和联络开关（ABTS）连通应急配电板,联络开关与应急配电板的主开关之间设有电气联锁,以保证主发电机向电网供电（即主电网不失电）时,应急发电机组不工作。

（3）一旦主电网失电,联络开关自动断开,应急发电机组的自动启动装置经延时确认后,自动启动应急发电机组,并自动合闸向应急电网供电。

（4）当主电网恢复供电时,应急发电机主开关立即自动断开,联络开关自动闭合,应急电网恢复由主电网供电,应急发电机组经延时自动停车。

（5）平时需要检查和试验应急发电机组时,可把应急发电机的工作方式选择开关置于试验位置,此时应急发电机组只能进行空载运行试验;进行效能试验时应将主配电板上的应急配电板供电开关（EMCB）分闸,使应急发电机组自动启动,并自动合闸向应急电网供电。

对于有些采用自动管理的应急电站,只有在应急发电机组工作后,应急电网才允许转换为由应急发电机供电,以免与主电网发生冲突。图 8-1 所示为应急配电板和主配电板联络示意图。图 8-2 所示为应急发电机控制屏。

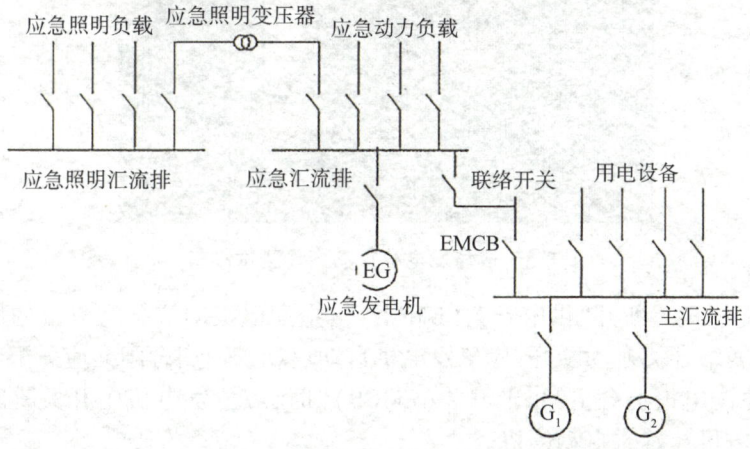

图 8-1　应急配电板和主配电板联络示意图

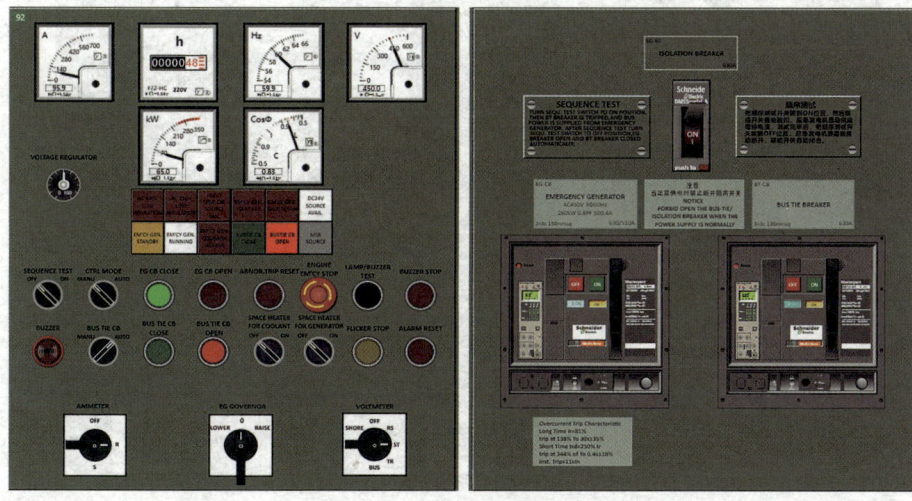

图 8-2　应急发电机控制屏

二、应急发电机的自动启动、合闸测试

（1）试验前通知驾驶室、集控室，做好报警确认准备。

（2）启动应急发电机前，应检查应急发电机启动蓄电池状态、油位、冷却水，启动一次预滑油泵进行滑油预供操作。

（3）将应急发电机机旁控制面板上的工作模式设为自动，将应急配电板控制屏上的配电控制模式设为自动。图 8-3 所示为应急发电机自动启动测试准备。

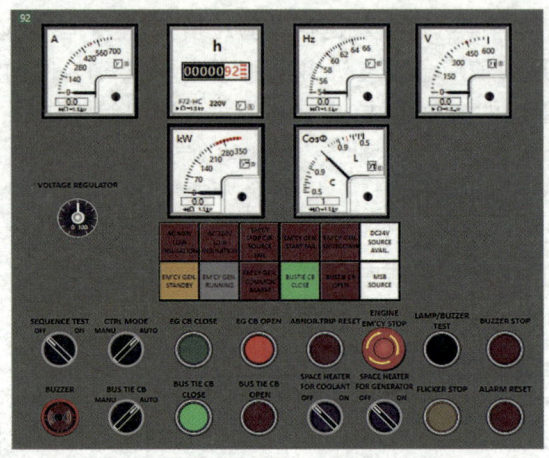

图 8-3　应急发电机自动启动测试准备

（4）可在主配电板上断开"供电开关（EMCB）"，主配电板向应急配电板的供电中断，模拟主配电板失电。联络开关自动断开，应急发电机自动启动、调频，合闸向应急配电板供电，如图 8-4 所示。当在主配电板上合上"供电开关（EMCB）"时，应急发电机主开关跳闸，联络开关自动闭合。应急发电机经延时自动停机。

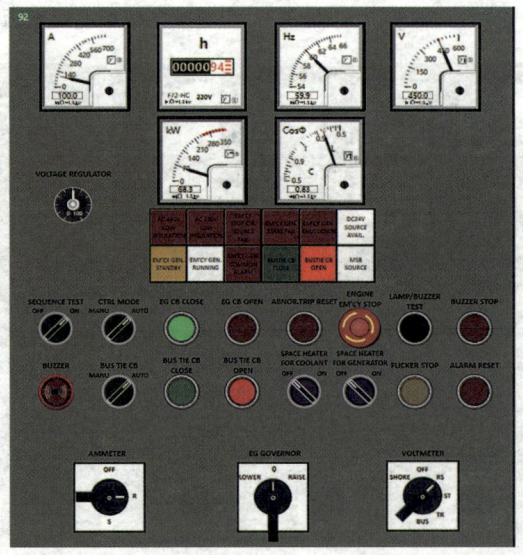

图 8-4　应急发电机自动启动合闸测试

（5）可在应急配电板控制屏上将"SEQUENCE TEST"转换开关转到"ON"位置,联络开关自动断开,应急发电机自动启动、调频、合闸向应急配电板供电；当"SEQUENCE TEST"转到"OFF"位置时,应急主开关跳闸,联络开关自动闭合。应急发电机延时自动停机。

（6）测试结束恢复相关操作如合上主配电板上应急配电板供电开关,应急配电板控制屏上将"SEQUENCE TEST"转换开关转到"ON"位置,将使应急发电机处于正常状态。

三、应急发电机的手动测试

（1）在应急配电板控制屏上,将配电控制模式设为手动。在应急配电板控制屏上将"SEQUENCE TEST"转换开关转到"ON"位置,联络开关自动断开,如图 8-5 所示。

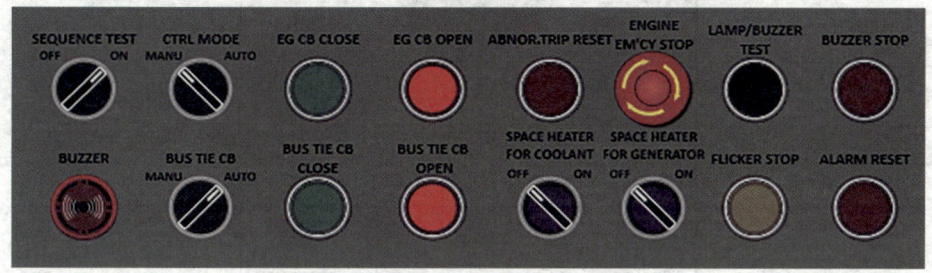

图 8-5　应急发电机手动测试准备

（2）在应急发电机机旁控制面板上,将工作模式设为手动,如图 8-6 所示。应急发电机本地控制。

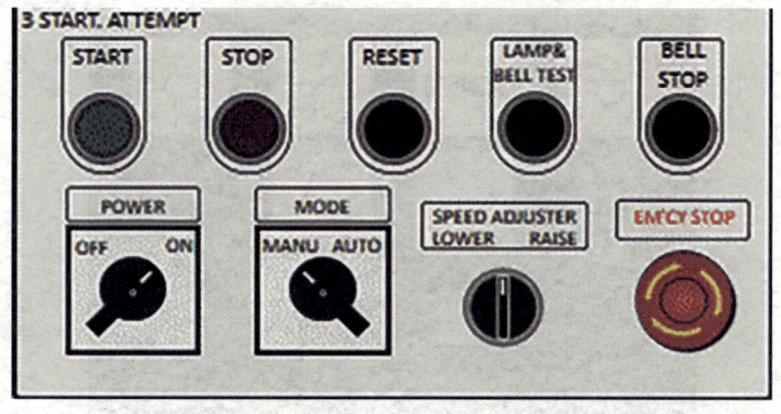

图 8-6　应急发电机手动启动测试

（3）在应急发电机机旁控制面板上,手动启动应急发电机,在应急配电板控制屏上调速,合闸向应急配电板供电,如图 8-7 所示。

（4）测试完成,将应急发电机主开关分闸,减速,停机。将所有开关转为自动,将"SEQUENCE TEST"转换开关转到"ON"位置,联络开关恢复闭合。

（5）通知驾驶室、集控室测试结束。

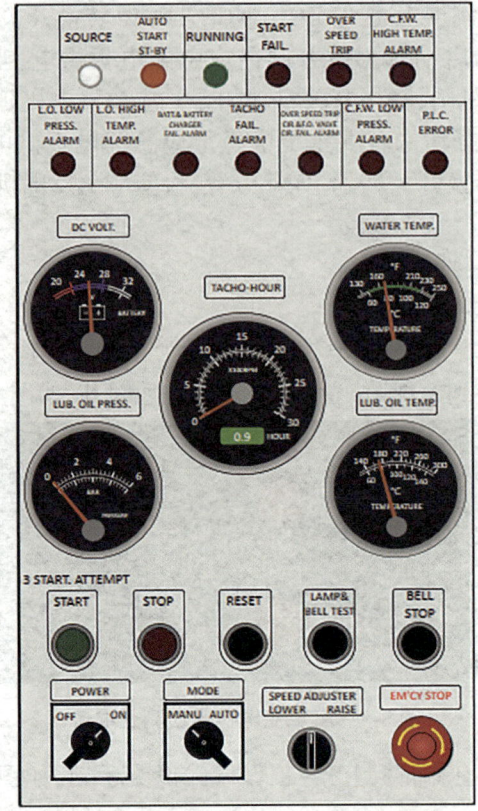

（a）

（b）

图 8-7　应急发电机手动启动、合闸供电

第二节　主电源、应急电源及岸电的切换

一、通过模拟器软件，弄清主配电板、应急配电板、岸电的供电关系

目前，大型船舶高压电可以与中压岸电短时并车运行，此处以目前船舶还在使用的低压电力系统为例进行介绍。

（1）主配电板供电时，联络开关闭合，向应急配电板供电。应急发电机停止，应急发电机主开关断开。岸电主开关断开。

（2）应急发电机供电时，联络开关断开。岸电主开关断开。

（3）岸电供电时，联络开关闭合，向主配电板和应急配电板供电。主发电机和应急发电机断路器断开。

二、接入岸电的操作

（一）船舶接岸电的条件

船舶接岸电时应满足的条件主要有：岸电与船电的电制、额定电压、额定频率相同，岸电与船电的相序一致。此外，还应确认船舶所有发电机已脱离电网。

（二）岸电箱的使用

岸电箱一般都有岸电电源指示灯、开关、熔断器、岸电接线柱、相序指示灯（或负序继电器）。

岸电箱上相序测定器是指示岸电与船电间相序是否一致的设施。当两个指示灯的亮暗关系与岸电箱上的标志一致时，说明岸电相序与船电相序一致，否则即相序不一致。若为负序继电器，则当相序不一致时，岸电箱上开关合上即跳闸。

1.相序测定器

相序测定器也叫相序指示器，相序测定器电路的三相负载是不对称的。当接电容 C 的一相设定为 R 相时，则灯较亮的一相为 S 相，灯较暗的一相为 T 相。

2.负序继电器

负序继电器也叫逆序继电器。当岸电相序正确、三相电压对称时，负序继电器的输出电压为 0，岸电箱开关可以合闸供电。当相序不一致或断一相线时，负序继电器有电压输出，岸电箱开关就合不上闸。负序继电器用来防止接岸电时，相序接错或一相断线形成电动机单相运行的继电保护装置。

（三）岸电的接入步骤

（1）通知驾驶室、集控室，做好相关准备；检查岸电电压、频率等，确保与船舶电网一致。

（2）将岸电电力电缆接到岸电箱的岸电接线柱上，合上岸上配电开关，岸电箱相序指示灯亮。

（3）在岸电箱上打开相序测定器开关，分别转至相序1或相序2，直到相序正确绿灯亮为止，如图8-8所示。

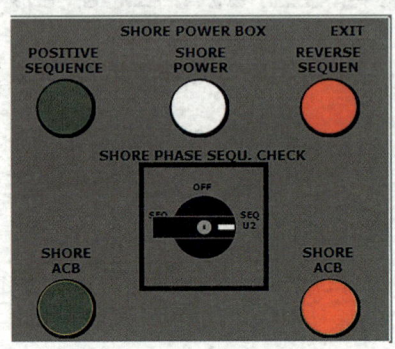

图8-8　岸电箱相序指示灯

（4）按下岸电箱上的合闸按钮，合闸灯亮。

（5）将船舶电力负载依次切断，断开船舶发电机的主开关供电，将主配电板上岸电开关合闸，如图8-9所示。

图8-9　岸电开关

（6）停止运行发电机组。

（四）岸电转船电的操作步骤

（1）通知驾驶室、集控室，做好相关准备；将主发电机、应急发电机的控制方式转为手动，启动一台主发电机组，为接通船电做好准备。

（2）在主配电板上将岸电开关断开。

（3）立刻将发电机组主开关合闸，恢复主电网供电，按程序启动重要负荷。

（4）在岸电箱上按下分闸按钮。

（5）断开岸上配电开关,拆除岸电电力电缆。

（五）接岸电注意事项

（1）接岸电时,岸电与船电的电流种类应一致。

（2）接岸电时,岸电的额定频率、额定电压应与船电一致。

（3）当岸电为三相四线制时,应将岸电的中性线接在岸电箱上接船体的接线柱上。只有船体与岸电中性线相连后,才可接通岸电。

（4）合上岸电箱上的开关,只有当岸电相序与船电相序一致时才可到主配电板前进行转接岸电操作。

（5）船舶接岸电时严禁船舶发电机合闸供电,只有在岸电切除后发电机才可合闸供电,两者不可能同时合闸。

第九章

船用蓄电池的日常管理及操作

一、蓄电池的状态判别及相关工具使用

进行蓄电池的维护保养前要对蓄电池间进行通风，按要求穿好个人防护设备，戴护目镜、橡胶手套。

1.测量蓄电池电压和电解液相对密度，判断蓄电池的状态

测量蓄电池电压和电解液相对密度时，蓄电池应处于稳定状态。蓄电池充、放电或加注蒸馏水后，应静置半小时再测量。

（1）用万用表直流电压 10 V DC 挡测量蓄电池单个电池的电压。

检查确认单个电池的正负极，然后用红表笔接正极、黑表笔接负极，逐个测量单个电池的电压。

（2）用密度计来测量蓄电池单个电解液的相对密度，如图 9-1 所示。

先清洁蓄电池表面，然后打开单个电池旋塞，将密度计插入，吸取足量的电解液，使密度计中的浮子浮起。将密度计竖直放置，眼睛水平注视液面凹处浮标上的刻度即为相对密度的数值。电解液的相对密度与温度有关，因此还应测量电解液的温度。

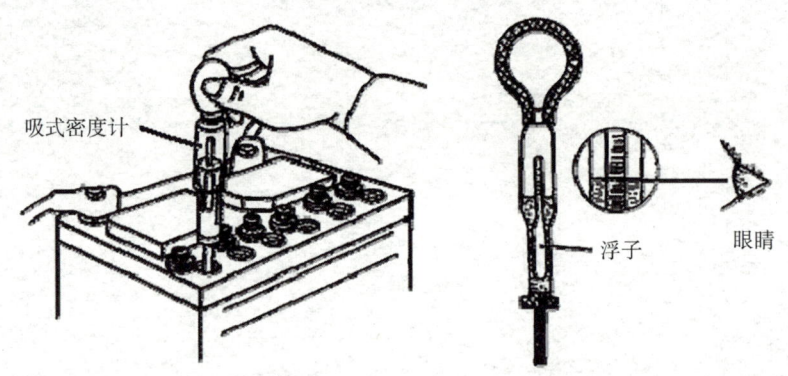

吸式密度计

浮子

眼睛

图 9-1　测量电解液的相对密度

（3）通过测得的蓄电池的电压及电解液的相对密度来判别蓄电池的状态：

①蓄电池充满电的判断标准

A.电解液的相对密度上升为 1.275～1.310。

B.单个电池电压变化：

a.刚充电时电压即上升至 2.1 V。

b.随着充电时间的延长,电压缓缓增至 2.3 V。

c.再充电几个小时后,电压升至 2.6 V 左右基本维持不变,说明此时电池已充满电。

②蓄电池放完电的判断标准

A.电解液的相对密度下降至 1.13～1.18。

B.单个电池电压的变化：

a.刚放电时电压即降至 2.00～1.95 V。

b.随着放电时间的延长,电压缓缓降至 1.9 V。

c.再放电时电压很快降至 1.8～1.7 V,说明此时电池已放完电。

2.配制调整酸性蓄电池电解液（相对密度为 1.35～1.40）

（1）准备工具:防护眼镜、胶皮手套、玻璃棒、烧杯和密度计、万用表等。

（2）配制电解液时,应选用相对密度为 1.835～1.840 的浓硫酸。

（3）应将浓硫酸缓慢倒入蒸馏水中,并用玻璃棒不停搅拌,切不可将蒸馏水倒入浓硫酸中,以免溶液在局部产生高温而发生飞溅伤人。

（4）配置完成的电解液,用密度计测量电解液的密度是否达到 1.35～1.40 g/cm^3。

二、蓄电池的充放电操作

（1）蓄电池的充电方法主要有：

①恒压充电法:在充电过程中,始终保持充电电压不变。

②恒流充电法:在充电过程中,控制充电电压（由小到大）,始终保持充电电流不变。

③分段恒流法:在充电初期,采用较大的电流进行充电,而到第二阶段采用较小的电流进行充电。

④浮充法:蓄电池与直流电网直接并联。负载大时,电网电压减小,蓄电池放电;负载小时,电网电压增大,向蓄电池充电。

（2）用分段恒流法对铅酸蓄电池进行充电和过充电：

①充电前先检查一下是否有液面非常低的单体电池,液面正常位置以高出标板 1 cm 为宜,如果有必要先给这些单体补充蒸馏水。

②将电池的接头与充电器的接头正确连接,再将输入电缆线与 220 V 插头对接,最后才允许打开充电器的电源开关。

③第一阶段,充电电流调整在 1/10 额定容量值上进行充电,充电 10 h 左右,单个电池上升至 2.4 V 左右时,转入第二阶段。

④第二阶段,充电电流调整在 1/20 额定容量值上进行充电,充电 3～5 h,调整电解液的相对密度,使其达到 1.285 g/cm^3。

⑤再按第二阶段充电电流充电 1 h,充电结束。

⑥如果要进行过充电,当正常充电终了,停止充电 1 h,再改用正常充电率一半的电流充

电,至冒气泡后停止1 h,再充,反复2~3次,直至电压和相对密度无变化,过充电完成。

(3)在进行蓄电池放电时,记录放电初始和放电结束时的放电电压、放电电流等。蓄电池充电时,检查充电器状态,记录充电电压、充电电流等。

图9-2所示为充放电板。图中框内两个转换开关分别为充电器选择开关和电池充放电方式选择开关,上部充电器选择开关可以选择是 No.1 或 No.2 电池充电器,下部选择三个位置分别为 No.1 电池组放电/No.2 电池充电,No.1 和 No.2 电池组浮充,No.2 电池组放电/No.1 电池充电,在进行充放电时可以根据需要选择是浮充还是分段恒流充电。在充放电板仪表下方还布置有直流 24 V 接地测试按钮和接地指示灯,用于检测直流 24 V 的绝缘情况,下部布置了直流 24 V 的供电开关,用于向直流 24 V 负载供电。

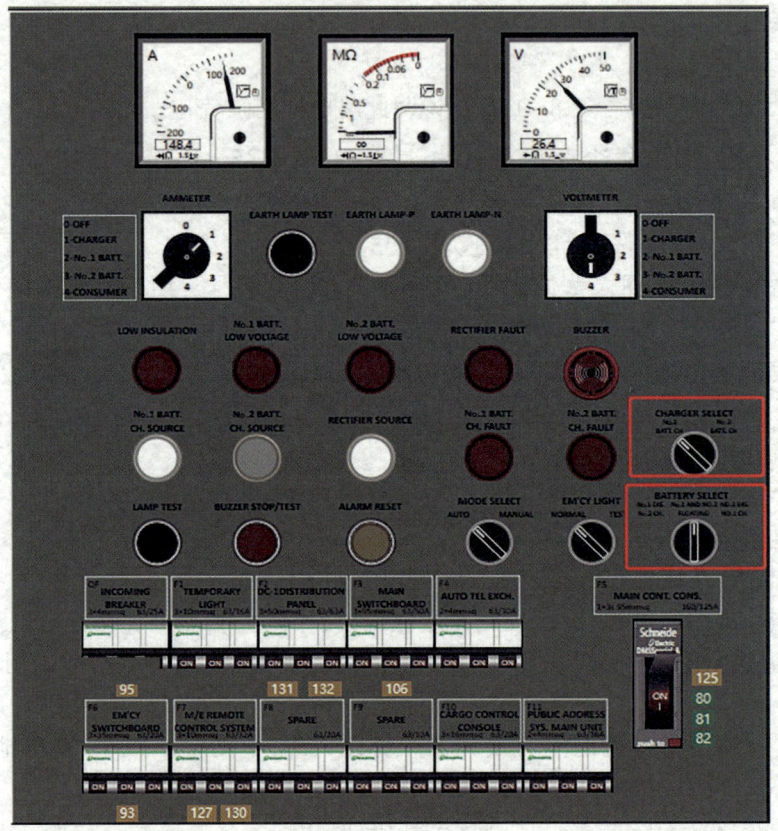

图9-2　充放电板

三、酸性蓄电池的维护保养

对酸性蓄电池的维护保养要求如下:

(1)每七天左右检查一次电压、电解液高度及相对密度,并做好记录,如低于规定的值(高出极板 10~20 mm)应及时补充蒸馏水、进行充电,然后清洁表面。

(2)不经常使用的蓄电池,每月至少检查一次,并进行带负载放电后再补充电。

(3)蓄电池表面,每三个月进行一次彻底清洁,清洁时先用干布擦除接头处的氧化物,然后涂上牛油或凡士林,防止氧化。

第十章

UPS 设置和维护

第一节　UPS 概述

UPS 为不间断电源系统(Uninterruptible Power System)的英文缩写。当电网供电出现供电质量问题时,如电涌、高压尖峰、暂态过压、电压下陷、线路噪声、频率偏移、持续低压、供电中断,UPS 将确保输出稳定、纯净、不间断的正弦波交流电压,从而使微机系统或相应的控制系统能继续保持正常工作。

通常意义的 UPS 输入的是 220 V 交流电,输出的也是 220 V 交流电,但是中间经过电力电子变换和蓄电池环节,在 220 V 正常供电时,通过整流保持蓄电池充电,同时能通过逆变输出 220 V 的交流电;在供电 220 V 断电时,蓄电池通过放电和逆变,能够继续保持一段时间的 220 V 输出,实现不间断供电。当电池能量即将耗尽时,不间断电源能发出声光报警,并在电池放电下限点停止逆变器工作,长鸣告警。另外,不间断电源还有过载保护功能,当发生超载(150%负载)时,跳到旁路状态,并在负载正常时自动返回。

UPS 按不停电供电方式可分为后备式 UPS、在线式 UPS 和双变换在线式 UPS 等。

1.后备式 UPS

当交流输入电源正常时,UPS 只是将输入电源过滤后输出,同时通过充电器为电池充电;交流输入电源中断后,UPS 供电切换为电池和逆变器电路供电。逆变器只有在交流输入电源中断后才开始工作。

2.在线式 UPS(On-Line UPS)

电源一直使其逆变器处于工作状态,通过电路将外部交流电转变为直流电,给内置的蓄电池组保持充电的同时,通过逆变器将直流电转换为高质量的正弦波交流电输出,相当于直接将后备式 UPS 的供电回路去掉。在线式 UPS 在供电状况下的主要功能是稳压及防止电波干扰;在停电时则使用备用直流电源(蓄电池组)给逆变器供电。由于逆变器一直在工作,因此不需要切换开关、不存在切换时间,适用于对电源有严格要求的场合。

3.双变换在线式 UPS

当电网供电时,交流电通过整流滤波电路变换为直流电,然后将直流电通过 DC/AC 逆变器变换为纯净稳定的正弦波电压向负载供电。后备蓄电池接在直流母线上,电网断电后,由蓄电池逆变后继续向负载供电。

从组成和基本的应用原理上讲,UPS 是一种含有储能装置,以逆变器为主要元件,稳压稳频输出的电源保护设备,主要由整流器、蓄电池、逆变器和静态开关等几部分组成。

1.整流器

整流器是一种整流装置,简单地说就是将交流(AC)转化为直流(DC)的装置。它有两个主要功能:一是将交流电(AC)变成直流电(DC),经滤波后供给负载,或者供给逆变器;二是为蓄电池提供充电电压。因此,整流器又起到充电器的作用。

2.蓄电池

蓄电池是 UPS 用来储存电能的装置,它由若干个电池串联而成,其容量大小决定了其维持放电(供电)的时间。其主要功能是:

(1)当市电正常时,将电能转换成化学能储存在电池内部。

(2)当市电故障时,将化学能转换成电能提供给逆变器或负载。

3.逆变器

通俗地讲,逆变器是一种将直流电(DC)转化为交流电(AC)的装置。它由逆变桥、控制逻辑和滤波电路组成。

4.静态开关

静态开关又称静止开关,是一种无触点开关,是用两个可控硅整流器(SCR)反向并联组成的一种交流开关,其闭合和断开由逻辑控制器控制。静态开关分为转换型和并机型两种。转换型开关主要用于两路电源供电的系统,其作用是实现从一路到另一路的自动切换;并机型开关主要用于并联逆变器与市电或多台逆变器。

第二节　UPS 的使用与维护

一、UPS 的开、关机

1.第一次开机

首先,按以下顺序合闸:储能电池开关→自动旁路开关→输出开关依次置于"ON"位置。

然后,按 UPS 启动面板"开"键,UPS 电源系统将徐徐启动,"逆变"指示灯亮,延时 1 min 后,"旁路"灯熄灭,UPS 转为逆变供电,完成开机。

最后,空载运行约 10 min 后,按照负载功率由小到大的开机顺序启动负载。

2.日常开机

只需按 UPS 面板"开"键,约 20 min 后,即可开启计算机或其他仪器使用。一般需要在 UPS 启动进入稳定工作状态后,方可打开负载设备电源开关(注:手动维护开关在 UPS 正常运行时,呈"OFF"状态)。

3.关机

先将计算机或其他仪器关闭,让 UPS 空载运行 10 min,待机内热量排出后,再按面板"关"键。

二、UPS 的使用注意事项

(1)为 UPS 的运行提供较好的使用环境,在可能的情况下,尽量避免灰尘、油烟等侵入 UPS,以减少 UPS 因使用环境差而造成的故障。

(2)在开、关 UPS 时,要按照开、关机的顺序来操作,即开机时为开供电、开 UPS、开负载;关机时为关负载、关 UPS、关供电。

(3)对输入 UPS 的供电电池输出负载,各回路中所使用的空气开关、闸刀开关、插座、接线等要确保接触良好。如出现打火现象,要及时处理或更换。

(4)UPS 的输出不允许接感性负载(如电钻等),尽量不要满载运行,更不要过载运行。如果出现过载警告,要立即卸掉部分负载。

(5)定期 2~3 个月清扫 UPS 的进风孔,在机壳外用毛刷对前面板的横条形进风孔和侧板小圆孔进行清扫,以利通风散热,保证 UPS 工作稳定。

三、日常维护与检修

(1)UPS 在正常使用的情况下,主机的维护工作很少,主要是防尘和定期除尘。特别是在气候干燥的地区,空气中的灰粒较多,主机内的风机会将灰尘带入主机内沉积,当遇空气潮湿时会引起主机控制紊乱造成主机工作失常,并发生不准确警告,大量灰尘也会造成器件散热不好。一般,每季度应彻底清洁一次 UPS。在除尘时,检查各连接件和插接件有无松动和接触不牢的情况。

(2)虽说储能电池组目前都采用了免维护电池,免除了以往的测相对密度、配电解液、定时添加蒸馏水的工作。但外因工作状态对电池的影响并没有改变,不正常工作状态对电池造成的影响没有变,维护检修工作仍然十分重要。UPS 的维护检修工作主要在电池部分。

①储能电池采用浮充方式,在这种情况下至少应每年进行一次放电。放电前应先对电池组进行均衡充电,以达到全组电池的均衡。放电过程中,若有一电池达到放电终止电压,则应停止放电,在去除落后电池后再放电。

②核对性放电,不是首先追求放出容量,而是要关注发现和处理落后电池,对落后电池进行处理后再做核对性放电试验。避免放电中落后电池恶化为反极电池。

③平时每组电池至少应有 8 只电池作标示电池,作为了解全电池组工作情况的参考。应定期对标示电池进行测量并做好记录。

④日常维护中需经常检查的项目有:清洁并检测电池两端电压、温度;连接处有无松动、腐蚀现象,检测连接条的压降;电池外观是否完好,有无壳变形和渗漏现象;极柱、安全阀周围是否有酸雾逸出;主机设备是否正常。

⑤免维护电池也需要维护,做到运行、日常管理的周到、细致和规范性,保证设备(包括主机设备)保持良好的运行状况,从而延长使用年限;保持合格的电压和电池的放电容量;保证电池运行和人员的安全可靠。

(3)当 UPS 出现故障时,应先查明原因,分清是负载还是 UPS,是主机还是电池组。虽说 UPS 主机有故障自检功能,对更换配件很方便,但要维修故障点,仍需做大量的分析、检测工作。如自检部分发生故障,显示的故障内容则可能有误。

(4)对主机出现击穿、保险熔断或烧毁器件的故障,一定要查明原因并排除故障后才能重新启动,避免重复发生相同的故障。

(5)当在电池组中发现电压反极、压降大、压差大和酸雾泄漏现象的电池时,应及时采用相应的方法恢复和修复,对不能恢复和修复的电池要更换,但不能把不同容量、不同性能、不同厂家的电池混合使用,否则可能会对整组电池带来不利影响。要及时更换使用寿命已过期的电池组,以免影响到主机。

目前,绝大多数大中型 UPS 具备与微机通信和程序控制等可操作性能。在微机上安装相应的软件,通过串口、网口连接 UPS,运行该程序,就可以利用微机与 UPS 进行通信。其一般具有信息查询、参数设置、定时设定、自动关机和报警等功能。通过信息查询,可以获取市电输入电压、UPS 输出电压、负载利用率、电池容量利用率、机内温度和市电频率等信息;通过参数设置,可以设定 UPS 基本特性、电池可维持时间和电池低电量警告等。

第三节　UPS 设置和维护实例

一、UPS 状态检查

UPS 的运行模式主要包括以下三种:

1.正常运行模式

在该模式下,UPS 将市电的交流电转换为直流电,然后对电池充电。同时,UPS 还会消除市电中的电源污染,如电涌、瞬间高/低电压、电线噪声和频率偏移等,以提供稳定、干净的电力给负载设备。

2.电池工作模式

当市电出现异常,如电压过低或过高,或者电能质量受到瞬时浪涌的影响,UPS 会切换到电池工作模式。此时,储存在蓄电池中的直流电会被转换成交流电,继续为负载设备提供电力,直到市电恢复正常或电池电量耗尽。

3.旁路运行模式

在某些情况下,如 UPS 过载、逆变器故障或机器故障等,UPS 会自动将逆变器输出转换为旁路输出,即直接由市电供电。这样做的目的是保护 UPS 设备不受损坏,并确保负载设备能够继续获得电力供应。在旁路模式下,UPS 的输出频率相位需要与市电相同,因此采用锁相同步技术来保证 UPS 功率输出与市电同步。

检查 UPS 当前的运行模式(正常模式、电池模式、旁路模式),可以通过对应的指示灯来检查判断,图 10-1 所示为 APC UPS 面板。面板上除了"开""关"键以外,还有指示灯,用于指示 UPS 的运行模式和状态。

图 10-1　APC UPS 面板

A:Load(负载),显示负载负荷,防止过载;

B:On-Line(在线),显示此时 UPS 正对市电进行调整,并向负载提供纯净电源;

C:On-Battery(电池供电),当 UPS 使用电池向负载供电时,此灯亮,同时发出报警声;

D:Bypass(旁路运行),显示此时 UPS 正处于旁路模式;

E:Overload(过载),当 UPS 超载时,此灯亮,同时发出报警声;

F:Fault(故障),显示 UPS 内部出现故障;

G:Replace Battery(更换电池),当电池需要更换时,此灯亮,同时发出报警声;

H:Battery Charge/Line Voltage(电池充电/市电电压),显示电池已充电容量对总容量的比值,又可显示市电电压,电池低电量时还会发出报警声;

I:Off(关机)按钮,关闭 UPS 及负载,内凹设计,以防止意外关机;

J:On/Test(开机/测试)按钮,启动 UPS 并激活自检功能,还可显示市电电压值。

二、UPS 的运行模式切换

切换测试时应先关闭 UPS 所带的所有重要的负载。首先,断开 UPS 船电输入开关,模拟船电失电。然后,使用蓄电池启动 UPS,将 UPS 切换到电池供电模式并正常运行。最后,检查 UPS 能否正常逆变输出电压,面板指示灯显示是否正常。若正常,则合上船电输入开关,将 UPS 切换回正常模式运行,检查 UPS 能否跳转至船电供电状态。若不正常,则几秒钟后再断开市电输入开关,看 UPS 能否转到电池逆变状态。

第十一章

船舶高压供电系统的操作和维护

第一节 船舶高压装置的安全操作

一、高压主配电板的结构组成

1.船舶高压电力系统单线图识读

通过模拟器软件高压电力系统单线图,了解高压电力系统的组成和主要设备。对照模拟高压配电板,掌握开关设备的布置情况。图 11-1 所示为船舶高压电力系统单线图。

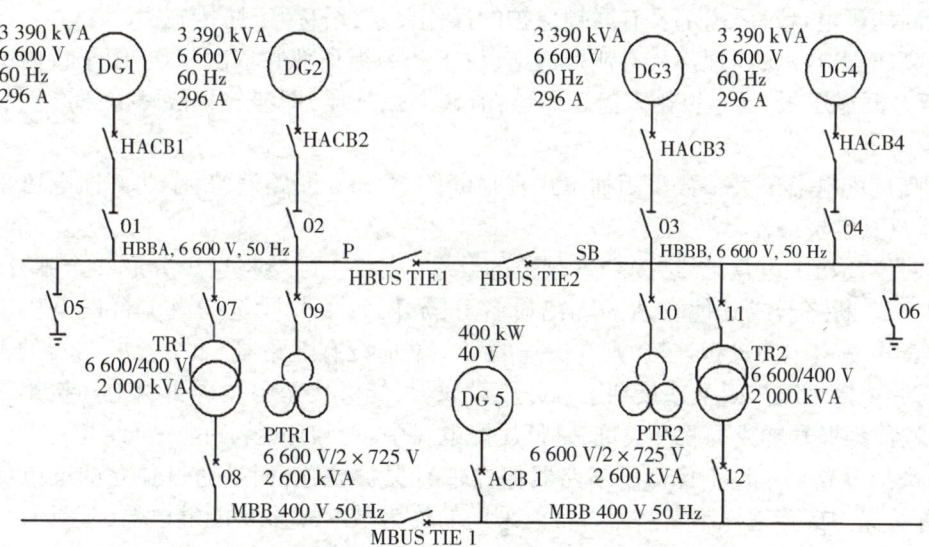

图 11-1　船舶高压电力系统单线图

（1）阅读船舶高压电力系统单线图，指认高压发电机、高压断路器、高压隔离开关、高压接地开关、高压汇流排、高压变压器等重要高压设备。

（2）在单线图上，指认主要高压负载。

（3）在单线图上，说明高压系统和低压系统的连接关系。

如图 11-1 所示，高压汇流排由两台高压母联断路器 HBUS TIE1 和 HBUS TIE2 分为左、右舷两段；两台主发电机与左舷高压汇流排 HBBA 直接相连，另两台主发电机与右舷高压汇流排 HBBB 直接相连，船舶高压电站主接线形式是单母线分段式。

左舷高压汇流排 HBBA 与右舷高压汇流排 HBBB 分别通过高压变压器 TR1、TR2 将 6 600 V高电压转变为 400 V 的低电压，向 400 V 的低压汇流排 MBB 供电。左舷高压汇流排 HBBA 与右舷高压汇流排 HBBB 分别向左右舷各一台推进高压变压器 PTR1、PTR2 供电，再由 PTR1、PTR2 向船舶主推进电动机供电。

2.船舶高压配电板组成部件识别

船舶高压电力系统一般通过高压变压器将高电压降为低电压，向船舶低压电力系统的负载供电。船舶高压电力系统除了有与低压电力系统类似的发电机控制屏、同步控制屏、高压负载屏以外，还有降压变压器屏、母线联络屏等。发电机控制屏是用来控制、调节、监视和保护发电机组的，每台发电机都配有单独的控制屏。同步控制屏（并车屏）用于控制多台发电机同步并联运行。负载屏主要用于对各馈电回路进行控制、监视和保护，并通过装在负载线路上的馈电开关将电能供给船上高压负载。日用（降压）变压器屏将高压电输送给日用（降压）变压器，整个低压配电屏的馈电都由日用变压器的副方提供。母线联络屏是将两段高压分段母线连接的特殊的屏。

高压配电盘与低压配电盘有很大的区别：

（1）高压配电盘每一屏只有一条电路；每屏内部具有相互隔离的开关室、电缆室、低压室等不同功能的结构。

（2）高压配电盘每屏内部具有联锁保护的操作要求，俗称"五防措施"。

（3）高压配电盘每屏顶部具有泄弧通道，位于开关柜顶部并依次相连，用于将内部燃弧产生的气压打开泄压板，使电弧排入泄压通道，泄放燃弧气压，即泄放掉故障电弧产生的有害气体和金属离子。

（4）高压配电盘绝大多数采用抽出式真空断路器、SF6 断路器等，小功率馈电可采用抽出式熔断器及真空接触器。

（5）对于高压配电盘母线，按 CCS 规范的要求"应将主配电板至少分成 2 个独立的分段，通过至少 1 个断路器或其他合适的隔离设备分隔开，每 1 分段至少由 1 台发电机供电。如 2 个独立配电板由电缆进行连接，则在电缆的每一端应设有断路器"。分段断路器的下端不可能再从该屏中接汇流排引上连接到第二分段母线，只能旁接至另一屏再引上连接第二分段母线，这屏就称为提升屏或母联开关屏，是低压配电盘中不会有的特殊的一屏结构。

（6）高压断路器本体不像低压断路器那样带有保护装置，而是通过独立的继电保护装置综合所有的保护功能来控制断路器。目前采用的均为数字式多功能继电器，其具有强大的测量、显示、控制功能。高压配电盘除了有短路、过载、低压过压、逆功率等与低压配电盘相同的保护功能外，还有高压电力系统需要的纵差、零序、转子接地等保护功能。图 11-2 所示为高压配电屏实物图。

图 11-2　高压配电屏实物图

　　高压配电屏结构如图 11-3 所示,高压配电屏由断路器室、母线室、电缆室、低压继电器室和泄压通道组成。其中,低压继电器室内装有所有二次元件、二次电缆等,微机保护综合单元就安装在此处。

　　高压断路器是电力系统中最重要的控制和保护设备。根据电网运行的需要,用高压断路器把一部分电力设备或线路投入或退出运行,还可以在电力线路或设备发生故障时将故障部分从电网快速切除,保证电网中无故障部分能正常运行。

　　由于断路器的断开点在外部是看不见的,船舶高压电力系统为了保证在维修时操作人员的人身安全,在船舶高压主发电机断路器与高压汇流排之间,在分断高压汇流排的断路器两端,以及在高压变压器的断路器与高压汇流排之间,都串联了隔离开关。

　　为了维修操作人员的人身安全,确保他们接触的线路无电,船舶高压电站供配电线路上安装了多处接地开关。接地开关的一端与母线(线路)相连,另一端与接地点可靠相连。

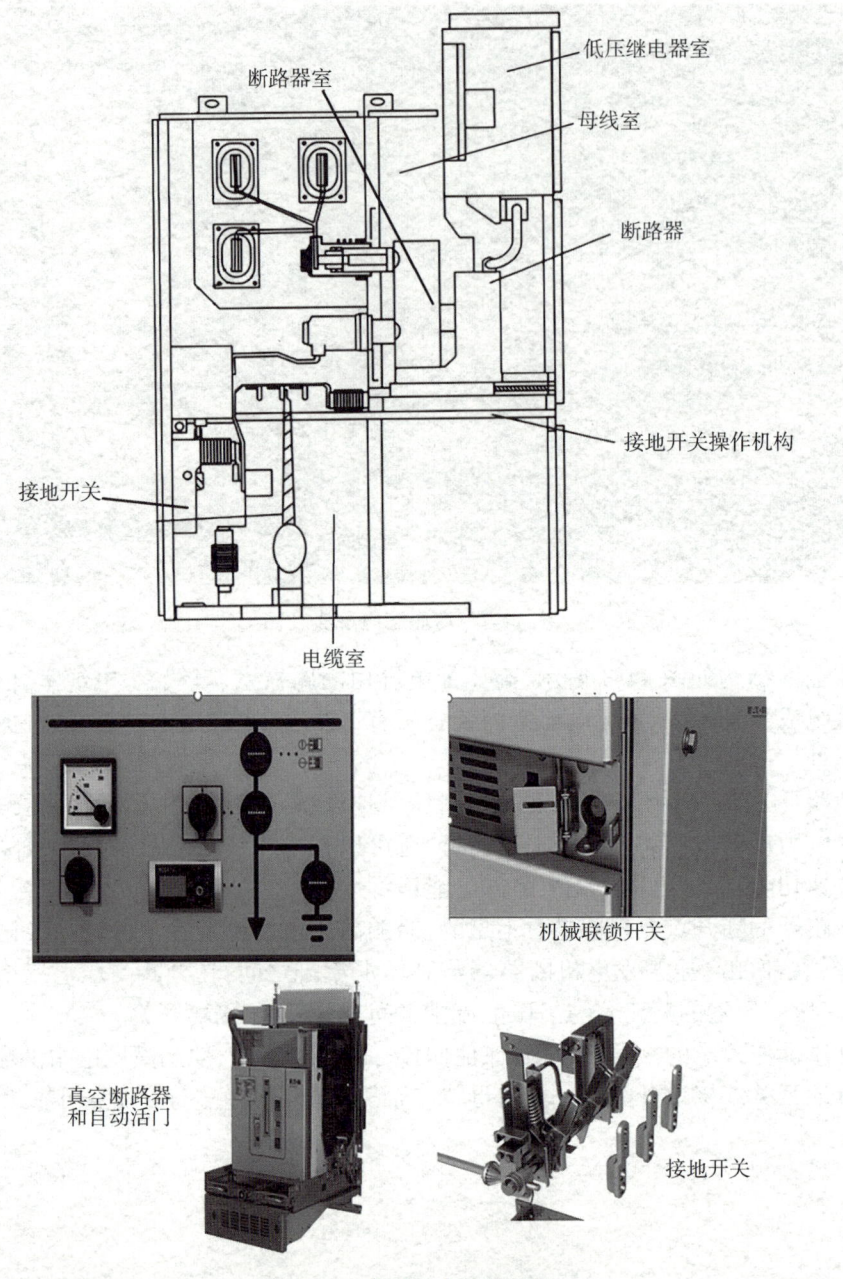

图 11-3　高压配电屏结构图

图中标注：低压继电器室、母线室、断路器室、断路器、接地开关操作机构、接地开关、电缆室、机械联锁开关、真空断路器和自动活门、接地开关

二、高压电的检测

查看在网和不在网发电机高压带电显示器状态,高压带电显示器是一种直接安装在高压电气设备上,直观显示出电气设备是否带有运行电压的提示性安全装置。高压电的额定电压分为 3 kV、6 kV、10 kV、27.5 kV、35 kV 等等级。图 11-4 所示为高压带电显示器及测试按钮,当设备带有运行电压时,该指示灯发出闪光,警示操作人员高压设备带电,无电时则无指示。

该装置一般安装在进线母线、断路器、主变压器、开关柜及其他需要显示是否带电的地方,用于防止电气误操作。高压带电显示器由传感器、导线、安装 LED 的显示器等组成。按下未运行发电机高压带电显示器的自检验电按钮,闭锁指示灯亮,几秒后闭锁指示灯灭。

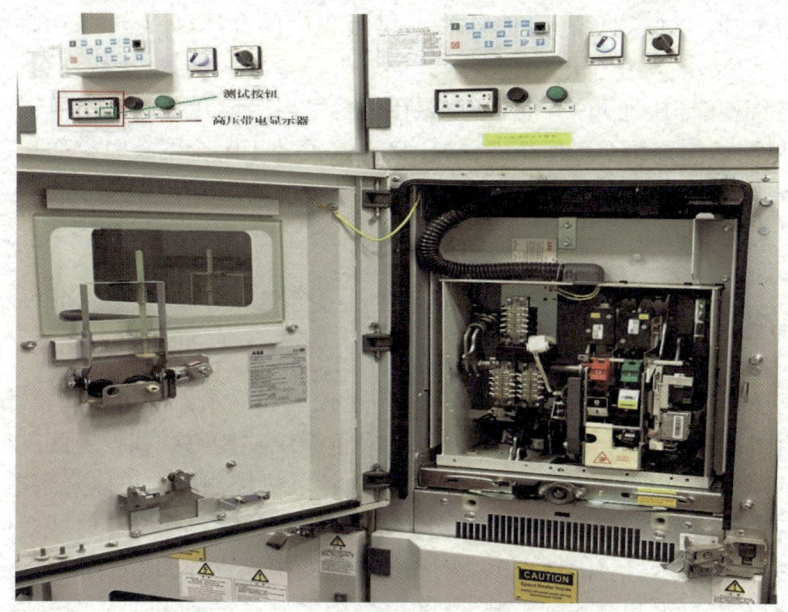

图 11-4　高压带电显示器及测试按钮

运行发电机组也可以从仪表上读出电压、电流、功率等参数,图 11-5 所示为运行高压发电机组控制屏。

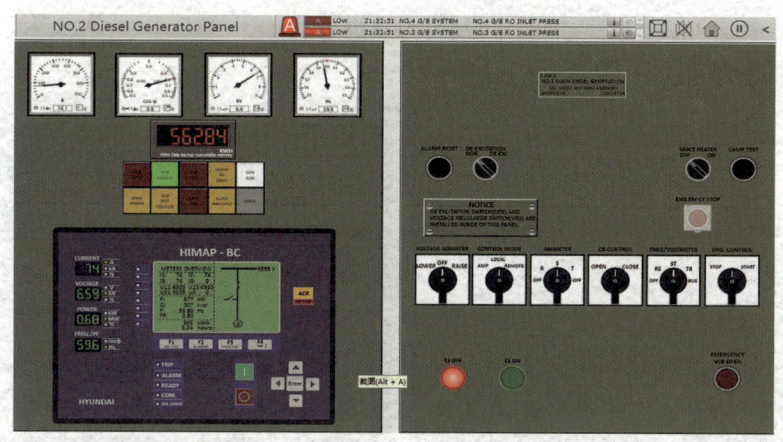

图 11-5　运行高压发电机组控制屏

三、高压电力系统的"五防措施"

船舶高压开关柜的"五防措施"的具体内容是:

(1)防止误分、合高压断路器:对高压断路器分、合闸按钮做防护设计,防止在正常运行时误分闸或在不具备合闸条件时误合闸。

（2）防止带负荷分、合隔离开关：隔离开关无灭弧装置，因此不能带负荷分、合隔离开关。隔离开关与相应的高压断路器有机械或者电气的联锁，只有高压断路器分闸后，才能分、合隔离开关。

（3）防止带电挂（合）接地线（接地开关）：仅当相应的高压断路器处于测试位置时，接地开关才能进行合闸操作，防止带电误合接地开关。

（4）防止带接地线（接地开关）接通高压断路器：仅当接地开关处于分闸位置时，相应的高压断路器才能从测试位置移至工作位置，防止接地开关处于闭合位置时接通高压断路器。

（5）防止误入带电间隔：接地开关处在分闸位置时，高压开关柜的下门及后门都无法打开，防止人员误入带电间隔。

四、高压配电板的操作与管理

高压配电板的操作与管理的主要内容包括指示仪表和显示器的指示核验、试灯测试、绝缘测试、地气灯测试、各发电机参数监测记录、定期进行系统功能测试和报警测试等。

图 11-6 所示为 No.2 柴油发电机控制屏。柴油发电机控制屏上可以观察电压表、电流表、功率表，查看发电机的参数。"ES OFF"红色指示灯为接地开关断开指示灯，"ES ON"绿色指示灯为接地开关合上指示灯；HIMAP-BC 为综合测控保护单元，可以对高压断路器进行控制，参数异常时保护发电机组和高压配电装置；图中框中的几个转动开关从左到右分别为控制模式选择开关，断路器分、合闸控制开关，发电机配电板控制启、停开关。高压断路器抽出到测试位置即表示隔离开关断开，推入到工作位置表示隔离开关接通。

图 11-7 所示为 No.2 发电机机旁控制面板，在发电机机旁控制面板上有"LOCAL（本地）"和"REMOTE（遥控）"转换按钮，在主配电板发电机屏上有控制模式转换开关，可以完成发电机组优先级选择和控制方式转换。

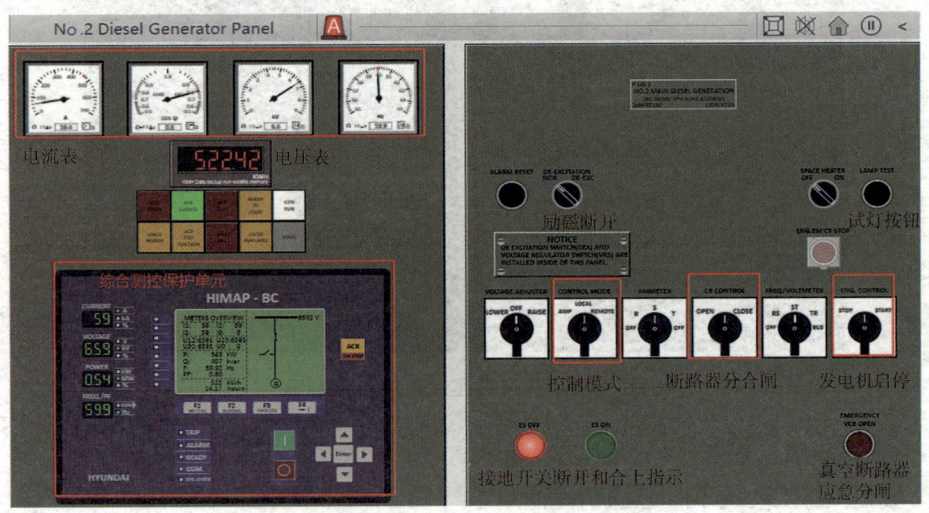

图 11-6 No.2 柴油发电机控制屏

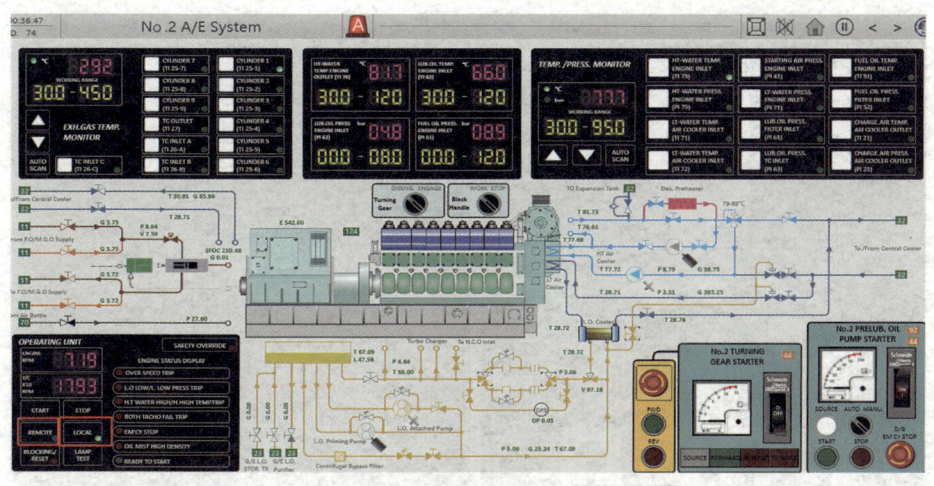

图 11-7　No.2 发电机机旁控制面板

图 11-8 所示为 No.1 降压变压器屏,查看电压、电流读数和断路器的状态,"ES OFF"红色指示灯为接地开关断开指示灯,"ES ON"绿色指示灯为接地开关合上指示灯,两个框中的转动开关分别为控制模式选择开关和降压变压器断路器分、合闸控制开关。

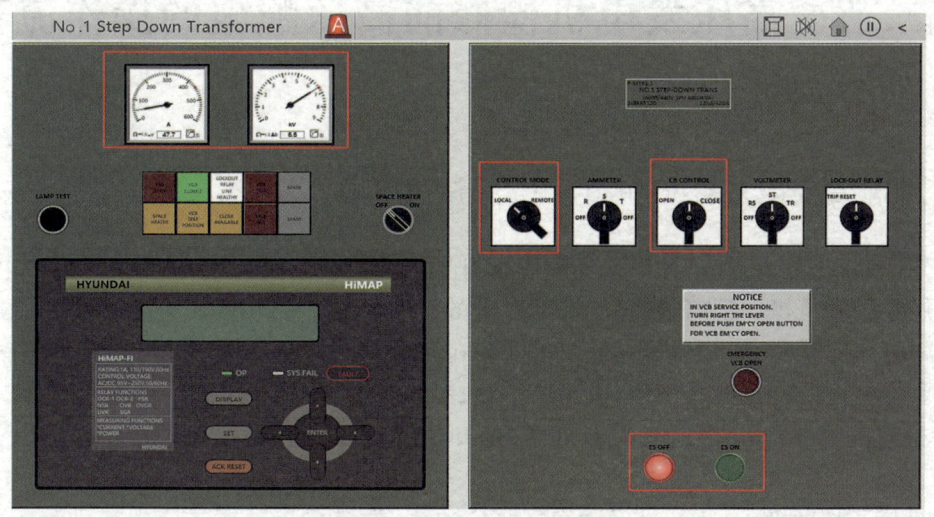

图 11-8　No.1 降压变压器屏

图 11-9 所示为 No.1 试灯和绝缘测试。按下试灯按钮,配电板上指示灯会点亮,用于检查指示灯的好坏。按下绝缘测试按钮,配电板式兆欧表指针会向 0 的方向转动。

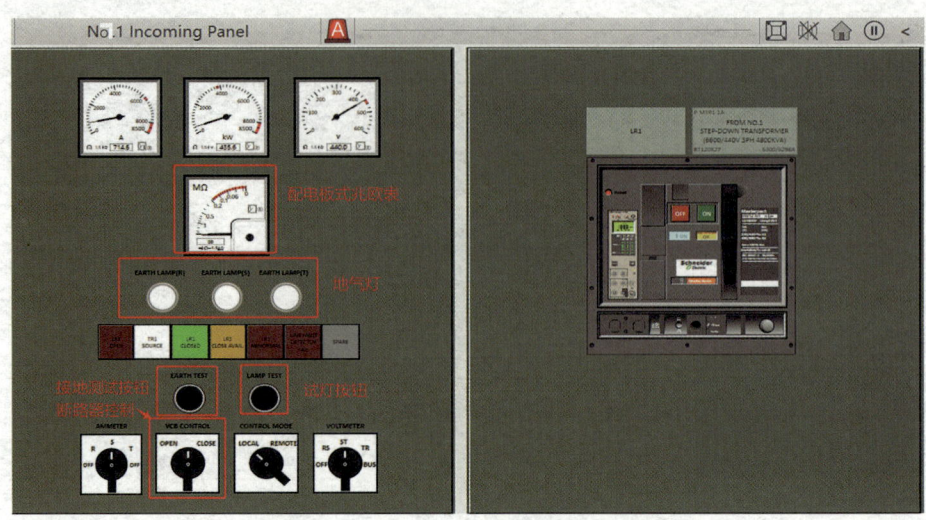

图 11-9　No.1 馈电屏试灯和绝缘测试

第二节　高压发电机检修前高压配电的操作流程

一、船舶高压电力系统的操作和维修注意事项

对于船舶高压电力系统,操作人员即使没有直接接触带电设备,如果不慎距离带电设备太近,小于规定的安全操作距离,也可能受到严重的触电事故。船舶高压电力系统的变压器、电流互感器、电压互感器、断路器等一般要求安装在完全封闭的开关柜中。当需要带电操作某些设备时,要严格按照安全操作规程,戴绝缘手套、穿绝缘鞋、使用专用的绝缘工具进行。

(1)检修前的准备工作:经轮机长同意,通知值班轮机员并设定一个安全保护人;记录好所带的工具。

(2)检修工作前准备:柴油机启动空气阀应关闭;发电机启动模式应由自动转成手动;确认周围无水、气、油。

(3)检修工作:发电机主开关抽出,并合上接地开关,挂好警示牌;工作前,口袋里所有的东西应全部掏出,工作时需戴干净手套,防止汗水滴入发电机内部。

(4)检修工作完成后:清点工具,符合记录再盖上发电机盖板,恢复正常状态;启动之前,须确定无人在做任何保养工作;检查发电机轴承的滑油油位。

二、船舶高压发电机的检修程序

（一）船舶高压发电机的检修操作

（1）船舶高压发电机只在做备用机时进行检修，以保证船舶电站供电的连续性。

（2）检修船舶高压发电机前，必须将发电机组方式选择开关转到"手动"位置，发电机控制位置转到机旁控制，将发电机本地控制箱"Block Handle"转到"STOP"位置，防止发电机组误启动，如图11-10所示，进行高压发电机检修前的准备。

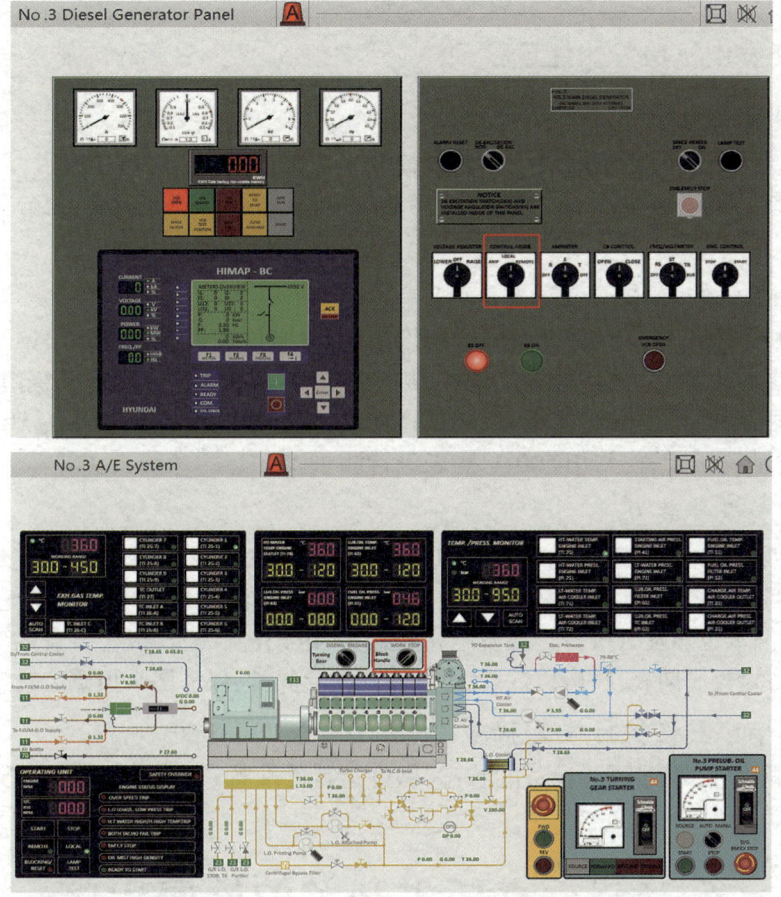

图11-10　高压发电机检修前的准备

（3）断开船舶高压发电机主开关，关闭励磁电源，通过高压带电显示器测试是否带电，如无电，将发电机断路器转至测试位置。

（4）合上接地开关，充分放电，安排监护人员，悬挂警示牌，征得轮机长同意，通知值班轮机员，检查安全用具，确认无误后才能进行检修。图11-11所示为接地开关操作示意图。

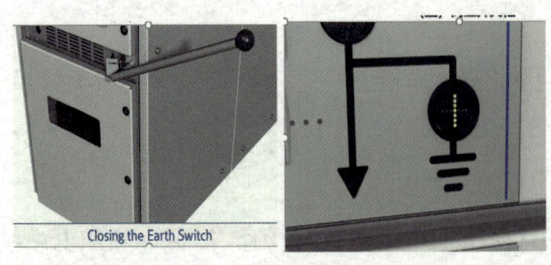

图 11-11 接地开关操作示意图

（5）当需要测量船舶高压主发电机绕组的绝缘，或必须将发电机接地电阻断开检修时，操作人员必须戴绝缘手套，穿绝缘鞋。

(二) 高压发电机检修的注意事项

1. 严格接地放电

由于定子绕组或励磁绕组的残余电场会释放出大量电荷，安全隐患极大，因此，停机维护保养定子绕组或励磁绕组前，必须严格执行接地放电程序，确认接地可靠、充分放电后，才能开始检修。

2. 监测发电机的绝缘

高压发电机电枢电压高、温升大、绝缘要求高，因此定期测量和保持绕组绝缘极为重要，对于电压为 6 600 V 的系统，应定期用 2 500 V 以上的 GΩ 表测量发电机定子绕组绝缘。检修中应注意防止损坏绝缘；测量绕组绝缘时，必须将中性点接地电阻断开，若测量转子励磁绕组绝缘，需要断开自动调压装置，并用 500 V 摇表进行测量。

3. 注意漏水报警装置

高压发电机多采用水冷形式的空气冷却器，用其冷却后的空气再去冷却电枢绕组，冷却器设置在发电机顶部，一旦冷却水漏出进入绕组，后果不堪设想，因此系统中增加了漏水监测报警装置，即使轻微的漏水也能及时报警。在发电机检修中，定期进行漏水报警装置的实效检验，并将其编入船舶设备检查周期表，严格执行；及时发现和排除异常，保证漏水报警装置工作正常。

4. 检修完毕应严格执行恢复程序

按照正确顺序恢复各开关、设备的状态，做好运行的准备。

第三节 高压主开关的检修程序

一、船舶高压主开关检修操作程序

(一) 船舶高压主开关检修操作规程

高压配电盘通常分为左右两侧，分别放置在不同的高压配电室中，高压配电室都配有高压绝缘地面,并且高压配电盘都具有非常高的防护等级,用于保证操作人员的安全。

船舶高压主开关检修的流程为:将船舶高压主开关置于断开位置,断开相应的隔离开关,闭合接地开关,打开开关柜,方可检修船舶高压断路器。

检修完毕后,首先关闭开关柜,断开接地开关,闭合相应的隔离开关,将船舶高压主开关置于工作位置。

主开关、隔离开关与接地开关和柜门之间都有电气或机械联锁,以防误操作。尽管如此,操作人员也要按照操作流程逐步操作。

(二)船舶高压隔离开关的操作规程

隔离开关是具有可见断开点的开关,由于隔离开关没有灭弧装置,因此不能带负荷进行分、合闸操作。由于有机械或电气的联锁,操作船舶高压隔离开关时,要与断路器的分、合闸操作相配合,只有断路器断开后,才能进行断开船舶高压隔离开关的操作。断路器在合闸位置时,无法分断船舶高压隔离开关。同样,必须先合上船舶高压隔离开关,之后才允许合上断路器。

(三)高压接地开关的操作规程

与高压隔离开关相同,高压接地开关也没有灭弧装置,也不能带负荷分、合闸。在停电维修某段线路和设备时,应合上相应的接地开关,以保证被维修线路和设备能可靠地接地,防止线路上积累的电荷对维修操作人员造成影响,或者在断路器意外合闸时,由于线路三相接地,造成三相短路,使断路器立即跳闸。

检修完成后,首先打开高压接地开关,然后合上船舶高压隔离开关,最后才可以进行相应的断路器合闸操作。

(四)高压主开关抽出和送入操作

(1)发电机及发电机控制屏检修前需要完成高压断路器分闸、停机、灭磁操作。

(2)断开隔离开关。采用断路器摇出至测试位置的方法使断路器与母线断开。

(3)打开接地操作门,使用接地操作手柄合上接地开关,此时配电板上指示接地开关合闸。

(4)继续摇出高压断路器至检修位置。

继续转动断路器摇出手柄,将高压断路器摇到检修位置,打开柜门,脱开综合保护和控制的二次插头,将断路器专用小车移至开关柜前,调整高度至与断路器位置相符,并使其锁定,将断路器拉至小车进行检修,如图 11-12 所示。

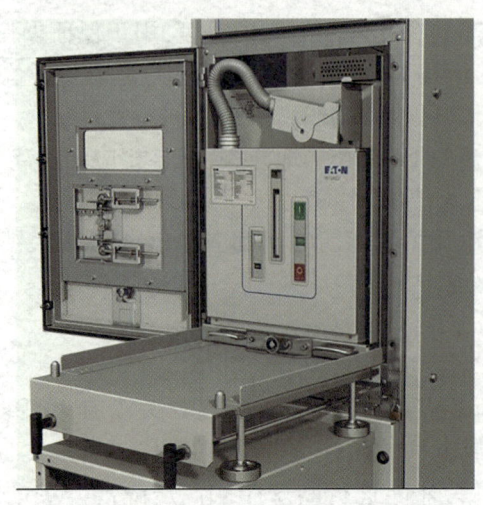

图 11-12　高压断路器拉至检修位置示意图

维修高压开关柜和高压发电机在完成接地操作后需要用高压验电器确认维修部位无电方可进行。

（5）高压断路器推入操作如图 11-13 所示。利用小车将断路器推至测试位置，关上开关柜的门。利用摇把工具将断路器摇到测试位置，此时隔离开关断开，压下接地操作门；利用接地开关操作手柄断开接地开关，此时配电板上指示接地开关已断开，继续将断路器摇至工作位置。

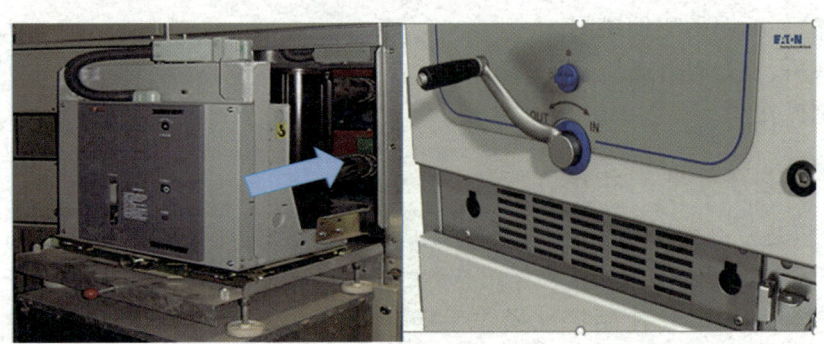

图 11-13　高压断路器推入操作

（6）检查配电板指示灯、高压开关状态和位置指示是否正确，是否与备用状态一致。

二、高压配电板日常维护的注意事项

（1）高压配电板严禁带电作业，作业前一定要确认设备已不带电。

（2）严格按照高压配电板所规定的安全操作要求，打开高压区进行作业。作业前应先将高压断路器置于测试位置，断开相应的隔离开关，再操作接地开关进行放电。检修完毕后，首先关闭开关柜，断开接地开关，闭合相应的隔离开关，然后将高压断路器置于工作位置。

（3）对配电板进行维修检查时，必须做好安全防护，使用高压绝缘工具与防护用品，为安全起见，要有专人协助。高压配电板的顶部防护板在任何时候都严禁人员靠近。

第二篇

船舶电子电气管理与工艺

第十二章

常用电子电气元器件识别与测量

一、电阻的识别与测量

(一) 电阻的基本概念

电阻(Resistance,通常用"R"表示)是一个物理量,在物理学中表示导体对电流阻碍作用的大小。导体的电阻越大,表示导体对电流的阻碍作用越大。不同的导体,电阻一般不同,电阻是导体本身的一种性质。电阻的单位是欧姆,简称欧,符号为 Ω。电阻的外形如图 12-1 所示。

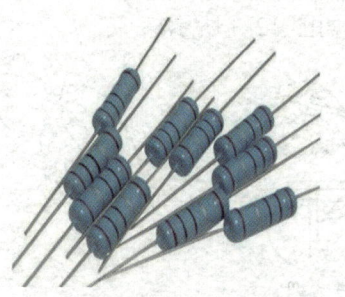

图 12-1　电阻的外形

(二) 电阻的测量

(1)选电阻挡任意一个倍率。一般万用表的量程有 $R×1$、$R×10$、$R×100$、$R×1k$ 和 $R×10k$ 五挡。

(2)欧姆调零(电阻调零):将红黑表笔短接,通过欧姆调零旋钮使表针指在欧姆刻度盘零位。

(3)将被测电阻接在红黑表笔两端即可测出电阻值,如图 12-2 所示,但应注意根据表针偏转情况变换倍率,尽量使表针指在刻度盘中间附近。变换倍率后要重新调零。

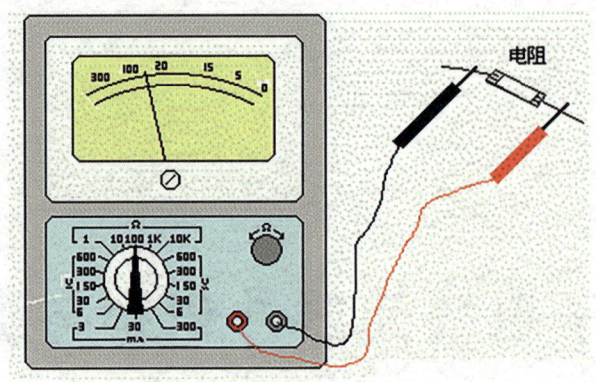

图 12-2　万用表测量电阻示意图

（4）电阻挡的读数一般保留两位有效数字，从右向左读数；电阻的实际测量值 = 读数 × 倍率。

（三）电阻测量的注意事项

（1）电阻挡刻度线标注的数值与其他刻度线正好相反，其刻度线"0"点位于刻度线右边，且刻度线不均匀标注。

（2）不能带电测电阻，电路中有大电容切断电源后还要给电容放电；如果有并联支路，至少要将电阻的一端与电路脱离。

（3）测量前要调零，每转换一个挡位都要重新调零。

（4）尽量使表针指在刻度盘中间附近。

（5）注意不要并入人体电阻，如图 12-3 所示。

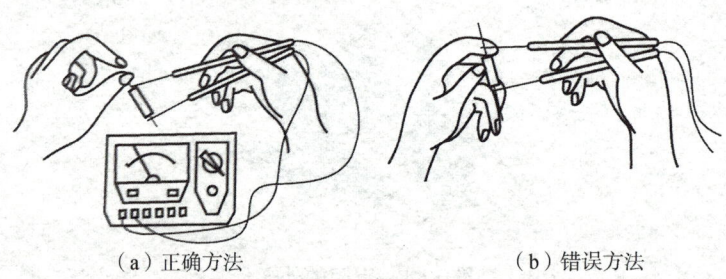

（a）正确方法　　　　　　　　　　（b）错误方法

图 12-3　指针式万用表测量电阻操作示意图

二、电容的识别与测量

（一）电容的基本概念

电容从物理学上讲，是一种静态电荷存储介质，电容内储存的电荷可能会永久存在。电容的用途较广。电容是电子、电力领域中不可缺少的电子元件，主要用于电源滤波、信号滤波、信号耦合、谐振、滤波、补偿、充放电、储能、隔直流等电路。电容的符号和外形如图 12-4 所示。

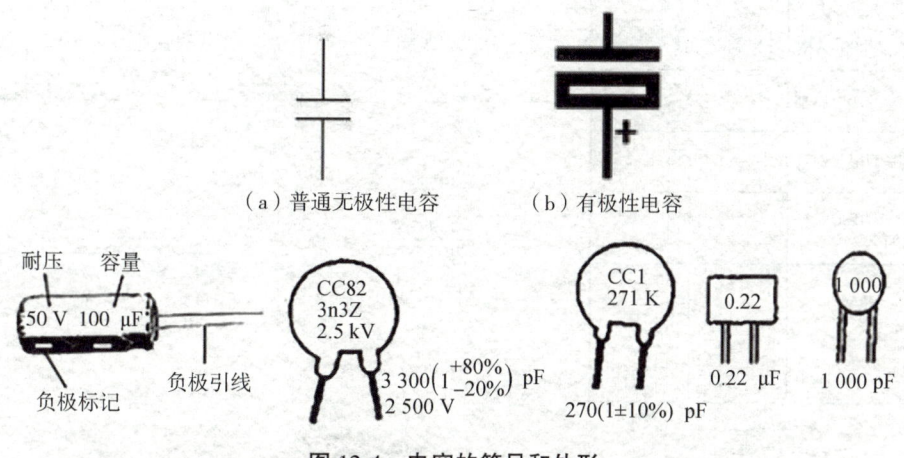

图 12-4　电容的符号和外形

（二）电容的测量

1.测电容是否漏电

对 1 000 μF 以上的电容,可先用 $R×10$ Ω 挡将其快速充电,并初步估测电容容量,然后改到 $R×1$ kΩ 挡继续测一会儿,这时万用表指针不应返回,而应停在或十分接近"∞"处,否则就是有漏电现象。对一些几十微法以下的定时或振荡电容(比如彩电开关电源的振荡电容的漏电特性要求非常高,只要稍有漏电就不能用,这时可在 $R×1$ kΩ 挡充完电后再改用 $R×10$ kΩ 挡继续测量,同样表针应停在"∞"处而不应返回。

2.估测微法级电容容量的大小

可凭经验或参照相同容量的标准电容,根据指针摆动的最大幅度来判定微法级电容容量。所参照的标准电容不必耐压值一样,只要容量相同即可,例如估测一个 100 μF/250 V 的电容可用一个 100 μF/25 V 的电容来参照,只要它们指针摆动的最大幅度一样,即可断定容量一样。

3.估测皮法级电容容量的大小

要用 $R×10$ kΩ 挡,但只能测到 1 000 pF 以上的电容。对 1 000 pF 或稍大一点的电容,只要表针稍有摆动,即可认为容量够了。

三、电感的识别与测量

（一）电感的基本概念

电感器也称电感元器件,属于储能元器件,可以把电能转换成磁能并储存起来。普通电感器又称固定电感器,主要有色环电感器和色码电感器,主要用于分频、滤波和谐振。带磁芯电感器包括磁棒电感器和磁环电感器,主要用于分频、滤波和谐振。电感的符号和外形如图 12-5 所示。

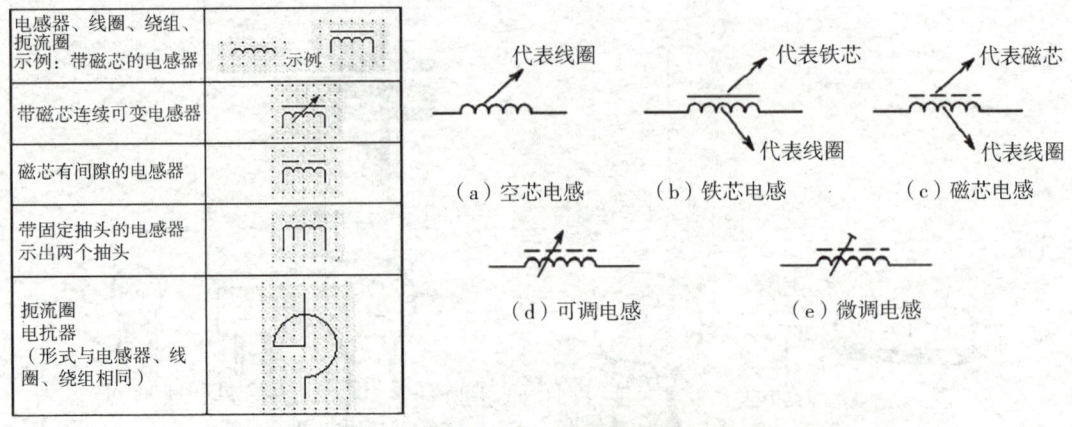

电感器、线圈、绕组、扼流圈 示例：带磁芯的电感器	示例	
带磁芯连续可变电感器		
磁芯有间隙的电感器		
带固定抽头的电感器 示出两个抽头		
扼流圈 电抗器 （形式与电感器、线圈、绕组相同）		

（a）空芯电感　代表线圈

（b）铁芯电感　代表铁芯　代表线圈

（c）磁芯电感　代表磁芯　代表线圈

（d）可调电感

（e）微调电感

图 12-5　电感的符号和外形

（二）电感的测量

（1）测量电感线圈的通断。

（2）测量电感值的动态反馈（使用指针式万用表时）。

（3）串接一个电阻，通上交流电，测量电感上的电压和通过的电流，由欧姆定律计算电感的感抗。然后按照下式算出电感值。

$$X_L = \omega L = 2\pi f L$$

式中：X_L——感抗，单位为欧姆（Ω）；

　　ω——电源的角频率，单位为弧度/秒；

　　f——频率，单位为赫兹（Hz）；

　　L——线圈电感，单位为亨利（H）。

四、二极管的识别与测量

（一）二极管的基本概念

晶体二极管为一个由 P 型半导体和 N 型半导体形成的 PN 结，在其界面处两侧形成空间电荷层,并具有自建电场。当不存在外加电压时,PN 结两边载流子浓度差引起的扩散电流和自建电场引起的漂移电流相等并处于电平衡状态。二极管的符号如表 12-1 所示。

表 12-1　二极管的符号

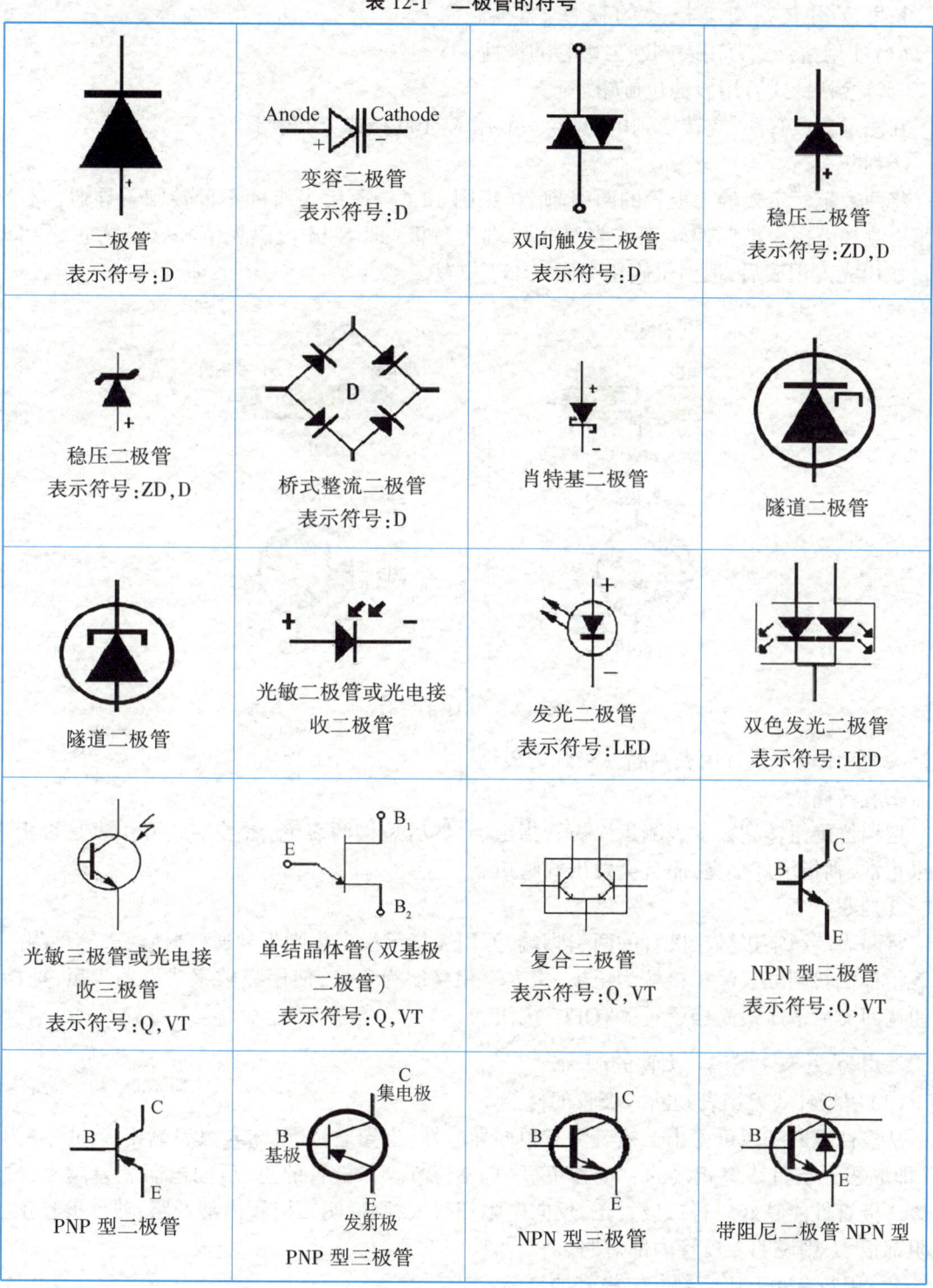

二极管 表示符号:D	变容二极管 表示符号:D	双向触发二极管 表示符号:D	稳压二极管 表示符号:ZD,D
稳压二极管 表示符号:ZD,D	桥式整流二极管 表示符号:D	肖特基二极管	隧道二极管
隧道二极管	光敏二极管或光电接 收二极管	发光二极管 表示符号:LED	双色发光二极管 表示符号:LED
光敏三极管或光电接 收三极管 表示符号:Q,VT	单结晶体管(双基极 二极管) 表示符号:Q,VT	复合三极管 表示符号:Q,VT	NPN 型三极管 表示符号:Q,VT
PNP 型二极管	PNP 型三极管	NPN 型三极管	带阻尼二极管 NPN 型

(二)二极管的测量

1.用万用表判断二极管的极性

(1)使用指针式万用表判断二极管的极性

①转换指针式万用表挡位旋钮

在测量二极管前,应转换到电阻挡,一般用 $R×100$ 挡或 $R×1k$ 挡。

②判断

将两表笔稳定接触二极管的两引脚端(见图12-6),万用表指针不偏转则不导通,调换两表笔再测。万用表指针偏转则红表笔相接端为负极(即 N 极),黑表笔相接端为正极(即 P 极),使用完万用表后,把挡位旋钮调回"OFF"位置。

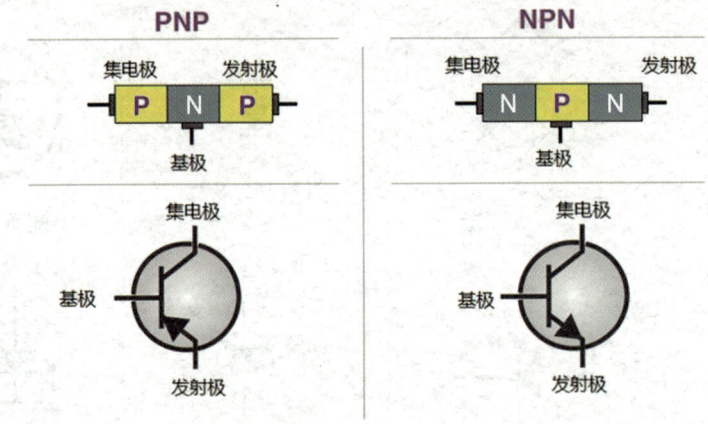

图 12-6　BJT 的符号

(2)使用数字式万用表判断二极管的极性

①旋转挡位

把挡位旋钮转到数字表测量二极管指定挡,然后短接两表笔,看数字式万用表是否正常,如果正常,则指示灯会亮,而且会发出蜂鸣声。

②判断

将两表笔稳定接触二极管的两引脚端,万用表指示没变化则不导通,调换两表笔再测。万用表指针偏转则红表笔相接端为正极,黑表笔相接端为负极,使用完数字式万用表后,把挡位旋钮调回交流电压最高挡后再关"OFF"按钮。

2.用万用表判断二极管的性能

(1)用指针式万用表判断二极管的性能

从极性判断结果可得出二极管具有单向导电性,当导通时,可知与黑表笔相接的一端为正极(即 P 极),与红表笔相接的一端为负极(即 N 极)。二极管的正、反向电阻相差越大,则说明该二极管性能越好。若二极管正、反向电阻都很大,则说明二极管内部开路;若二极管正、反电阻都很小,则说明二极管内部短路。

(2)用数字式万用表判断二极管的性能

从极性判断结果可得出二极管具有单向导通性,当导通时,可知与黑表笔相接的一端为负极,与红表笔相接的一端为正极。二极管的正、反向电阻相差越大,则说明该二极管性能越好。若二极管正、反向电阻都很大,则说明二极管内部开路;若二极管正、反电阻都很小,则说明二极管内部短路。

(三)二极管测量的注意事项

(1)测量时,选用万用表的电阻挡,一般用 $R\times100$ 挡或 $R\times1k$ 挡,而不用 $R\times1$ 挡或 $R\times10k$ 挡。因为 $R\times1$ 挡的电流太大,容易烧坏二极管;$R\times10k$ 挡的内电源电压太大,容易击穿二极管。

(2)测量方法:将两表笔分别接在二极管的两个电极上,读出测量的阻值,然后将表笔对换再测量一次,记下第二次阻值。若两次阻值相差很大,说明该二极管性能良好。根据测量电阻小的那次的表笔接法(称为正向连接),可以判断出与黑表笔连接的是二极管的正极,与红表笔连接的是二极管的负极。因为万用表的内电源的正极与万用表的"-"插孔连通,内电源的负极与万用表的"+"插孔连通。

(3)如果两次测量的阻值都很小,则说明二极管已经被击穿;如果两次测量的阻值都很大,则说明二极管内部已经断路;如果两次测量的阻值相差不大,则说明二极管性能欠佳。在这些情况下,二极管就不能使用了。

必须指出:由于二极管的伏安特性是非线性的,用万用表的不同电阻挡测量二极管的电阻时,会得出不同的电阻值;实际使用时,流过二极管的电流会较大,因而二极管呈现的电阻值会更小些。

检测原理:根据二极管的单向导电性这一特点,性能良好的二极管,其正向电阻小、反向电阻大,这两个数值相差越大越好;若相差不大,则说明二极管的性能不好,或是已经损坏。

五、晶体管的识别与测量

(一)晶体管的基本概念

晶体管(Transistor)是电子电路中最基础的半导体器件之一,具有放大信号、开关控制和信号调制等功能。它是现代电子设备(如计算机、手机、放大器等)的核心元件,取代了早期的真空管,具有体积小、功耗低、可靠性高等优势。

晶体管分为两大类:双极型晶体管(BJT)和场效应晶体管(FET),双极型晶体管由三层半导体材料(NPN 或 PNP)构成,分为发射极(E)、基极(B)和集电极(C),如图 12-6 所示。

(二)晶体管的测量

1.管型和基极判别

(1)电阻挡选择 $R\times1k$ 挡。

(2)红表笔接触一个引脚,黑表笔分别接触另外两个引脚,得到三组读数(每组两次)。

(3)黑表笔接触一个引脚,红表笔分别接触另外两个引脚,得到三组读数(每组两次)。

(4)当其中一组两次读数都较低(指针偏转大)时,若公共引脚是黑表笔则为 NPN,黑表笔接触引脚为基极。

（5）当其中一组两次读数都较低（指针偏转大）时，若公共引脚是红表笔则为 PNP，红表笔接触引脚为基极。

2.发射极、集电极判别

根据三极管正向使用放大倍数大、反向使用放大倍数小的原理判别发射极和集电极。

以 NPN 管型为例，在剩下两个引脚中，假设其中任意一个引脚是集电极 C，另一个是发射极 E。用黑表笔接 C，红表笔接 E，再用蘸湿的两个手指同时捏住 C、E 两极，记下表针偏转的角度；再假定另一个引脚是集电极 C，按同样的方法再测量一次。两次测量结果比较，指针偏转角大的一次，说明三极管的电流放大系数大，则原假设是正确的，即黑表笔对应的是集电极 C。

六、晶闸管的识别和测量

（一）晶闸管的基本概念

晶闸管（Thyristor）是晶体闸流管的简称，又可称作可控硅整流器，以前被简称为可控硅。在工作过程中，晶闸管的阳极（A）和阴极（K）分别与电源和负载连接，组成晶闸管的主电路，晶闸管的门极 G 和阴极 K 与控制晶闸管的装置连接，组成晶闸管的控制电路。晶闸管的符号和外形如图 12-7 所示。

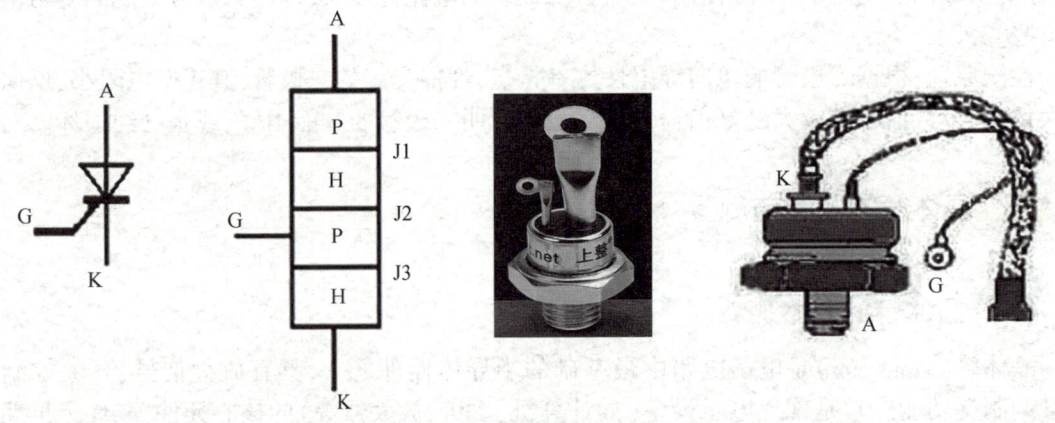

图 12-7　晶闸管的符号和外形

晶闸管为半控型电力电子器件，它的工作条件如下：

（1）晶闸管承受反向阳极电压时，不管门极承受何种电压，晶闸管都处于反向阻断状态。

（2）晶闸管承受正向阳极电压时，仅在门极承受正向电压的情况下晶闸管才导通。这时晶闸管处于正向导通状态，这就是晶闸管的闸流特性，即可控特性。

（3）晶闸管在导通情况下，只要有一定的正向阳极电压，不论门极电压如何，晶闸管都保持导通，即晶闸管导通后，门极失去作用。门极只起触发作用。

（4）晶闸管在导通情况下，当主回路电压（或电流）减小到接近于零时，晶闸管关断。

（二）晶闸管的测量

1.管脚判别

对于晶闸管,只有控制极与阴极之间是一个 PN 结,具有正向导通、反向阻断特性。利用这个特性,将万用表转换开关置于 $R{\times}1k$ 挡,任意测量两个管脚的正反向电阻,当两个管脚之间的电阻很小时,黑表笔所接管脚为控制极 G,红表笔所接管脚为阴极 K,剩下的一个管脚为阳极 A。

2.好坏判别

（1）$R{\times}100$ 挡:测量晶闸管阳极与阴极间正反向电阻值,正常晶闸管正反向电阻值都应在几百千欧,若只有几欧或几十欧,则说明晶闸管已短路损坏。

（2）$R{\times}10$ 挡或 $R{\times}1$ 挡:控制极与阴极间的正向电阻应很小（几十千欧）,反向电阻应很大（几十千欧至几百千欧）,但有时由于控制极 PN 结特性并不太理想,反向不完全呈阻断状态,故有时测得的反向电阻不是太大（几千欧或几十千欧）,这并不能说明控制极特性不好。测试时,如果控制极与阴极间的正反向电阻都很小（接近零）或极大,说明晶闸管已损坏。

七、绝缘栅双极型晶体管的识别和测量

（一）绝缘栅双极型晶体管（IGBT）的基本概念

绝缘栅双极型晶体管是由 MOSFET 和双极型晶体管复合而成的一种器件,其输入极为 MOSFET,输出极为 PNP 晶体管。它融合了这两种器件的优点,既具有 MOSFET 器件驱动功率小和开关速度快的优点,又具有双极型器件饱和压降低而容量大的优点。其频率特性介于 MOSFET 与功率晶体管之间,可正常工作于几十千赫兹频率范围内。绝缘栅双极型晶体管在现代电力电子技术中得到了越来越广泛的应用,在较高频率的大、中功率应用中占据了主导地位。绝缘栅双极型晶体管 IGBT 的符号和外形如图 12-8 所示。

（a）

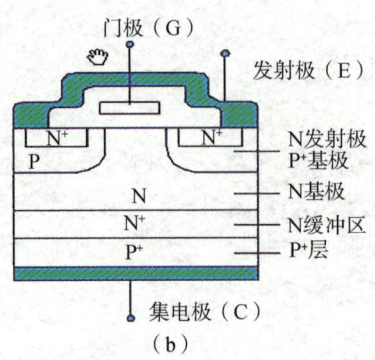

图 12-8 绝缘栅双极型晶体管 IGBT 的符号和外形

(二) 绝缘栅双极型晶体管(IGBT) 的测量

1.管脚判别

首先将万用表拨在 $R×1k$ 挡,用万用表测量时,若某一极与其他两极阻值为无穷大,调换表笔后该极与其他两极的阻值仍为无穷大,则判断此极为门极(G)。其余两极再用万用表测量,若测得阻值为无穷大,调换表笔后测量阻值较小。在阻值较小的那次测量中,可判断红表笔接的为集电极(C),黑表笔接的为发射极(E)。

2.好坏判别

将万用表拨在 $R×1k$ 挡,用黑表笔接 IGBT 的集电极(C),用红表笔接 IGBT 的发射极(E),此时万用表的指针在零位。用手指同时触及一下门极(G)和集电极(C),这时 IGBT 被触发导通,万用表的指针摆向阻值较小的方向,并能指示在某一位置。然后用手指同时触及一下门极(G)和发射极(E),这时 IGBT 被阻断,万用表的指针回零,此时即可判断 IGBT 是好的。

3.注意事项

任何指针式万用表皆可用于检测 IGBT。注意判断 IGBT 的好坏时,一定要将万用表拨在 $R×1k$ 挡,因 $R×1k$ 挡以下各挡万用表内部电池电压太小,不能使 IGBT 导通,从而无法判断 IGBT 的好坏。此方法同样也可以用于检测功率场效应晶体管(P-MOSFET)的好坏。

第十三章

常用仪表及工具的使用

第一节　万用表的使用

　　万用表是一种多功能、多量程、携带方便的常用电工仪表,目前常用的是指针式万用表(指针表)和数字式万用表(数字表)两种。其中,指针表读数直观快捷,使用较多,但测量精度相对较低,数字表功能多、测量精度高,但读数显示缓慢、不稳定。下面分别举例说明万用表的功能、结构、使用方法和注意事项。

一、指针式万用表(以 MF-47 为例)

(一)指针式万用表的功能

　　指针式万用表主要可测交流电压、直流电压、直流电流和直流电阻;有的还可以测三极管的放大倍数、电容器的电容量、线圈的电感量等。

(二)指针式万用表的结构

　　指针式万用表由表盘(表头)、测量电路、转换开关(调节旋钮)等组成,如图 13-1 所示。

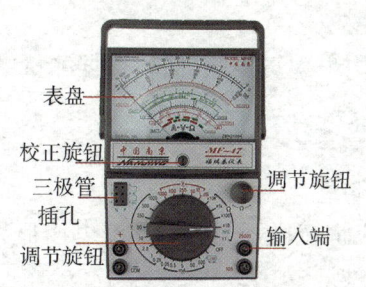

图 13-1　指针式万用表的结构示意图

119

1.表盘

表盘:由高灵敏度磁电系电流表和刻度盘组成。磁电系电流表由永久磁铁、线圈、游丝、表针等组成,满偏电流一般在 40~100 μA。游丝起引导电流和反作用弹簧作用。当有电流经游丝流进线圈时,在磁场的作用下,线圈产生转矩,克服游丝的阻力,带动表针转动。当电磁力矩与弹簧的反作用力平衡时,表针停止转动。刻度盘上有多条标尺,不同测量对象采用不同的标尺读数(由上至下依次是):

(1)第一条刻度线为电阻标尺;

(2)第二条刻度线用于测量交流电压、直流电压、直流电流;

(3)第三条刻度线用于测量 10 V 以下电压;

(4)第四条刻度线用于测量放大器的增益。

注意:电阻挡刻度线标注的数值与其他刻度线相反,其他刻度线从左到右读数,指针不动时位于左侧的零位处,而电阻挡刻度线起点在右侧,且刻度线不均匀标注。

2.测量电路

测量电路由电阻、二极管等串并联组合而成。测量电路将不同电量变换成电流量,是万用表的中心环节。

3.转换开关

大多数万用表用一个多刀多掷转换开关与测量机构配合,实现多功能多量程的转换,有的万用表用两个转换开关。

(三)指针式万用表的使用方法

(1)表笔的插法:红表笔插"+"插孔,黑表笔插"-"插孔。

(2)调零处理:

①机械调零:平放指针式万用表,其指针通常应指在电压、电流标尺的零位,如果不在,可通过表盘下方的机械调零旋钮(校正旋钮)调整。

②欧姆调零:测量电阻时,测量之前必须用电阻调零旋钮调节电阻标尺的零位,每换一挡都需调整一次。

(3)根据被测对象选择相应的功能。(如测电压用电压挡、测电阻用电阻挡。)

(4)根据被测量的大小选择合适的量程(仪表的最大测量值,即上限值)。量程选择的原则是:

①量程必须大于被测量,并应最接近于被测量。一般应使表针指在 1/2~2/3 位置,只要不超过满刻度即可。

②若测量数值不确定,应先用最大量程测,然后根据测量结果改变量程。

(四)指针式万用表的注意事项

(1)不可在测量过程中变换量程。

(2)挡位复位:使用完毕后应将转换开关拨到交流电压最大挡或"OFF"挡。

(3)长期不用应取出内部电池。

(4)测量电压时不要用两只手拿表笔。

（5）测量直流参数时，要注意极性。（如不清楚情况，可以先接好其中任意一表笔，然后用另一表笔轻轻碰一下测量点，看表笔的偏转情况，如果反偏，表示接反。）

（6）测电压应并联，测电流应串联。

二、数字式万用表（以 DT-830 型为例）

数字式万用表具有测量精度高、显示直观、功能全、可靠性好、小巧轻便以及便于操作等优点。

（一）数字式万用表的结构与功能

DT-830 型数字式万用表如图 13-2 所示，包括 LCD 液晶显示器、电源开关、量程选择开关、表笔插孔等。

图 13-2　DT-830 型数字式万用表

LCD 液晶显示器最大显示值为 1999，且具有自动显示极性功能。若被测电压或电流的极性为负，则显示值前将带"−"号。若输入超量程，则显示屏左端出现"1"或"−1"的提示字样。

电源开关（POWER）可根据需要，分别置于"ON"或"OFF"位置。测量完毕，应将其置于"OFF"位置，以免空耗电池。数字式万用表的电池盒位于后盖的下方，采用 9 V 层叠电池。电池盒内还装有熔丝管，以起过载保护作用。

旋转式量程开关位于面板中央，用以选择测试功能和量程。若用表内蜂鸣器做通断检查，则量程开关应停放在标有"▷|"符号的位置。

输入插口是万用表通过表笔与被测量连接的部位，设有"COM""V·Ω""mA""10 A"四个插孔。使用时，黑表笔应置于"COM"插孔，红表笔依被测种类和大小置于"V·Ω"、"mA"或"10 A"插孔。在"COM"插孔与其他三个插孔之间分别标有最大（MAX）测量值，如 10 A、200 mA、交流 750 V、直流 1 000 V。

（二）数字式万用表的使用方法

测量交直流电压时，红、黑表笔分别接"V·Ω"与"COM"插孔，旋动式量程选择开关置于合适位置（200 mV、2 V、20 V、200 V、700 V 或 1 000 V），红、黑表笔并接于被测电路（若是直流,注意红表笔接高电位端,否则显示屏左端将显示"−")。此时显示屏显示出被测电压数值。若显示屏只显示最高位"1",则表示溢出,应将量程调高。

测量交直流电流时,红、黑表笔分别接"mA"(大于 200 mA 时应接"10 A")与"COM"插孔,旋动式量程选择开关置于合适位置(2 mA、20 mA、200 mA 或 10 A),将两表笔串接于被测回路(测量直流时应注意极性),显示屏所显示的数值即为被测电流的大小。

测量电阻时,无须调零。将红、黑表笔分别插入"V·Ω"与"COM"插孔,旋动式量程选择开关置于合适位置(200、2k、200k、2M、20M),将两笔表跨接在被测电阻两端(不得带电测量),显示屏所显示数值即为被测电阻的数值。当使用 200 MΩ 量程进行测量时,先将两表笔短路,若该数不为零,仍属正常,此读数是一个固定的偏移值,实际数值应为显示数值减去该偏移值。

进行二极管和电路通断测试时,红、黑表笔分别插入"V·Ω"与"COM"插孔,旋动式量程开关置于二极管测试位置。正向情况下,显示屏即显示出二极管的正向导通电压,单位为 mV(锗管应在 200~300 mV,硅管应在 500~800 mV);反向情况下,显示屏应显示"1",表明二极管不导通,否则,表明此二极管反向漏电流大。正向状态下,若显示"000",则表明二极管短路;若显示"1",则表明断路。测量线路或器件的通断状态时,若检测的阻值小于 30 Ω,则表内发出蜂鸣声,表示线路或器件处于导通状态。

进行晶体管测量时,旋动式量程选择开关置于"hFE"(或"NPN"或"PNP")位置,将被测三极管依 NPN 型或 PNP 型将 B、C、E 极插入相应的插孔中,显示屏所显示的数值即为被测三极管的"hFE"参数。

(三) 数字式万用表的注意事项

当显示屏出现"LOBAT"或"←"时,表明电池电压不足,应予更换。若测量电流时,没有读数,应检查熔丝是否熔断。测量完毕,应关闭电源;若长期不用,应将电池取出。不宜在日光及高温、高湿环境下使用与存放(工作温度为 0~40 ℃,湿度为 80%)。使用时应轻拿轻放。

三、正确使用万用表测量交直流电压、电流

(一) 电压的测量

1.测量电压的用途
(1)判断电源是否有电、电压的高低、电源的极性等。
(2)测量电压是我们查找电气线路和电子线路故障的常用方法。

2.测量电压的方法
(1)根据测量种类选择合适挡位。测直流电压时,转换开关应置于直流电压挡;测交流电压时,转换开关应置于交流电压挡。

(2)表笔与被测端电压并联,测直流电压时应注意极性,红表笔接高电位,黑表笔接低电位,(不清楚的情况下,可以先接好其中任意一表笔,用另一表笔轻轻碰一下测量点,看表笔的偏转情况,如果反偏,表示接反)。

(3)选择合适量程(测 380 V 选 500 V 量程,测 220 V 选 250 V 量程),读数要准确。

(二)电流的测量

1.测量电流的用途

(1)判断电源是否有电、电流的高低、电源的极性等。

(2)测量电流是我们验证电路或设备是否按预期工作、查找电气线路和电子线路故障的常用方法。

2.测量电流的方法

直流电流的测量:将黑表笔插入万用表的"COM"插孔,如果所要测量的电流比较大,估计为 A 级别,则要将红表笔插入"10 A"插孔,并将旋钮打到直流"10 A"挡;如果所要测量的电流比较小,为 mA 级别,则将红表笔插入"mA"插孔,将旋钮打到直流"mA"挡。将挡位旋钮调到直流挡(A-)的合适位置,调整好后,开始测量。将万用表串接于电路中,保持稳定接触,从显示屏上读取测量数据即可。

交流电流的测量:测量方法与直流电流的测量方法基本相同,不过挡位应该打到交流挡位(A～),电流测量完毕后应将红表笔插回"V·Ω"插孔,以防下次测量时损坏万用表。

(三)使用万用表测量交直流电压、电流时的注意事项

(1)测量电压时被测对象要并联,测量电流时被测对象要串联,否则万用表很容易被烧坏;

(2)测量时直流和交流要分清楚,选择合适的挡位;

(3)电流大体的数值估算好,选择合适的量程去测量;

(4)测量完毕,一定要将红表笔放回"V·Ω"插孔,以防下次使用时操作错误。

第二节　交流电路测量,交流仪表解读

一、交流仪表解读

交流仪表多数为电磁系仪表,利用线圈通电后产生磁场磁化铁片来产生电磁力。当测量大电量时,可配合仪用互感器进行使用。仪用互感器是指配合仪表使用的变换器,包括电压互感器和电流互感器。互感器通过电磁感应原理实现电压/电流的比例变换,将高压/大电流转换为仪表可承受的低压/小电流。

(一)电压互感器(PT)接线

1.接线原理

功能:将高电压(如 10 kV)按比例转换为低电压(如 100 V),供仪表测量。

接线方式:并联接入被测电路。

2.接线步骤

高压侧接线:PT 的原边(N_1)并联接至高压线路(如 L_1、L_2、L_3)。确保高压侧绝缘性能良好,避免短路。

低压侧接线:PT 的副边(N_2)接至电压表(或电能表、保护装置)。副边必须一端接地(防止高压击穿绝缘)。

3.注意事项

严禁副边短路:PT 副边阻抗大,短路会导致过电流烧毁线圈。

可靠接地:副边一端必须接地,确保安全。

仪表匹配:选择量程为 100 V 的电压表(或其他二次设备)。

(二)电流互感器(CT)接线

1.接线原理

功能:将大电流(如 500 A)按比例转换为小电流(如 5 A),供仪表测量。

接线方式:串联接入被测电路。

2.接线步骤

一次侧接线:CT 的原边(N_1)串联接入被测电路(如主线路 L_1)。原边仅需 1~2 匝,导线截面积需满足负载电流的要求。

二次侧接线:CT 的副边(N_2)接至电流表(或电能表、继电保护装置)。副边必须一端接地(防止高压击穿)。

3.注意事项

严禁副边开路:CT 副边开路时会产生高压(可达数千伏),可能击穿绝缘或引发触电事故。

可靠接地:副边一端必须接地。

仪表匹配:选择量程为 5 A 的电流表(或其他二次设备)。

二、功率表接线解读

(一)功率测量

功率表大多数为电动系结构,可以测量直流电路的功率,也可以测量正弦和非正弦交流电路的功率,而且准确度高,获得广泛应用。功率表反映电压和电流的乘积,通常制成多量程,一般有两个电流量程、两个或三个电压量程。

1.功率测量的方法

功率测量的线路和方法见表13-1。

表 13-1　功率测量的线路和方法

名称	测量线路		说明及注意事项
直流电路功率的测量	（电源—2 1 R_V—负载）		接线时"发电机端"（符号）必须接到电源的同一极性上
单相交流电路功率的测量	 （a） （b）		（1）标有"·"号的电压端钮，可以接至电流端的任一端。图（b）为电压线圈后接，用于 R_L 接近 R_V 时。 （2）标有"·"号的电流端钮，必须接至电源的一端，另一电流端钮接至负载端
三相交流电路功率的测量	三相三线制电路的接线		电路总功率等于两个功率表读数的代数和。 当负载 $\cos\varphi<0.5$ 时，则有一只功率表的读数为负值，即功率表反转

续表

名称	测量线路		说明及注意事项
三相交流电路功率的测量	三相四线制电路的接线		用三只单相功率表测得各相功率,电路总功率为三只功率表读数之和
	三相功率表测量时的接线		图(a)为直接接入电路的接法;图(b)为带有电流互感器接入电路的接法

2.功率表的使用方法

功率表测量机构由固定线圈与可动线圈组成,接线时固定线圈(即电流线圈)与被测电路串联,可动线圈(即电压线圈)与被测电路并联。

(1)功率表的量程选择

功率表的量程选择包括电流量程的选择和电压量程的选择。选用的电压和电流量程要与负载电压和电流相适应,使电流量程能通过负载电流,使电压量程能承受负载电压。以下面例子来说明。

例:有一感性负载,功率约为800 W,电压为220 V,功率因数为0.8,测量其功率,需要选择功率表的量程为多少?

解:已知负载电压为220 V,选用功率表的额定电压为250 V或300 V,而负载电流

$$I = P/U\cos\varphi = 800/220 \times 0.8 \approx 4.54(A)$$

功率表的电流量程可选为5 A。

所以应选用额定电压为300 V、额定电流为5 A的功率表,其功率量程为1 500 W。

如果选用额定电压为150 V、额定电流为10 A的功率表,其功率量程也为1 500 W,但负载电压220 V已超过功率表能承受的150 V电压,故不能使用。

(2)功率表的读数

可携式功率表一般做成多量程的。由于只有一条标尺,故通常不在标尺上标瓦特数,只标注分格数。被测电路的功率$P(W)$,应根据指针偏转的格数N和每格瓦特数C求出:

$$P = CN$$

式中,$C(W/格)$又称功率表常数,其计算公式如下:

$$C = UN \cdot IN / \alpha_m$$

式中,UN——功率表电压量程(V);

IN——功率表电流量程(A);

α_m——功率表标尺的满刻度数。

（3）功率表的接线

电动系仪表转矩方向与两线圈的电流方向有关。因此,应规定一个能使指针正向偏转的电流方向,即功率表接线要遵守"同名端"守则。

"同名端"又称"电源端""极性端",通常用符号"·"或"±"表示,接线时应使两线圈的"同名端"接在同一极性上,以保证两线圈电流都能从该端子流入。按此原则,正确接线方式有两种,如图 13-3 所示。图中 R_L 为表头内电阻。

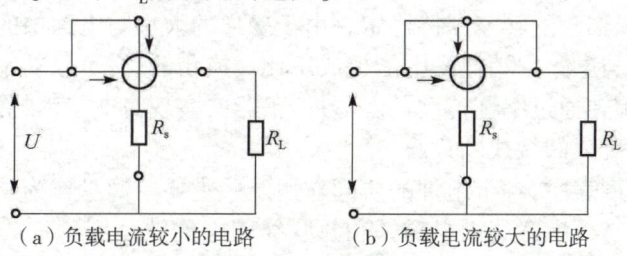

（a）负载电流较小的电路　　　　（b）负载电流较大的电路

图 13-3　正确接线方式

(二) 电能测量

1.单相电度表

单相电度表,作为电度表的一种类型,其核心结构包含电压线圈、电流线圈、转盘、转轴、制动磁铁、齿轮以及计度器等组件。这类电度表通常用于民用场合,与接 220 V 的设备相连接。

（1）电磁式单相电度表

电磁式单相电度表,是单相电度表的一种,其工作原理基于电磁感应。如图 13-4 所示,这类电度表通过电压和电流线圈在铝盘上激发的涡流与交变磁通相互作用,产生电磁力,进而驱动铝盘旋转。同时,制动磁铁引入制动力矩,确保铝盘的转速与负载功率保持一致。通过轴向齿轮的传动,计度器能够累计转盘的转数,实现对电能的精确测定。电磁式单相电度表结构简单、可靠性高,在民用领域得到广泛应用。

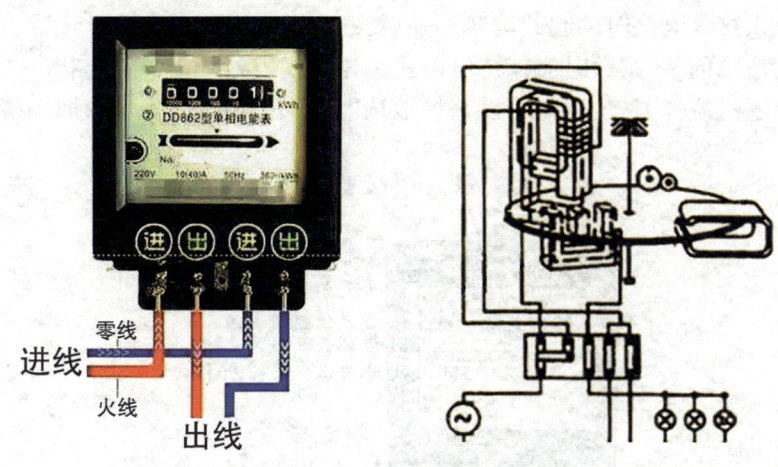

图 13-4　电磁式单相电度表

①电磁式单相电度表的工作原理详解

在电磁式单相电度表中,当被测电路接入电度表后,其电压会施加在电压线圈上,电流则通过电流线圈。这两个线圈共同作用,在铝盘上产生两个交变磁通。这两个磁通在时间上保持一致,分别激发铝盘上的涡流。由于磁通与涡流的相互影响,铝盘会受到一个转动力矩的作用,从而开始旋转。同时,制动磁铁的磁通也穿过铝盘,当铝盘转动时,会切割此磁通,进而在铝盘上产生感应电流。这个感应电流与制动磁铁的磁通相互作用,产生一个与铝盘旋转方向相反的制动力矩,确保铝盘的转速保持稳定。由于磁通的大小与电路中的电压和电流成正比,因此铝盘的旋转速度与电路中消耗的电能也成正比。换句话说,负载功率越大,铝盘的转速就越快。最终,铝盘的旋转通过蜗杆传动计度器进行累计,实现对电能消耗的精确测量。

②电磁式单相电度表的接线图详解

在电磁式单相电度表中,各个组件的协同作用至关重要。铝盘作为核心部件,受到电压和电流的影响而产生旋转。串联线圈电磁铁和并联线圈电磁铁分别负责产生交变磁通,激发铝盘上的涡流。制动磁铁穿过铝盘,通过感应电流与磁通的相互作用,产生制动力矩,确保铝盘的稳定旋转。传动计度器的齿轮负责将铝盘的旋转转化为电能消耗的计量,接线端子板则提供了电度表与被测电路的连接接口,如图 13-5 所示。通过这些组件的精密配合,电磁式单相电度表能够实现对电能消耗的精确测量。

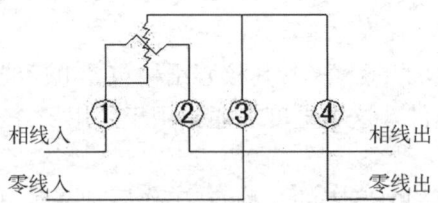

相线入 相线出

零线入 零线出

图 13-5　电磁式单相电度表接线图

③电磁式单相电度表的读数方法

解读电磁式单相电度表,关键在于理解其读数方式。如图 13-6 所示,电度表的读数通常由一系列数字组成,这些数字代表了电能消耗的量。读数时,应首先确定电度表的零位,即电磁式单相电度表未接入电路时的起始读数。随后,观察电度表的转盘或显示屏,记录下电能消耗的数值。需要注意的是,读数时应保持电磁式单相电度表处于正常工作状态,以确保所读取数据的准确性。通过这种方式,我们可以轻松地从电磁式单相电度表上获取电能消耗信息。

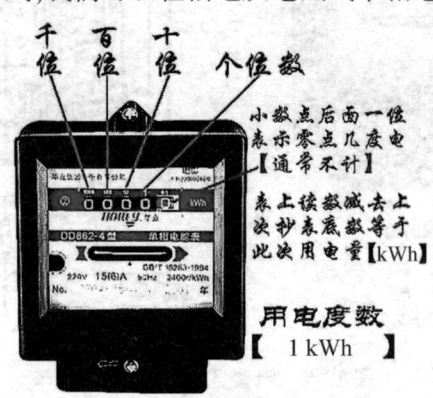

图 13-6　电磁式单相电度表读数

（2）电子式单相电度表

电子式单相电度表通过采集电能所需的电压和电流信号，并结合电压与电流的相位差，精确测量出有功功率的消耗。在此基础上，通过时间的累积来计算实际消耗的电能，其计算公式为 $UI\cos a \cdot H$。此外，根据我国的规定，所有电能表的电能计量都采用加计数方式，即无论用户接线是否正确，电能表都会正常计量。

①电子式单相电度表的接线方式

电子式单相电度表的接线相对简单。如图 13-7 所示，在接线时，只需将电压线连接到电压线圈，电流线连接到电流线圈，并确保相位差在合理的范围内。此外，还要注意接线是否牢固，以确保测量结果的准确性。

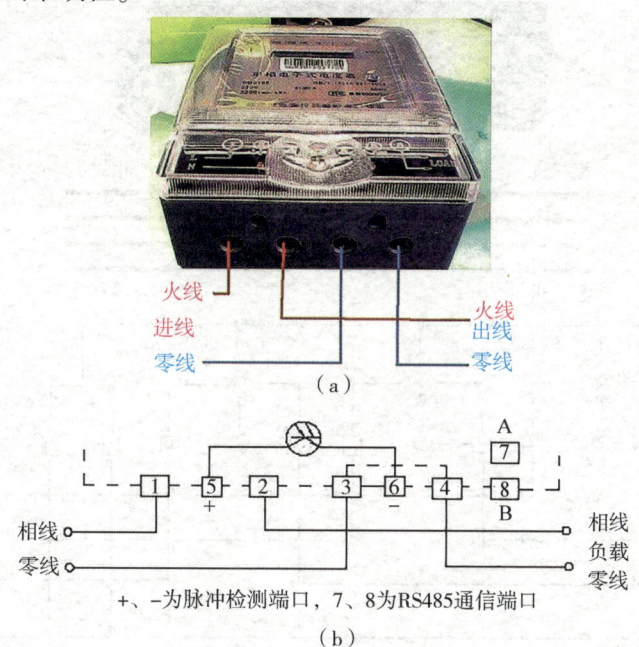

+、–为脉冲检测端口，7、8为RS485通信端口

（b）

图 13-7　电子式单相电度表接线

②电子式单相电度表的读数方法

当电子式单相电度表经过电流互感器接入用电线路时，读数需乘以电流互感器的变比 K_i（该变比通常在互感器上标明）。具体的计算公式为：$W = (N_2 - N_1) K_i$，其中 N_2 和 N_1 分别代表电度表的两个读数。电子式单相电度表可以确保读数的准确性。

2.三相电度表

三相电度表专为测量三相交流电路中的电源输出或负载消耗电能而设计。其工作原理与单相电度表相同，但结构上更为复杂，配备了多组驱动部件和转轴上的多个铝盘，从而能够精确测量三相电能。

（1）直接接入法

在确保负载功率处于电度表允许的范围内时，我们通常采用直接接入法进行测量，如图13-8 所示。

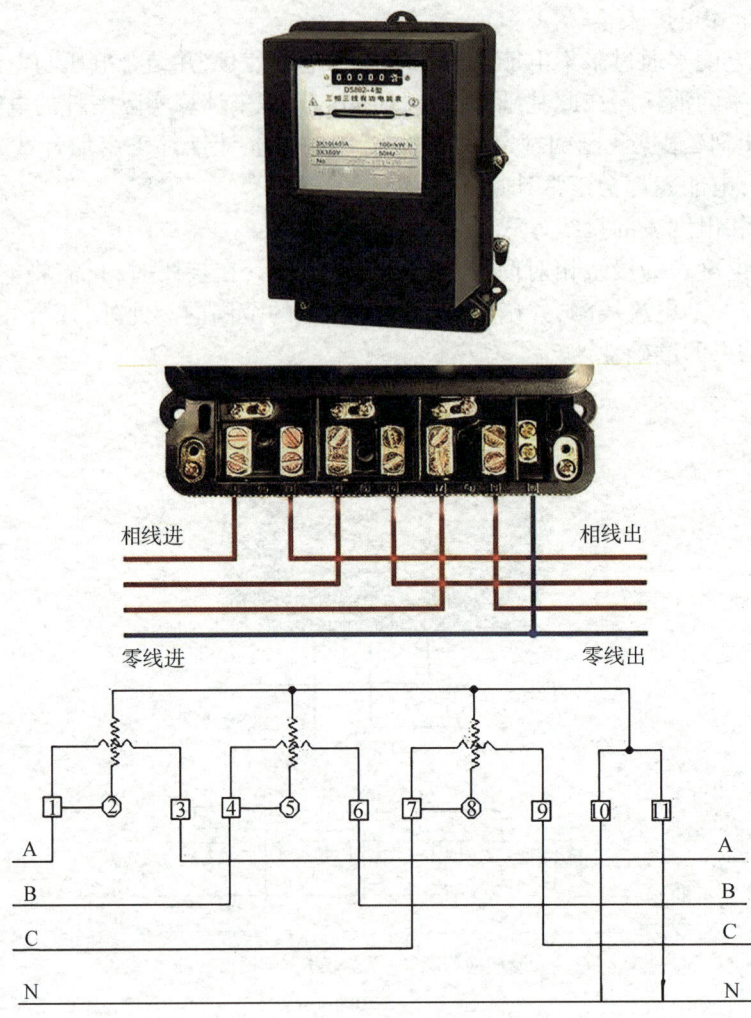

图 13-8 三相电度表直接接线示意图

无论是电磁式三相电度表还是电子式三相电度表,直接接入式的三相有功电度表的最大电流容量为 100 A。当电流超过这一限制时,必须安装电流互感器,并直接读取读数。

(2)通过电流互感器连接的电能表

在计量大电流三相电路的用电量时,若线路电流过大,例如达到 300~500 A,直接接入法将无法适用。此时,应借助电流互感器将大电流转换为电度表可承受的小电流范围,例如 5 A。再将转换后的电流输入电能表进行计量。值得注意的是,电流互感器的二次侧电流通常设定为 5 A,如 300/5 和 100/5 等规格。此外,电流互感器的 K_2 端应接地而非接零线。图 13-9 所示为三相电度表通过电流互感器连接接线示意图。

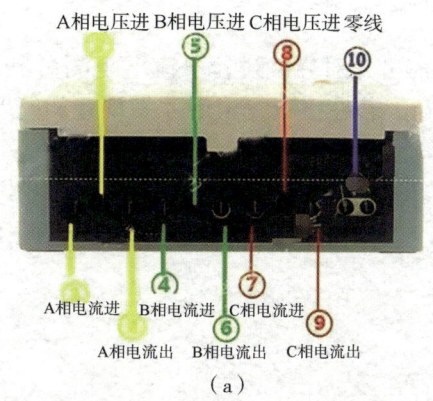

A相电压进 B相电压进 C相电压进 零线

A相电流进 B相电流进 C相电流进

A相电流出 B相电流出 C相电流出

（a）

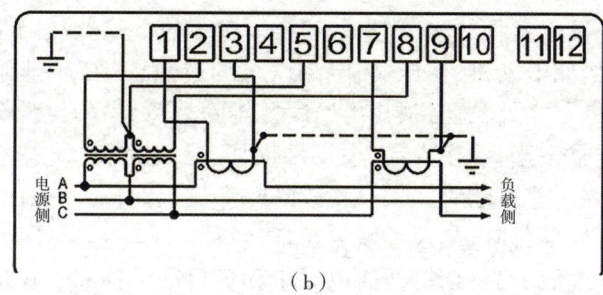

（b）

图 13-9　三相电度表通过电流互感器连接接线示意图

3.功率表接线要点与注意事项

在接线过程中,需遵循一系列要点和注意事项,以确保电度表能够准确计量大电流三相电路的用电量。这些要点和注意事项包括:

（1）使用额定电压为 500 V 的绝缘铜芯导线作为低压电能表的出表线,并确保导线的载流量与负荷相匹配,其截面至少为 2.5 mm^2。

（2）塑料绝缘导线的敷设应采用线码、塑料槽板或塑料管等适当方式。

（3）三相三线和三相四线电度表的出表线相序应通过黄色、绿色、红色导线或相应的颜色涂层进行明确标记。若中性线为黑色,则无须涂色。

（4）接线时需特别留意低压电流互感器的一次线连接,注意其标志的变比和接头,并确保出表线正确压接接线耳。

（5）新表的接线应依据随表提供的图纸及表盖反面的接线图进行。对于旧表,由于其表盖反面的接线图可能不准确,因此需谨慎处理,最好使用万用表进行实际测量以确认接线端子。

（6）连接带电流互感器的三相四线电度表时,必须将电度表上的三个电压线圈连接片取下,以避免短路。

（7）电流互感器的极性连接务必准确无误。主回路导线从 P_1 端穿向 P_2 端时,互感器二次侧的 K_1 应接电度表的 1、4、7 端子,K_2 接 3、6、9 端子。极性接反可能导致电度表不转或反转,进而影响计量的准确性。

（8）对于直接在母排上固定的电流互感器,需考虑母排大电流或接触不良可能导致的发热问题,以防止互感器受损。可行的解决方案是,在母排上进行绝缘处理,如缠绕玻纤布并使用绝缘玻纤板进行隔离。

（9）为确保接线质量，走线前可先对导线进行直流电阻测量，以预防因导线质量不佳或内部断开而导致的电度表计量问题。若在接线完成后才发现此类问题，将难以排查，因为导线已与互感器和电度表内部的电流线圈相连。

（10）在接线过程中，必须确保电压与电流保持同相。例如，当 A 相的电流互感器 K_1、K_2 端子接至电度表的 1、3 端子后，电度表的电压端子 2 应直接从 A 相获取电源，严禁从 B 相或 C 相取电。

三、交流电路故障分析

设备在运行中难免发生各种故障，严重的还会引起事故。这些故障主要可分为两大类：一类有明显的外部特征，例如电动机、变压器、电磁铁线圈过热冒烟，在排除这类故障时，除了要更换损坏了的电动机、电器之外，还必须找出原因并排除故障；另一类没有外部特征，例如在控制电路中由电器元件调整不当、动作失灵、小零件损坏、导线断裂、开关击穿等引起的故障，由于没有外部特征，常需要用较多的时间去寻找故障的部位，有时还需运用各类测量仪表才能找出故障点并进行调整和修复，使电气设备恢复正常运行。

在机械设备发生电气故障后，切忌再通电试车和盲目动手检修。在检修前，通过观察法来了解故障前后的操作情况和故障发生后出现的异常现象，以便根据故障现象判断出故障发生的部位，进而准确地排除故障。从某种意义上讲，故障的维修并不困难，难就难在故障的查找上，对控制电路的故障进行检修，一般可以分成"望""问""闻""切"四个步骤，这四个步骤最为有效。

1."望"

首先弄清电路型号、组成及功能。例如输入信号是什么、输出信号是什么、由什么元件受令、由什么元件检测、由什么元件分析、由什么元件执行、各部分在哪些地方、操作方式有哪些等。这样可以根据以往的经验，将系统按原理和结构分成几部分，再根据控制元件的型号（如接触器、时间继电器），大概分析其工作原理。然后对故障系统进行初步检查。检查内容包括：系统外观有无明显操作损伤，各部分连线是否正常，控制柜内元件有无损坏、烧焦，导线有无松脱等。

2."问"

询问系统的主要功能、操作方法、故障现象、故障过程、内部结构、其他异常情况、有无故障先兆等，通过询问，往往能得到一些很有用的信息。

3."闻"

听一下电路工作时有无异常响声，如振动声、摩擦声等声音。这对确定电路故障范围是十分有用的。

4."切"

"切"即检查电路，检查电路应该按以下几个步骤进行。

第一步：保养性例行检修。在电气控制系统运行到规定时间后，不管系统是否发生了故障，都必须进行保养性例行检修。电路在运行过程中，会磨损、老化，内部元器件会蒙上污垢，特别是在湿度较高的雨季,容易造成漏电、接触不良和短路故障。所有这些故障都需要采取一定的措施以恢复电路的原有性能。

第二步:对于比较明显的故障,应单刀直入,首先排除。例如明显的电源故障、导线断线、绝缘烧焦、继电器损坏、触点烧损、行程开关卡滞等,都应该首先排除,以消除其影响,使其他故障更加直观,易于观察和测量。

第三步:多故障并存的电路,应分清主次,按步检修。如果电路生疏,多种故障同时出现或相继出现,按第一步和第二步检修难以奏效时应理清头绪,根据故障的情况分出主次,先易后难。检修时,应注意遵循分析判断检查修理的原则,再分析判断检查修理的基本规律,及时纠正分析和判断的结果,一步一步地进行,逐个排除存在的故障。

如果对电路原理比较熟悉,应首先弄清电路元件的实际排列位置,然后根据故障情况,确定测量关键点,根据测量结果,确定故障的所在部位。

一般来说,对电路的检修应按一定的步骤进行。首先是检修电源,然后按照电路动作的流程,从后向前,一部分一部分地进行。这样做的优点是:每一步的检修结果都可以在电路的实际动作中加以验证和确定,保证检修过程不走弯路。

第四步:根据控制电路的控制旋钮和可调部分,判断故障范围。由于电气控制系统种类较多,每种设备的电路互不相同,控制旋钮和可调部分也无可比性,因此这种方法应根据具体设备具体制定。电路都是分"块"的,各部分相互联系,但又相对独立。根据这一特点,按照可调部分是否有效、调整范围是否改变、控制部分是否正常、互相之间联锁关系能否保持等,大致确定故障范围。再根据关键点的检测,逐步缩小故障点,最后找出故障元件。

(一)通电检查法

通电检查法是指机械设备发生电气故障后,根据故障的性质,在条件允许的情况下,通电检查故障发生的部位和原因。

1.通电检查的要求

在通电检查时,必须注意人身和设备的安全。要遵守安全操作规程,不得随意触动带电部分,要尽可能切断主电路电源,只在控制电路带电的情况下进行检查;如需电动机运转,则应使电动机与机械传动部分脱开,使电动机在空载下运行,这样既减小了试验电流,也可避免机械设备的运动部分发生误动作和碰撞,以免故障范围扩大。在检修时应预先充分估计局部线路动作后可能发生的不良后果。

2.测量法及其注意事项

在通电检查时,用测量法确定故障是维修电工工作中用来准确确定故障点的一种行之有效的检查方法。常用的测量工具和仪表有验电笔、校验灯、万用表、钳形电流表等,主要通过对电路进行带电或断电时的有关参数(如电压、电阻、电流等)的测量,来判断电器元件的好坏、设备的绝缘情况以及线路的通断情况。随着科学技术的发展,测量手段也在不断更新。例如,在晶闸管-电动机自动调速系统中,利用示波器来观察晶闸管整流装置的输出波形、触发电路的脉冲波形,就能很快判断系统的故障位置。

在用测量法检查故障点时,一定要保证各种测量工具和仪表完好,使用方法正确,尤其要注意防止感应电、回路电及其他并联电路的影响,以免产生误判断。

3.故障检查的具体方法

（1）校验灯法

用校验灯检查故障的电路有两种：一种是 380 V 的控制电路，另一种是经过变压器降压的控制电路。对于不同的控制电路，所使用的校验灯应有所区别，具体判别方法如图 13-10 所示，首先将校验灯的一端接在低电位处，再用另外一端分别碰触需要判断的各点。如果灯亮，则说明电路正常；如果灯不亮，则说明电路有故障。对于 380 V 的控制电路应选用 220 V 的灯泡，低电位端应接在零线上，测试情况见表 13-2。

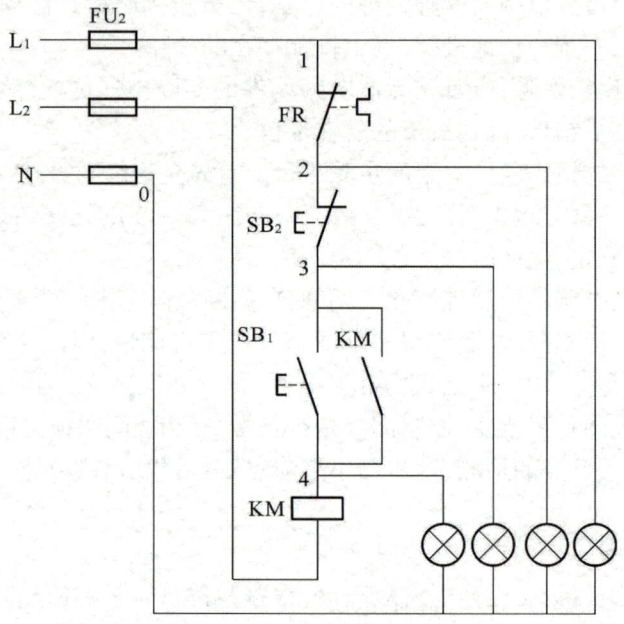

图 13-10　380 V 校验灯法

表 13-2　校验灯法查找故障点

故障现象	测试状态	0 和 2 两点之间	0 和 3 两点之间	0 和 4 两点之间	故障点
按下 SB$_1$ 时，KM 不吸合	未按下 SB$_1$	不亮	不亮	亮	FR 常闭触点接触不良
		亮	不亮	亮	SB$_2$ 常闭触点接触不良
		亮	亮	不亮	KM 线圈断路
	断开 KM 线圈，按下 SB$_1$	亮	亮	不亮	SB$_1$ 触点接触不良

（2）验电笔法

用验电笔检查电路故障的优点是安全、灵活、方便，缺点是受电压限制，并与具体电路结构有关（如变压器输出端是否接地等）。因此，其测试结果不是很准确。另外，有时电器元件触点烧断，但是因有爬弧，用验电笔测试时仍然发光，而且亮度还较强，这样也会造成判断错误。用验电笔检查电路故障的方法如图 13-11 所示。

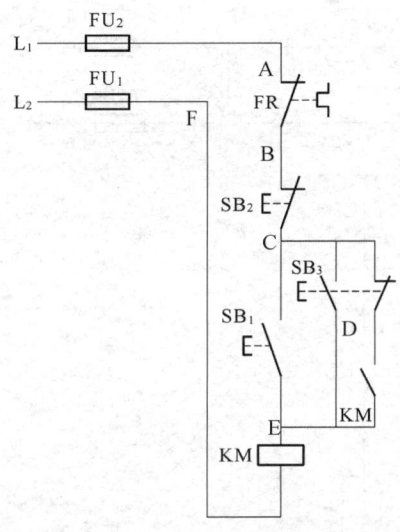

图 13-11　验电笔法

如图 13-11 所示,如果按下 SB_1 或 SB_3 后,接触器 KM 不吸合,可以用验电笔从 A 点开始依次检测 B、C、D、E 和 F 点,观察验电笔是否发光,且亮度是否相同。如果在检查过程中发现某点发光变暗,则说明被测点以前的元件或导线有问题。停电后仔细检查,直到查出问题并消除故障为止。但是,在检查过程中有时还会发现各点都亮,而且亮度都一样,接触器也没问题,就是不吸合,原因可能是启动按钮 SB_1 本身触点有问题不能导通,也可能是 SB_2 或 FR 常闭触点断路,电弧将两个静触点导通或因绝缘部分被击穿使两触点导通,遇到这类情况就必须用电压表进行检查。

(二) 断电检查法

断电检查法是将被检修的电气设备完全(或部分)与外部电源切断后进行检修的方法。采取断电检查法检修设备故障是一种比较安全的常用检修方法。这种方法主要针对有明显的外表特征,容易被发现的电气故障,或者为避免故障未排除前通电试车,造成短路、漏电、再一次损坏电器元件、扩大故障、损坏机械设备等后果而采用的一种检修方法。

这种检修方法除了要了解机械的用途和工艺要求、操作程序、电气线路的工作原理之外,还要靠敏锐的观察、准确的分析、精准的测量、正确的判断和熟练的操作。下面以电动机单向启动自锁控制线路为例进行分析,如图 13-12 所示。

1.短路故障

故障发生后,除了询问操作者短路故障的部位和现象外,主要还是需要自己去仔细观察。如果未发现故障部位,就需要用测量仪表分步检查,在检查主电路接触器 KM 上口部分的导线和开关是否短路时,应将图 13-12 中 A 点或 B 点断开,否则会因变压器一次线圈的导通而造成误判断。在检查主电路接触器 KM 下口部分的导线和开关是否短路时,也应在端子板处将电动机三根电源线拆下,否则也会因为电动机三相绕组的导通影响判断的准确性。如要检查控制线路中是否存在短路故障,就应将熔断器 FU_1、FU_2 中的一个拆下,以免影响测量结果。

2.按下启动按钮 SB_1 后电动机不转

电动机不转的原因应从以下两方面进行检查分析:一方面,如果按下启动按钮 SB_1 后接触

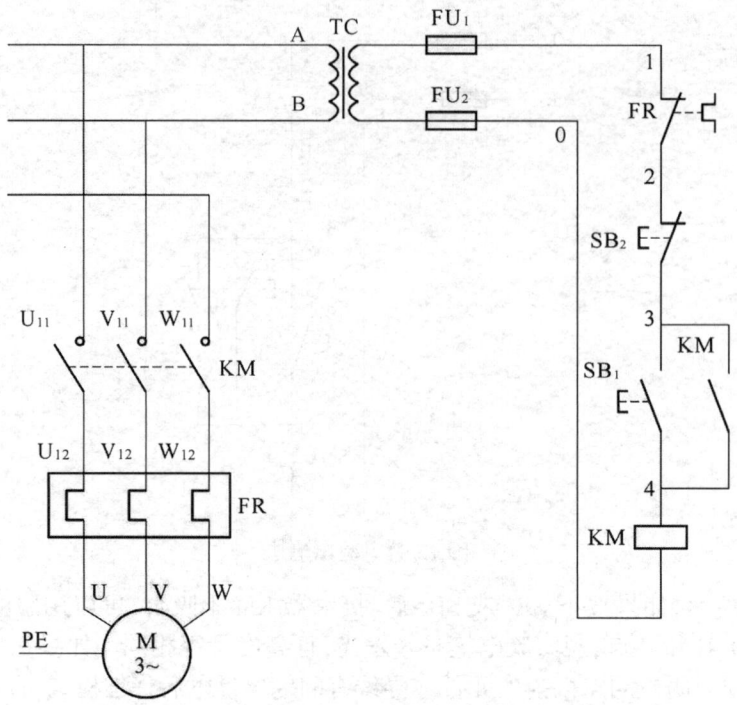

图 13-12　电动机单向启动自锁控制线路图

器 KM 不吸合,应当首先检查电源和控制线路部分,如果按下启动按钮 SB₁ 后接触器 KM 吸合而电动机不转,则应检查电源和主电路部分;另一方面,有些机床设备出现故障是由机械原因造成的,但是从反映出的现象来看好像是电气故障,这就需要电气维修人员遇到具体情况时一定要头脑清醒地对待检修工作中的问题。

断电检查法除了以上介绍的有关方面应注意的问题外,在具体操作过程中还应根据故障的性质采用合理的处理方法。有时发现变压器在使用过程中冒烟,在处理这类故障时,应首先判别出造成故障的原因,是由电气线路造成的,还是由变压器本身造成的。这类故障就不能采用通电检查法,而只能采用断电检查法。

(三) 电压检查法

电压检查法是利用电压表或万用表的交流电压挡,对线路进行带电测量,是查找故障点的有效方法。电压检查法有电压分阶测量法和电压分段测量法。

1.电压分阶测量法

测量检查时,首先把万用表的转换开关置于交流电压为 500 V 的挡位上,然后按如图 13-13 所示的方法进行测量。

断开主电路,接通控制电路的电源。若按下启动按钮 SB₁ 或 SB₃ 时,接触器 KM 不吸合,则说明控制电路有故障。

检测时,需要两人配合进行。一人先用万用表测量 0 和 1 两点之间的电压。若电压为 380 V,则说明控制电路的电源电压正常。然后由另一人按下 SB₁ 不放,一人用黑表笔接到 0 点上,用红表笔依次接到 2、3、4、5 各点上,分别测量出 0 和 2 两点、0 和 3 两点、0 和 4 两点、0 和 5 两点之间的电压,根据测量结果即可找出故障点,见表 13-3。

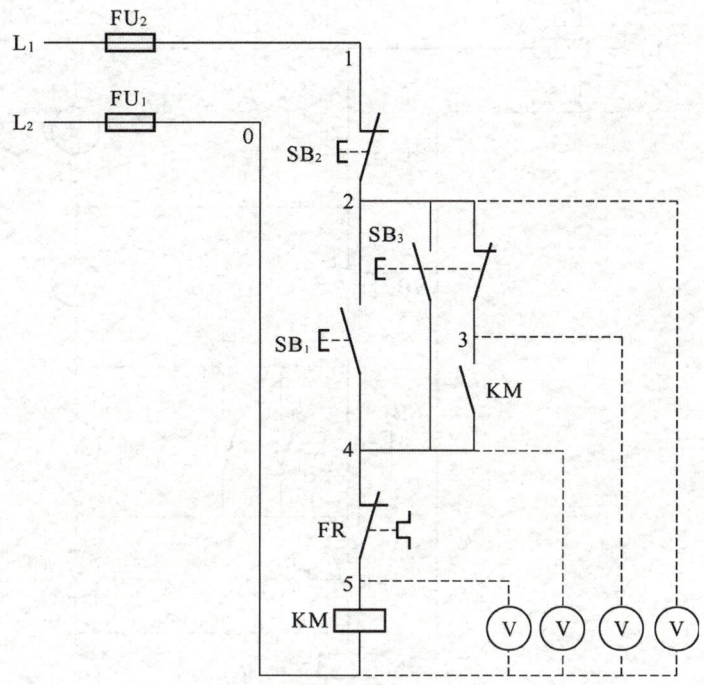

图 13-13　电压分阶测量法

表 13-3　电压分阶测量法所测电压值及故障点

故障现象	测试状态	0 和 2 两点之间	0 和 3 两点之间	0 和 4 两点之间	0 和 5 两点之间	故障点
按下 SB₁ 或 SB₃ 时，KM 不吸合	按下 SB₁ 不放	0	0	0	0	SB₂ 常闭触点接触不良
		380 V	0	380 V 或 0	380 V 或 0	SB₃ 常闭触点接触不良
		380 V	380 V	0	0	SB₁ 触点接触不良
		380 V	380 V	380 V	0	FR 常闭触点接触不良
		380 V	380 V	380 V	380 V	KM 线圈断路

2.电压分段测量法

测量检查时,把万用表的转换开关置于交流电压 500 V 的挡位上,按如图 13-14 所示的方法进行测量。

首先用万用表测量 0 和 1 两点之间的电压。若电压为 380 V,则说明控制电路的电源电压正常。然后,一人按下启动按钮 SB₃ 或 SB₄,若接触器 KM 不吸合,则说明控制电路有故障。这时另一人可用万用表的红、黑两表笔逐段测量相邻 1 和 2 两点、2 和 3 两点、3 和 4 两点、4 和 5 两点、5 和 0 两点之间的电压,根据测量结果即可找出故障点,见表 13-4。

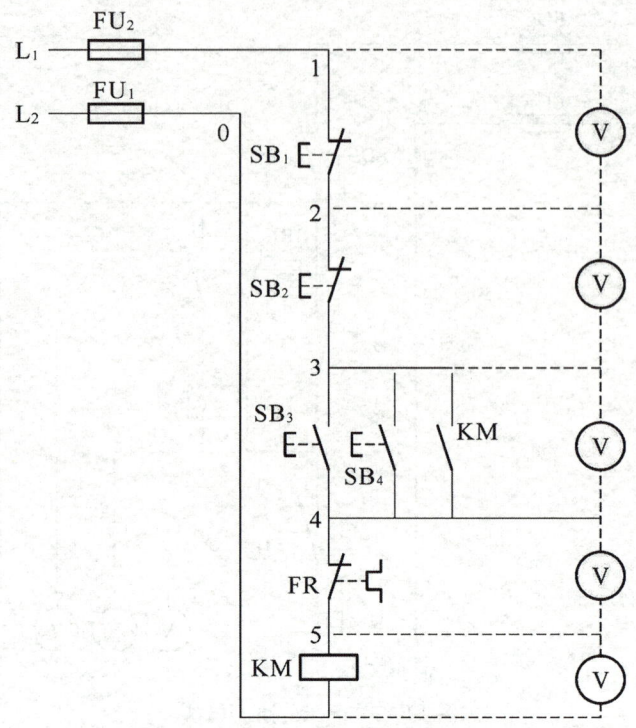

图 13-14　电压分段测量法

表 13-4　电压分段测量法所测电压值及故障点

故障现象	测试状态	1 和 2 两点之间	2 和 3 两点之间	3 和 4 两点之间	4 和 5 两点之间	5 和 0 两点之间	故障点
按下 SB_3 或 SB_4 时， KM 不吸合	按下 SB_3 或 SB_4 不放	380 V	0	0	0	0	SB_1 常闭触点接触不良
		0	380 V	0	0	0	SB_2 常闭触点接触不良
		0	0	380 V	0	0	SB_3 或 SB_4 常开触点 接触不良
		0	0	0	380 V	0	FR 常闭触点接触不良
		0	0	0	0	380 V	KM 线圈断路

（四）电阻检查法

电阻检查法是利用万用表的电阻挡，对线路进行断电测量，是一种安全、有效的方法。电阻检查法分为电阻分阶测量法和电阻分段测量法。

1.电阻分阶测量法

测量检查时，首先把万用表的转换开关置于倍率适当的电阻挡，然后按如图 13-15 所示的方法进行测量。

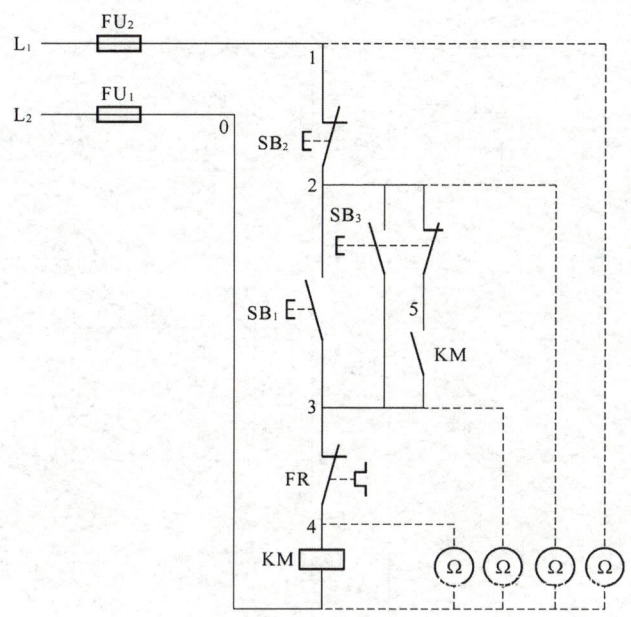

图 13-15　电阻分阶测量法

　　测量前先断开主电路电源,接通控制电路电源。若按下启动按钮 SB_1 或 SB_3 时,接触器 KM 不吸合,则说明控制电路有故障。

　　检测时应切断控制电路电源(这点与电压分阶测量法不同),然后一人按下 SB_1 不放,另一人用万用表依次测量 0 和 1、0 和 2、0 和 3、0 和 4 两点之间电阻值,根据测量结果可找出故障点,见表 13-5。

表 13-5　电阻分阶测量法所测电阻值及故障点

故障现象	测试状态	0 和 1 两点之间	0 和 2 两点之间	0 和 3 两点之间	0 和 4 两点之间	故障点
按下 SB_1 或 SB_3 时,KM 不吸合	按下 SB_1 不放	∞	R	R	R	SB_1 常闭触点接触不良
		∞	∞	R	R	SB_1 或 SB_3 常开触点接触不良
		∞	∞	∞	R	FR 常闭触点接触不良
		∞	∞	∞	∞	KM 线圈断路

注:R 为 KM 线圈电阻值。

2.电阻分段测量法

　　按如图 13-16 所示方法测量时,首先切断电源,然后一人按下 SB_3 或 SB_4 不放,另一人把万用表的转换开关置于倍率适当的电阻挡,用万用表的红、黑两表笔逐段测量相邻 1 和 2 两点、2 和 3 两点、3 和 4 两点、4 和 5 两点、5 和 0 两点之间的电阻,如果测得某两点间电阻值很大(∞),则说明该两点间接触不良或导线断路,见表 13-6。电阻分段测量法的优点是安全,缺点是测量电阻值不准确时,容易造成判断错误,为此应注意以下几点:

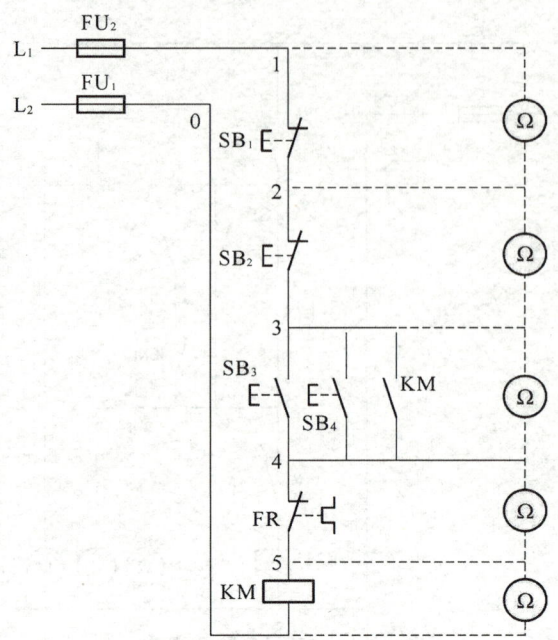

图 13-16　电阻分段测量法

表 13-6　分段测量法所测电阻值及故障点

故障现象	测量点	电阻值	故障点
按下 SB_3 或 SB_4 时， KM 不吸合	1 和 2	∞	SB_1 常闭触点接触不良
	2 和 3	∞	SB_2 常闭触点接触不良
	3 和 4	∞	SB_3 或 SB_4 常开触点接触不良
	4 和 5	∞	FR 常闭触点接触不良
	5 和 0	∞	KM 线圈断路

（1）用电阻分段测量法检查故障时，一定要先切断电源；

（2）所测量电路若与其他电路并联，必须断开并联电路，否则所测电阻值不准确；

（3）测量高电阻电器元件时，要将万用表的电阻挡转换到适当挡位。

（五）短接检查法

电气设备的常见故障为断路故障，如导线断路、虚连、虚焊、触点接触不良、熔断器熔断等。对这类故障，除用电压法和电阻法检查外，还有一种更为简便、可靠的方法，就是短接法。检查时，用一根外层绝缘性能良好的导线，将所怀疑的断路部位短接，若短接到某处时电路接通，则说明该处断路，具体方法如图 13-17 所示。

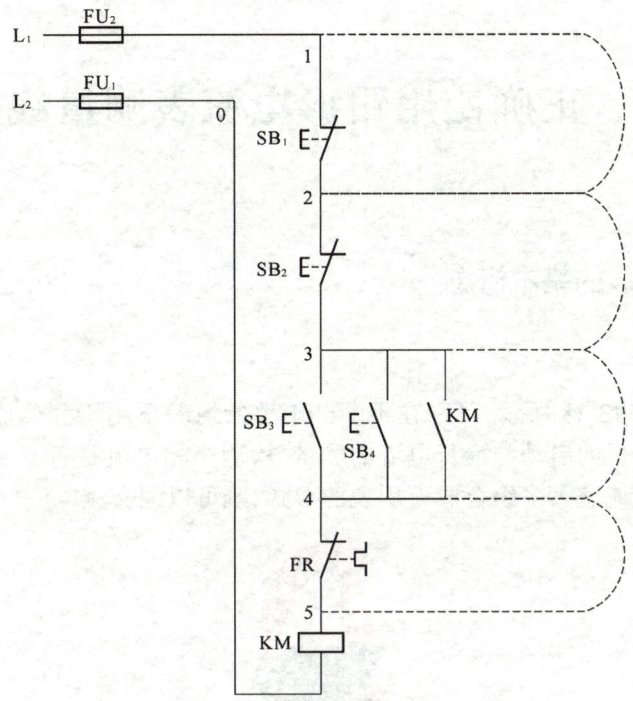

图 13-17　短接检查法

用短接法检查故障时必须注意以下几点：

（1）用短接法检查时，是用手拿着绝缘导线带电操作的，所以一定要注意安全，避免触电事故；

（2）短接法检查只适用于压降极小的导线及触点之类的断路故障，对于压降较大的电器，如出现电阻、线圈、绕组等断路故障，则不能采用短接法，否则会短路；

（3）对于工业机械的某些要害部位，必须在保证电气设备或机械设备不会出现故障的情况下，才能使用短接法。

使用短接法检查前，先用万用表测量如图 13-17 所示 1 和 0 两点之间的电压，若电压正常，可一人按下启动按钮 SB_3 或 SB_4 不放，然后另一人用一根绝缘性能良好的导线，分别短接标号相邻的 1 和 2 两点、2 和 3 两点、3 和 4 两点、4 和 5 两点（注意：千万不要短接 5 和 0 两点，否则会造成短路），当短接到某两点时，接触器 KM 吸合，则说明断路故障就在该两点之间，见表 13-7。

表 13-7　短接法查找故障点

故障现象	短接点标号	KM 动作	故障点
按下 SB_3 或 SB_4 时，KM 不吸合	1 和 2	吸合	SB_1 常闭触点接触不良
	2 和 3	吸合	SB_2 常闭触点接触不良
	3 和 4	吸合	SB_3 或 SB_4 常开触点接触不良
	4 和 5	吸合	FR 常闭触点接触不良

第三节　正确使用钳形电流表测量线路电流

一、钳形电流表的基本概念

1.用途

钳形电流表如图 13-18 所示,可以在不断开电路的情况下用于测交流电流。钳形电流表常用于三相异步电动机的启动与运行电流的测量,检测三相电流是否平衡及电动机是否过载运行。现在的钳形电流表大多组合成万用表的形式,既可以测交流电流,也可以测其他电量。

图 13-18　钳形电流表

2.组成

钳形电流表实际上是由一个铁芯可打开的电流互感和一个磁电系电流表组成的。转换开关和分流电阻用于改变量程。

3.测量原理

钳形电流表测电流的原理如图 13-19 所示,当被测导线中有电流 I_F 流过时,在副边感应出一个电流 I_C,由变压器的原理可知电流 $I_C = I_F/N$,N 为副边匝数,一般为几十匝到几百匝甚至更多。这样就把原边的大电流变成副边的小电流了,再经过二极管整流把交流变成直流流经表头,就可以检测出原边电流的大小。

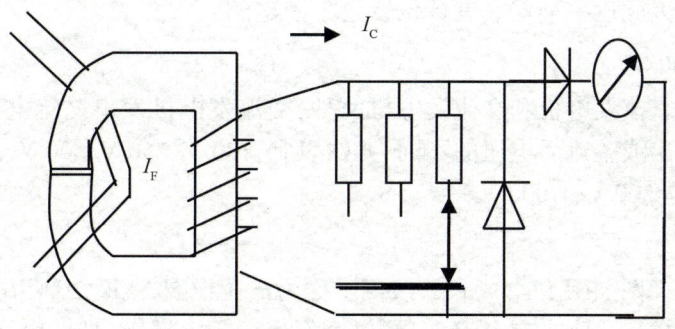

图 13-19 钳形电流表原理图

二、钳形电流表的使用方法和注意事项

1.使用方法

（1）调零处理。使用前注意指针是否指在零位上，如不在零位上，则需要调整表盖上的机械零位调节器以进行调零处理。

（2）根据被测电流的大小选择合适的量程，当被测电流大小不明时先用最大量程测，然后根据测量结果改变量程。

（3）将被测载流导线放在铁芯中央即可测出电流值。

（4）如果用最小量程测量，表针偏转仍然很小时，在条件允许的情况下可将导线绕几圈测，此时：电流的实际测量值 = 读数 / 绕的圈数。

（5）测量完毕，转换开关放在最大量程挡位（电流量程）或"OFF"挡。

2.注意事项

（1）钳口要保持清洁紧密，必要时可用手捏紧。

（2）使用前注意调零，表要平放并远离强磁场，被测载流导线垂直放在铁芯中央。

（3）被测电流大小不明时先用最大量程测量。

（4）不要在测量过程中变换量程。

第四节　正确使用便携式兆欧表测量电气设备的绝缘电阻值

一、兆欧表的基本概念

用途：兆欧表是用于检测电气设备或电力线路的绝缘电阻的专用仪表。

组成：手摇式兆欧表由比率型磁电系测量机构和手摇发电机组成。

1.比率型磁电系测量机构

比率型磁电系测量机构的特点是：有两个产生相反力矩的线圈、磁场不均匀、导流丝不起反作用弹簧作用。因此比率型仪表表针位置是不固定的。

2.手摇发电机

手摇发电机有直流发电机和交流发电机两种,交流发电机发出交流电经整流后变成直流电。根据发电机发出或整流后电压的不同,兆欧表有:100 V、250 V、500 V、1 000 V、2 500 V等种类,其中常用的是 500 V、1 000 V。

3.工作原理

兆欧表简化原理图如图 13-20 所示,线圈 1 称为电压线圈,线圈 2 称为电流线圈。当在 EL 开路时,摇手摇发电机,线圈 1 有电流 I_U,在磁场作用下产生转矩,带动表针逆时针旋转,虽然游丝不起反作用弹簧作用,但由于磁场是不均匀的,表针指在"∞"位不再向前走。当 EL 短路时,线圈 1、2 都有电流,产生相反的力矩,但是只要表针不在零位,线圈 2 的力矩就大于线圈 1 的力矩,表针顺时针旋转,由于磁场是不均匀的,表针停在零位不再向前走。当 EL 之间接有电阻时,表针的位置就与电阻的大小有关,电阻值大表针靠左,电阻值小表针靠右,这样我们就可以根据表针的位置测出被测电阻的大小,也就是所测绝缘电阻的大小。

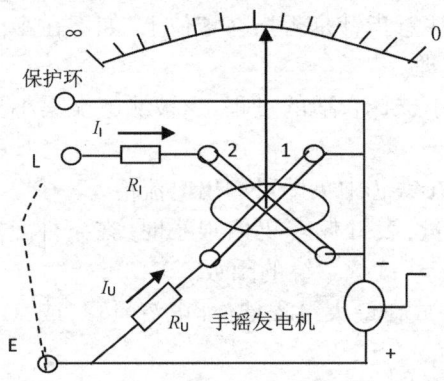

图 13-20　兆欧表简化原理图

在测金属铠装电缆芯线与金属铠装之间的绝缘电阻时,如果绝缘层表面不干净,会有一个表面漏电流流过,影响测量结果,如果用一个金属环将其包围,再用一导线接到保护环上,如图 13-21 所示,使表面漏电流经保护环直接流回发电机的负极,这样就对测量结果没有影响。

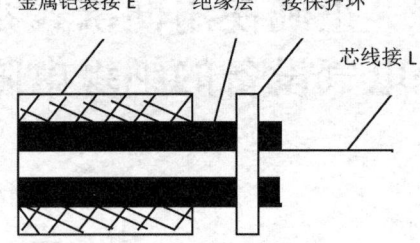

图 13-21　兆欧表测电缆绝缘时的接线

二、手摇式兆欧表的使用

使用如图 13-22 所示的手摇式兆欧表测电气设备的绝缘电阻时必须切断电源,有大电容的设备或电路还要给电容放电,才可以测量。所用兆欧表的电压等级应与电气设备的电压相符合,500 V 以下的电气设备应用 500 V 兆欧表,500 V 以上、1 000 V 以下的电气设备应用 1 000 V 兆欧表,1 000 V 以上的电气设备应使用 2 500 V 兆欧表。

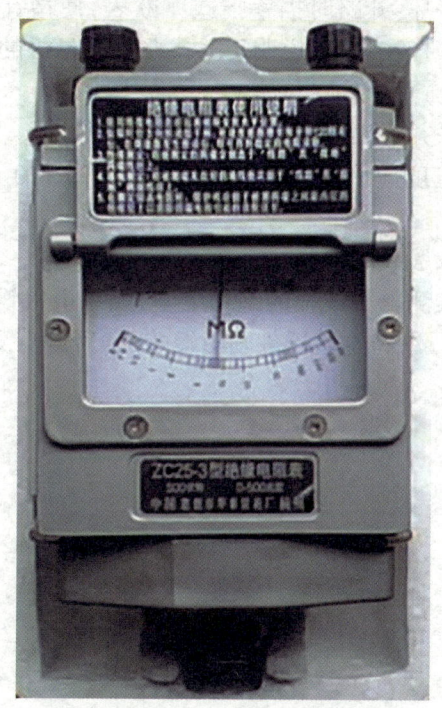

图 13-22　手摇式兆欧表

1.操作步骤

(1)在测电动机绕组对地(机壳)绝缘电阻时,E 接机壳,L 接绕组出线端。摇手摇式兆欧表使转速逐渐达到 120 r/min(手摇式兆欧表),或按住电源按钮(按钮式兆欧表)指示灯亮后,持续约 1 min,待表针稳定后表针指的数就是绝缘电阻值,单位是兆欧。在船上测在用电动机的绝缘电阻值时,通常是将 L 端接在控制箱中与电动机相接的热继电器上,E 端接在控制箱箱体上,而不必打开电动机接线盒,这样可以省很多事。因为在用电动机的绕组是连在一起的,只要测一次就可以了。但是如果所测绝缘电阻值很小,应当将电动机接线盒打开,拆下连接导线再测,如果此时绝缘正常,则说明导线对地绝缘性能不好。

(2)在测电动机绕组之间的绝缘电阻值时,必须将电动机接线盒里的连接片拆开,然后分别测 UV、UW、VW 之间的绝缘电阻。一般情况,电动机绝缘电阻值在 0.5 MΩ 以上就可以使用。新电动机绝缘电阻冷态应该在 5 MΩ,热态应该在 2 MΩ 以上。而半封闭式制冷压缩机的电动机绝缘电阻应大于 10 MΩ 才可使用。

（3）测变压器绕组对铁芯的绝缘电阻时，将 E 接铁芯，L 分别接原、副绕组测。

（4）测变压器绕组之间的绝缘电阻，将 E、L 分别接在两个绕组上检测即可。

对于多绕组变压器，有几个独立绕组时要分别测几次。

（5）只有测电气线路的绝缘电阻断开，所有负载才可以被测量。

2.使用注意事项

（1）测量电气设备绝缘电阻前要先切断电源，含有大电容的设备还要给电容放电。测完后也要放电。

（2）测量前要检查表的好坏：开路时摇手摇式兆欧表，使指针指在 ∞ 位，短路时慢摇手摇式兆欧表（不可快摇），使指针指在零位，说明手摇式兆欧表是好的，否则是坏的。

（3）接线：L 接芯线（绕组）、E 接地（机壳）。

（4）手摇式兆欧表要放平并远离强磁场。

（5）摇手摇式兆欧表的速度应由慢到快，逐渐达到大约 120 r/min，且持续大约 1 min 后读数。

（6）引线不要用绞线或双股线。

（7）不可用手摇式兆欧表测电子线板的绝缘电阻，如果电气设备中有半导体器件，应将这些器件与电气设备隔离或用导线将这些器件临时短接，然后进行测量。

第十四章

电子线路的分析、焊接及测试

第一节　焊接的基础知识

一、锡焊材料与工具

锡焊材料与工具如图 14-1 所示,包括焊锡丝、松香、镊子、吸锡枪、吸锡线、斜口钳、热风枪、电路板。

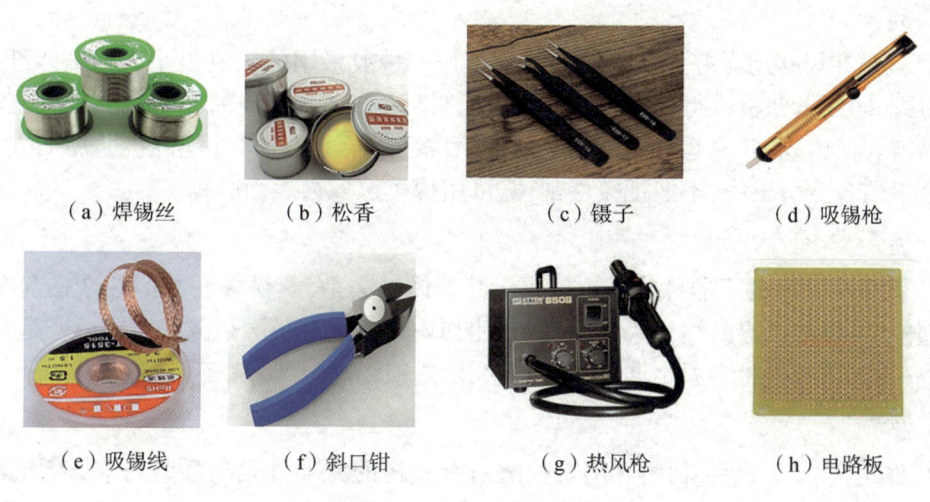

（a）焊锡丝　　　　（b）松香　　　　　（c）镊子　　　　　（d）吸锡枪

（e）吸锡线　　　　（f）斜口钳　　　　（g）热风枪　　　　（h）电路板

图 14-1　锡焊材料与工具

(一)焊料

铅和锡熔成合金(即铅锡焊料)后,焊锡丝(63%的锡和37%的铅)的熔点为 183 ℃,适用于焊接大多数电子元器件、线材、电器等,并且焊接后的焊点光亮饱满、不良率大大降低。它具有一系列铅和锡不具备的优点:熔点低,各种不同成分的铅锡合金熔点均低于铅和锡的熔点,利于焊接;机械强度高,抗氧化;表面张力小,增强了液态流动性,有利于焊接时形成可靠接头。

(二)电烙铁

电烙铁可以分为外热式电烙铁、内热式电烙铁等。

1.外热式电烙铁

由于烙铁头安装在烙铁芯里面,故称为外热式电烙铁。外热式电烙铁加热效率低,加热速度较缓慢,一般要预热3~5 min才能焊接。其体积较大,焊小型器件时显得不方便。外热式电烙铁常用的功率有25 W、45 W、75 W、100 W等,功率越大,烙铁头的温度也就越高。

2.内热式电烙铁

由于烙铁芯安装在烙铁头里面,故称为内热式电烙铁。内热式电烙铁发热快,发热效率较高,且其体积较小,价格低。由于它的热效率高,20 W的内热式电烙铁就相当于40 W左右的外热式电烙铁。市场上常见的普通内热式电烙铁的功率有20 W、25 W、35 W、50 W等,其中35 W、50 W是最常用的。

二、电烙铁的使用和操作

(一)焊接前处理

焊接前处理,一般有"刮""镀""测"三个步骤。

1."刮"

"刮"就是在焊接前做好焊接部位的清洁工作。一般采用的工具是小刀和细砂纸,对集成电路的引脚、印制电路板进行清理,且应保持引脚清洁。对于自制的印制电路板,应首先用细砂纸将铜箔表面擦亮,并清理印制电路板上的污垢,再涂上松香酒精溶液、助焊剂方可使用。对于镀金银的合金引出线,不能把镀层刮掉,可用橡皮擦擦去表面脏物。

2."镀"

"镀"就是在刮净的元器件部位上镀锡。其具体做法是,蘸松香酒精溶液涂在刮净的元器件焊接部位上,再将带锡的烙铁头压在其上,使其均匀地镀上一层很薄的锡层。若是多股金属丝的导线,打光后应先将多股金属丝拧在一起,然后镀锡。

3."测"

"测"就是在"镀"之后,利用万用表检测所有镀锡的元器件是否质量可靠,若质量不可靠或有已损坏的元器件,应用同规格的元器件替换。

(二)焊接过程(五步法)

(1)准备焊接:检查电烙铁的状况,确认无误后,确定焊接位置,检查焊接元件类型。

(2)插电预热焊接位置:将电烙铁温度设置在280~320 ℃,然后将电烙铁上电,将烙铁头对准被焊位置,预热 1～2 s(预热时间根据所使用烙铁和被焊接元件的温度确定)。

(3)加锡丝(用时约 1 s):焊接位置经过预热后,左手握住锡丝送到焊点位置。

(4)断开锡丝(用时约 1 s):当锡丝熔化达到焊点要求后,移开锡丝。

(5)烙铁头离开焊点(用时约 1 s):完成焊点后,移开烙铁头,将烙铁安全放置在烙铁架上。

(三)焊接后烙铁头的保养

(1)把使用完的烙铁头用湿海绵擦干净。

(2)把烙铁头温度调到 250 ℃左右。

(3)把烙铁头表面均匀加锡,以不滴下为准。

(4)把温度调至最低或关闭烙铁并将其放回烙铁架。

三、焊接技术要求

1.焊接的要求

(1)焊点的连接要可靠(焊锡的量适中)。

(2)要有足够的机械强度(器件要垂直插入焊盘再焊接)。

(3)要有光洁整齐的外观(器件摆放整齐,焊接后要用酒精或洗板水擦拭)。

2.典型焊点检测

(1)外形以焊接导线为中心,均匀、对称。

(2)表面光泽平滑。

(3)焊接处无裂纹,夹渣和蜂窝状孔。

(4)焊接避免引起"桥接",引起短路。

(5)避免损伤导线或元器件绝缘部分。

四、注意事项

(1)使用前,应认真检查电源插头、电源线有无损坏,并检查烙铁头是否松动。新烙铁头使用前,应用细砂纸将烙铁头磨至光亮,通电烧热,蘸上松香后用刀面接触焊锡丝,使烙铁头上均匀地镀上一层锡。这样做,可以便于焊接和防止烙铁头表面氧化。旧的烙铁头如严重氧化而发黑,可用细砂纸磨去表层氧化物,使其露出金属光泽后,重新镀锡,才能使用。

(2)焊接时,应保证每个焊点焊接牢固、接触良好。锡点应光亮、圆滑无毛刺,锡量适中。锡和被焊物熔合牢固,不应有虚焊和假焊。虚焊是指焊点处只有少量锡焊住,造成接触不良,时通时断。假焊是指表面上好像焊住了,但实际上并没有焊上,有时用手一拔,引线就可以从焊点中拔出。

(3)使用烙铁时,不能用力敲击。要防止跌落。不可乱甩,以防烫伤他人。

(4)若焊接时温度过高,烙铁头上焊锡较多,就需要把烙铁头用湿海绵清理干净,再进行焊接,防止焊接困难。

（5）焊接过程中，烙铁不能到处乱放。不焊时，应放在烙铁架上。注意，电源线不可搭在烙铁头上，以防烫坏绝缘层而发生事故。

（6）使用结束后，应及时切断电源，冷却后，再将烙铁收回工具箱。

第二节　电子线路的基础知识

一、简单电子线路

7805 是一款常用的三端稳压集成电路，如图 14-2 所示。只要按图示数值选用元件，并且焊接无误，无须调试即可输出 5 V 的稳定电压。图中的 C_1 和 C_2 皆为电源滤波电容，C_1 耐压值为 10 V，C_2 耐压值要求 $\geqslant 16$ V。本稳压电源的输出电压固定为 5 V，最大输出电流为 1.5 A。

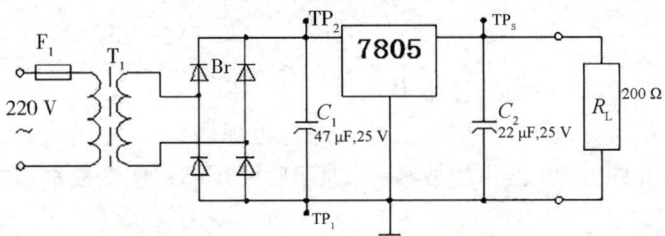

图 14-2　7805 三端稳压集成电路

电池充电回路如图 14-3 所示，控制选择开关 S 控制充电电流的大小，分为 100 mA、50 mA 两个位置，由发光二极管 LED 发光的亮、暗来指示开关 S 的位置及充电电流的大小。R_5 是 LED 的限流电阻，使通过 LED 的电流限制在一定数值。当开关 S 处于图 14-3 所示的 100 mA 位置时，三极管 T 的基极电压稳定在 6 V，其发射极的电压约为 5.4 V，而该电压除以电阻 R_4 和 R_2 之和（R_5 串联 LED 的电流约 5 mA，估算时忽略），得到的电流约为 100 mA，即电池的充电电流为 100 mA。同样，如果开关 S 处于 50 mA 位置，则电池的充电电流为 50 mA。

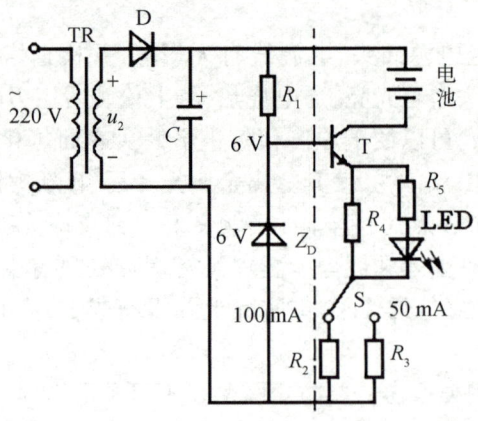

图 14-3　电池充电回路

二、成品要求

（1）器件引脚要垂直于电路板焊接，不可歪斜倾倒。器件要摆放合理，整齐美观。

（2）焊点光滑，锡量合适。走锡干净、整齐。

（3）可实现电路功能。

（4）焊接完成后，要合理放置和保养烙铁。

第三节　可调电源的焊接制作

一、制作目的

通过辨别电阻阻值、电容大小、二极管正负极连接、稳压管练习焊接、学习看电路图来焊接电路等技能来达到制作要求。

二、制作使用的仪器设备

仪器：万用表、变压器。

工具：电烙铁、钳子、螺丝刀、镊子、焊锡、松香、助焊剂。

材料：1 个 LM317 集成稳压器，1 个 LM337 集成稳压器，1 个 BSK 电位器，120 Ω 和 1 kΩ 电阻各 2 个，1 个 1 000 μF/50 V 有极电容，1 000 μF/50 V、10 μF/25 V、100 μF/25 V 型有极电容、100 pF 无极电容各 2 个，8 个 IN4007 二极管。

三、制作的产品说明

（1）产品名称：±1.25~12 V 可调稳压电源。

（2）工作原理：稳压电路的输入端由变压器组成，其作用是将 220 V 电压的交流电变成低压交流电，再通过整流电路和滤波电路转为直流电，最后通过稳压电路中元件的配合实现可调的稳压电源。

（3）画出电路原理图，标明元器件参数。电路原理框图如图 14-4 所示。电路原理图如图 14-5 所示。

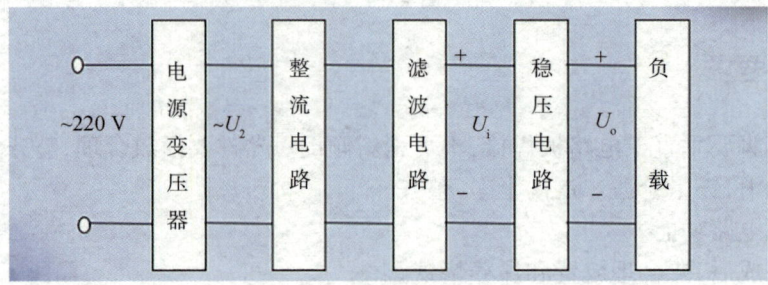

图 14-4　电路原理框图

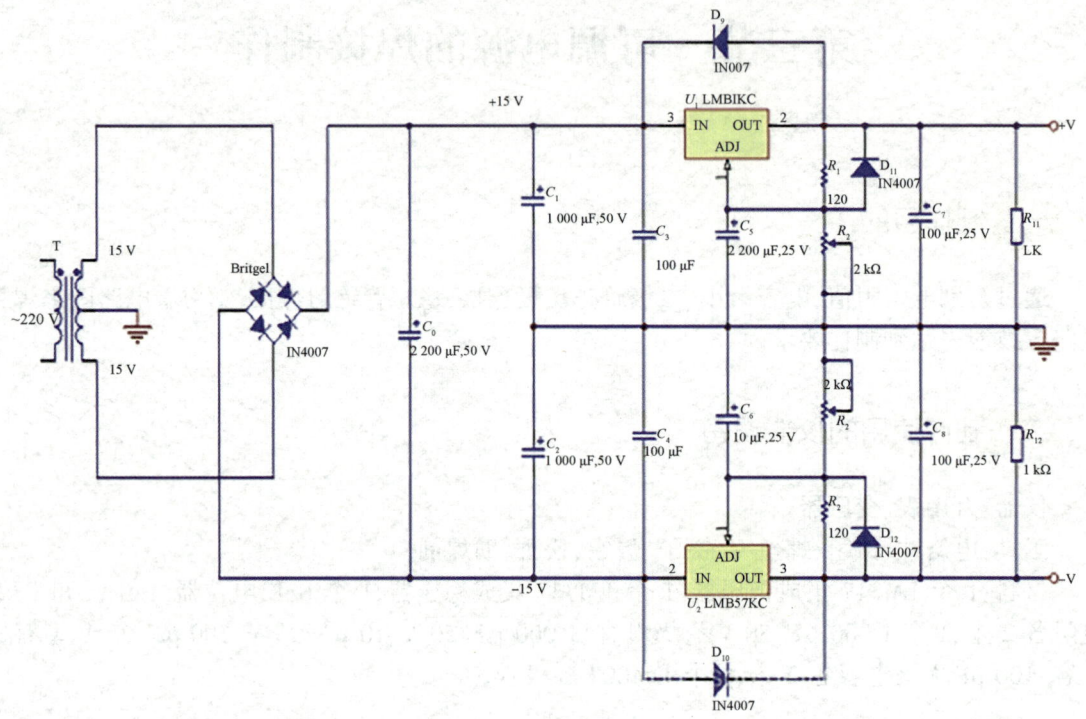

图 14-5　电路原理图

（4）列出元器件清单，如表 14-1 所示。

表 14-1　元器件清单列表

名称	数量/个
LM317 集成稳压器	1
LM337 集成稳压器	1
BSK 电位器	2
2 200 μF 电容	1
1 000 μF 电容	2
100 pF 电容	2
100 μF 电容	2

续表

名称	数量/个
10 μF 电容	2
1 kΩ 电阻	2
120 Ω	2
IN4007 二极管	8

四、制作数据记录与分析

（1）给出检测电路时实际输出数据（如图 14-6 所示）。

图 14-6　检测电路时实际输出数据

（2）电路板元件布局图片（如图 14-7 所示）。

图 14-7　电路板元件布局图片

（3）给出电路安装和调试中出现的问题，分析出现问题的原因，给出处理问题的方法和结果。

第十五章

变压器的使用维护

一、变压器的基础知识

变压器是一种静止的电气设备,属于一种旋转速度为零的电动机。电力变压器在系统中工作时,可将电能由它的一次侧经电磁能量的转换传输到二次侧,同时根据输配电的需要将电压升高或降低。故它在电能的生产输送和分配使用的全过程中作用十分重要。在整个电力系统中,变压器的容量通常为发电机容量的 3 倍以上。

二、变压器的铭牌内容

(一)变压器的型号

变压器的型号分两部分,前部分由汉语拼音字母组成,代表变压器的类别、结构特征和用途,后部分由数字组成,表示产品的容量(kV·A)和高压绕组电压(kV)等级。

汉语拼音字母含义如下:

第 1 部分表示相数。其中,D——单相;S——三相。

第 2 部分表示冷却方式。其中,J——油浸自冷;F——油浸风冷;FP——强迫油循环风冷;SP——强迫油循环水冷。

第 3 部分表示电压级数。其中,S——三级电压,无 S 表示两级电压。

其他:L——铝线圈或防雷;O——自耦(在首位时表示降压自耦,在末位时表示升压自耦);Z——有载调压;TH——湿热带(防护类型代号);TA——干热带(防护类型代号)。

(二)额定容量(S_N)

额定容量是制造厂所规定的在额定工作状态(即在额定电压、额定频率、额定使用条件下的工作状态)下变压器输出的视在功率的保证值,用 S_N 表示。

额定容量通常是指高压绕组的容量;当变压器容量因冷却方式而变更时,额定容量是指它的最大容量。

（三）额定电流（I_1、I_2）

变压器一、二次额定电流是指在额定电压和额定环境温度下使变压器各部分不超温的一、二次绕组长期允许通过的线电流，单位为 A。

（四）额定电压（U_N）

变压器的额定电压就是各绕组的额定电压，是指额定施加的或空载时产生的电压。一次额定电压 U_{1N} 是指接到变压器一次绕组端点的额定电压值；二次额定电压 U_{2N} 是指当一次绕组所接的电压为额定值、变压器空载时二次绕组的电压（单位为 V 或 kV）。三相变压器的额定电压指的均是线电压。

一般情况下，在高压绕组上抽出适当的分接头，高压绕组或其单独调压绕组常常套在最外面，引出分接头方便；高压侧电流小，引出分接引线和分接开关的载流部分截面小，分接开关接触触点较容易制造。

（五）连接组别

连接组别表示变压器各相绕组的连接方式和一、二次线电压之间的相位关系。符号顺序由左至右各代表一、二次绕组的连接方式，数字表示两个绕组的连接组号。一般的高压变压器基本是 Yn、Y、d11 接线。在变压器的连接组别中，"Yn"表示一次侧为星形带中性线的接线；Y 表示星形，n 表示带中性线；"d"表示二次侧为三角形接线，"11"表示变压器二次侧的线电压 U_{ab} 滞后一次侧线电压 $U_{AB}330°$（或超前 30°）。

1.变压器同名端和异名端的定义

如图 15-1 所示，变压器线圈上标注的这个小黑点表示是同名端。同名端，是互感线圈之间的电流或电动势相位判别的依据。当两个互感线圈通入电流且所产生的磁通方向相同时，两个线圈的电流流入端称为同名端（又称同极性端），反之为异名端。

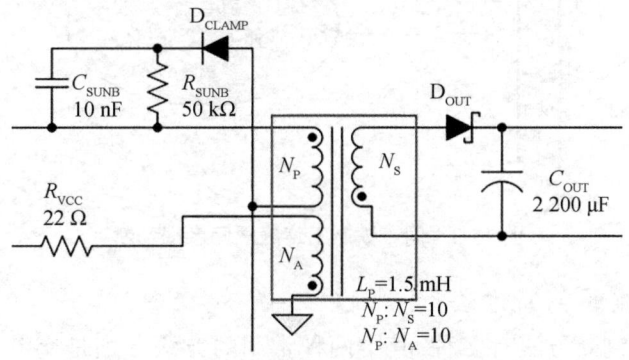

图 15-1　带变压器的电路图

在如图 15-2 所示的两个线圈中，左边线圈的电流是从 1 端流入，右边线圈的电流是从 3 端流入，两线圈产生的磁通方向是一致的（相助），则 1 端和 3 端为同名端，2 端和 4 端为同名端，1 端和 4 端为异名端，2 端和 3 端为异名端。

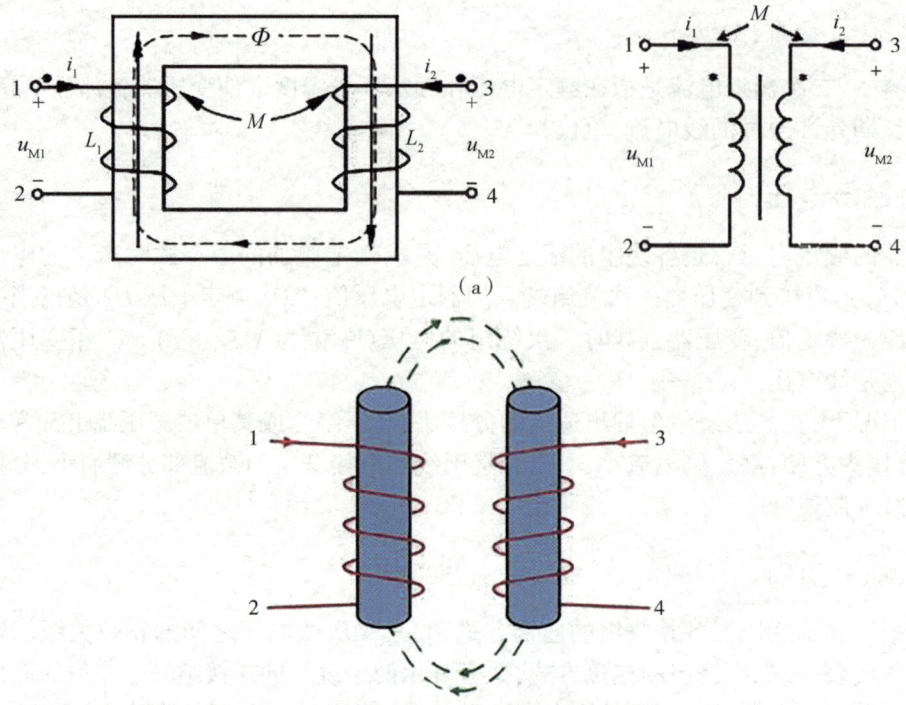

（a）

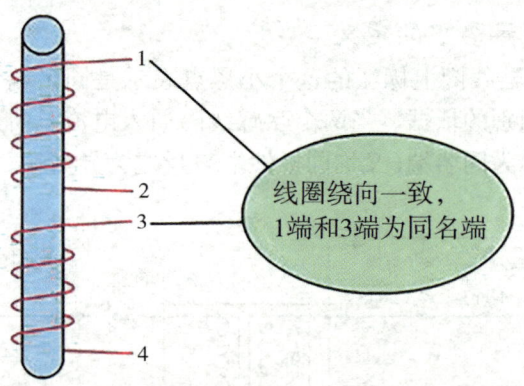

图 15-2　变压器线圈电路图

另外,如图 15-3 所示,如果在同一铁芯下,线圈的绕向是一致的,则相应端为同名端。

线圈绕向一致,
1端和3端为同名端

图 15-3　同一铁芯下绕线圈同名端判断

2.变压器同名端的判断方法

变压器同名端的判断方法有多种,其中两种常用的方法分别是交流电压法和直流法(分为干电池法、LED 灯法)。

（1）交流电压法

在交流电压法中,首先将单相变压器原副边绕组连线(如图 15-4 所示),然后在原边施加适当的交流电压。通过电压表分别测量原副边的电压 U_1、U_2,以及 3 和 4 两端之间的电压 U_3。若 U_3 等于 U_1 与 U_2 之和,则线头 2 端和 3 端为同名端。若 U_3 等于 U_1 与 U_2 之差,则线头 1 端和 3 端为同名端。

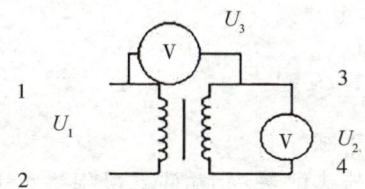

图 15-4　交流电压法测变压器同名端

（2）直流法

直流法（干电池法）如图 15-5 所示，将一节干电池和一块万用表接成电路。将万用表挡位调至直流电压低挡位（如 5 V 以下），或直流电流的低挡位（如 5 mA）。在接通开关的瞬间，若表针正向偏转，则万用表的正极、电池的正极所接的为同名端；若表针反向偏转，则万用表的正极、电池的负极所接的为同名端。需注意，在断开开关时，表针会摆向另一方向，因此开关不可长时间接通。

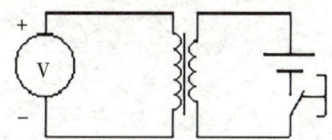

图 15-5　直流法（干电池法）测变压器同名端

直流法（LED 灯法）如图 15-6 所示。为了增强感应电势，使氖管能够发光，我们可以将电池接在匝数较少的绕组上，同时将测电笔接在匝数较多的绕组上。在按下按钮后突然松开，这会在匝数较多的绕组中产生一个很高的感应电势，从而激发氖管发光。仔细观察哪一端发光，因为发光的那一端实际上是感应电势的负极。此外，与电池正极相连以及与氖管发光端相连的那一端，即为同名端。

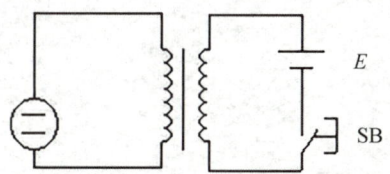

图 15-6　直流法（LED 灯法）测变压器同名端

三、电压互感器和电流互感器的使用

（一）交流电压表及电压互感器

（1）电压表并联于被测电压的两端。

（2）根据测量电压的大小选择电压表的量程，并使其量程略大于被测量对象的电压。

（3）电压表测量高电压时，要采用电压互感器。

①电压互感器原边接被测电压，副边接电压表（标准电压为 100 V）；

②电压互感器铁芯要接地；

③电压互感器的副边不允许短路。

(二)交流电流表及电流互感器

(1)交流电流表与所测电路串联。

(2)根据测量的大小选择电流表的量程,并使其量程略大于被测量对象。

(3)电流表测量大电流时,要选配合适的电流互感器。

①电流互感器副边与电流表连接,一般表头电流为 5 A;

②更换电流表时,应将电流互感器副边短路,以防产生的感应高电压将互感器烧坏;

③副边及铁芯接地,以防漏电危及人身安全;

④电流互感器的副边不允许开路。

第十六章

电动机的拆装与维护

第一节　异步电动机铭牌识别、同名端判别及绕组的星三角连接转换

一、异步电动机铭牌识别

电动机的铭牌是认识和维修电动机的依据。如表 16-1 所示,铭牌参数包括型号、额定功率、额定电压、额定电流、绝缘等级、接法和防护等级等。

表 16-1　三相异步电动机的铭牌

电磁制动三相异步电动机			
型号　YEJ112M-4			编号　0243
4 kW	380 V	8.9 A	接法 △
励磁电压　170 V	1 440 r/min	LW　79 dB(A)	
制动力矩　40 N·m	IP44	50 Hz	56 kg
标准编号 JB/T 6456—92	工作制 S1	B 级绝缘	2000 年 08 月

1.型号

型号反映电动机的基本特征,包括产品代号、规格代号、特殊环境代号等。

如:Y100L1-2,Y 代表异步电动机,100 代表机座中心高,L 代表机座长度,1 代表铁芯长度,2 代表极数。

YR 代表绕线式电动机,YB 代表防爆式电动机,YD 代表调速式电动机,YQ 代表高启动转矩电动机,YZ 代表起重和冶金用电动机,YH 代表船用电动机等。

选择电动机时应根据情况选择合适的型号。更换电动机时应尽量换相同型号电动机。

2.额定功率 P_N

额定功率是指电动机在额定条件下运行时轴上输出的机械功率。

3.额定电压 U_N 和额定频率 f_N

额定电压和额定频率分别指电动机在额定条件下运行时加在电动机定子绕组上的线电压及其频率,如380 V,50 Hz;440 V,60 Hz。

4.额定电流 I_N

额定电流是指电动机在额定条件下运行时电动机定子绕组上的线电流。

5.额定转速 n_N

额定转速是指电动机在额定条件下运行时电动机每分钟的转数。

6.接线方式

接线方式是指电动机在额定条件下运行时电动机绕组的连接方式,有△和Y两种。

7.绝缘等级

绝缘等级是指由绝缘材料决定的电动机允许的最高温度。不同绝缘等级的材料允许的最高温度如表16-2所示。

表 16-2　绝缘材料温度等级

绝缘等级	Y	A	E	B	F	H	C
最高允许温度/℃	90	105	120	130	155	180	>180

8.防护等级

防护等级是指电动机的防尘、防水等级,用 IPXX 表示。

(1)第一个数,防尘等级,可分为 0~6 七个等级:

0 级:无防护;

1 级:防直径>50 mm 的固体;

2 级:防直径>12 mm 的固体;

3 级:防直径>2.5 mm 的固体;

4 级:防直径>1 mm 的固体;

5 级:防尘;

6 级:尘密。

(2)第二个数,防水等级,可分为 0~8 九个等级:

0 级:无防护;

1 级:防滴;

2 级:150 防滴(垂直方向);

3 级:防淋水(600 防滴);

4 级:防溅(防任意方向的溅水);

5 级:防冲水;

6 级:防猛烈海浪;

7 级:防浸水;

8 级:防潜水。

如 IP44 表示 4 级防尘 4 级防水。

9.工作制（运行方式）

S1:连续运行,电动机在额定条件下可长时间运行。

S2:短时运行,电动机在额定条件下只能工作规定的时间,可分为:15 min、30 min、60 min、90 min 四种。

S3:断续周期工作制。

10.标准编号

标准编号是指制造这台电动机所依据的标准,其中,GB 为国家标准,JB 为部标准。

二、定子绕组首尾端（同名端）的判别

（一）通电感应法

1.理相

先用万用表电阻挡测量任意两绕组端头之间的电阻,若测量得到的电阻比较小,则此两端头属于同一相绕组。用同样方法判断其余两相绕组,并做好标记。

2.接线、判断（见图 16-1）

（1）在通电瞬间:若万用表指针正偏,则 U_1、W_1 为同名端。

（2）用同样方法判断 U_1、V_1,进而判断出三套绕组的极性。

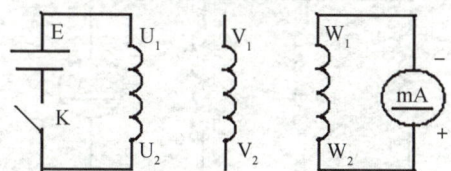

图 16-1　通电感应法测试同名端

（二）绕组串联法

1.理相

方法同通电感应法。

2.接线、判断（见图 16-2）

在第一相绕组上通上低压(3~36 V)交流电,用万用表分别测量第二相电压 U_{25}、第三相 U_{36},以及两相绕组串联后的总电压 U_{56}。

（1）若 $U_{56} = U_{25}+U_{36}$,则 2、6 为同名端。

（2）若 $U_{56} = U_{25}-U_{36}$,则 2、3 为同名端。

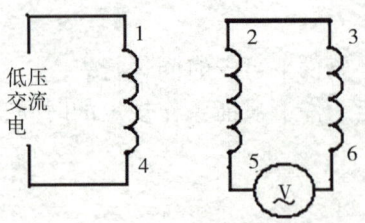

图 16-2　绕组串联法测试同名端

(三)剩磁感应法

1.理相

方法同通电感应法。

2.接线、判断(见图 16-3)

转动转子:

(1)若万用表指针不摆动或摆动最小,则1、2、3 为同名端。

(2)若万用表指针摆动比较大,则 1、2、3 不全是同名端,应该交换任意一相两个线头,再试验。若万用表指针不摆动或摆动最小,则交换正确,判断结束;若万用表指针仍然摆动比较大,则应交换另外一相再试,直到万用表指针不摆动或摆动最小为止。

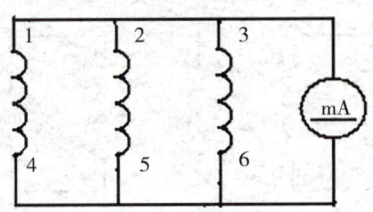

图 16-3　剩磁感应法测试同名端

三、绕组的星三角连接转换

定子绕组是三相电动机的电路部分,三相电动机的三相定子绕组由三个彼此独立的绕组组成,每个绕组又由若干线圈连接而成。每个绕组即为一相,每个绕组在空间相差 120° 电角度。每相绕组有两个引出端,一个为首端,另一个为尾端。三相绕组共有六个引出端,分别引到机座接线盒内的接线柱上,首端分别标为 U_1、V_1、W_1,末端分别标为 U_2、V_2、W_2。这六个引出端在接线盒里的排列如图 16-4 所示,通过改变接线柱间连接片的连接关系,可以接成星形或三角形。

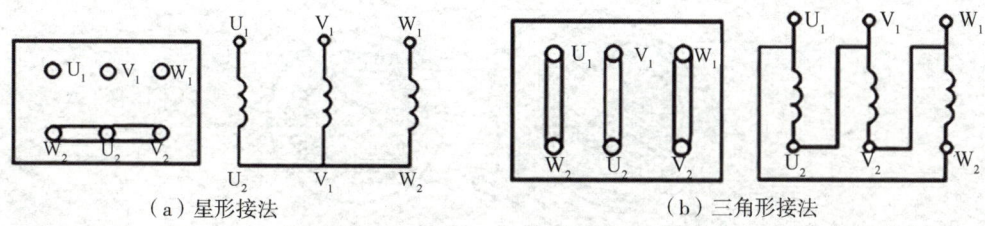

（a）星形接法　　　　　　　　　　（b）三角形接法

图 16-4　三相定子绕组的接线方式

第二节　异步电动机结构识别及拆装

一、异步电动机结构识别

三相异步电动机是船上用得较多的电气设备。它是利用电磁感应原理,将电能转换成机械能的设备。

三相异步电动机由定子和转子两大部分组成。定子包括:外壳、定子铁芯、定子绕组、端盖等。转子包括:转子铁芯、转子绕组、轴等。转子绕组又可分为鼠笼式和绕线式两种。封闭式三相鼠笼式异步电动机结构如图 16-5 所示。

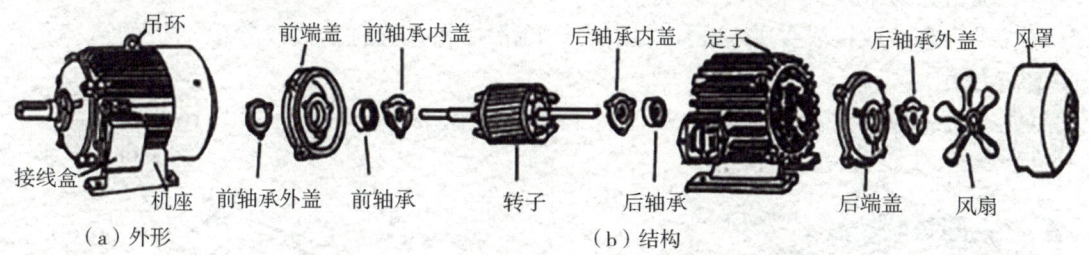

（a）外形　　　　　　　　　　　　（b）结构

图 16-5　封闭式三相鼠笼式异步电动机结构图

（一）定子部分

定子由外壳、定子铁芯、定子绕组和端盖等部分组成。

1.外壳

外壳用于保护和固定三相异步电动机的定子绕组,其外表铸有散热片,增大散热面积。

2.定子铁芯

定子铁芯由薄硅钢片叠压而成。由于硅钢片相互间涂有绝缘漆且硅钢片较薄,故可以减少交变磁通通过引起的铁芯涡流损耗,如图 16-6 所示。

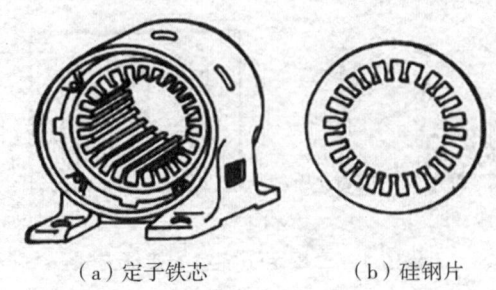

（a）定子铁芯　　　　　　（b）硅钢片

图 16-6　定子铁芯及硅钢片示意图

3.定子绕组

每个绕组即为一相,每个绕组在空间相差 120°电角度。

4.端盖

端盖把转子固定在定子内腔中心,使转子能够在定子中均匀地旋转。

(二) 转子部分

1.转子铁芯

转子铁芯作为电动机磁路的一部分,用于安放转子绕组。

2.转子绕组

转子绕组分为绕线式和鼠笼式两种。

绕线式绕组一般接成 Y 形,通常采用转子电路中串电阻的方式改善电动机的运行特性,如图 16-7 所示。

鼠笼式绕组为了改善启动特能,鼠笼转子一般采用斜槽结构,具体如图 16-8 所示。

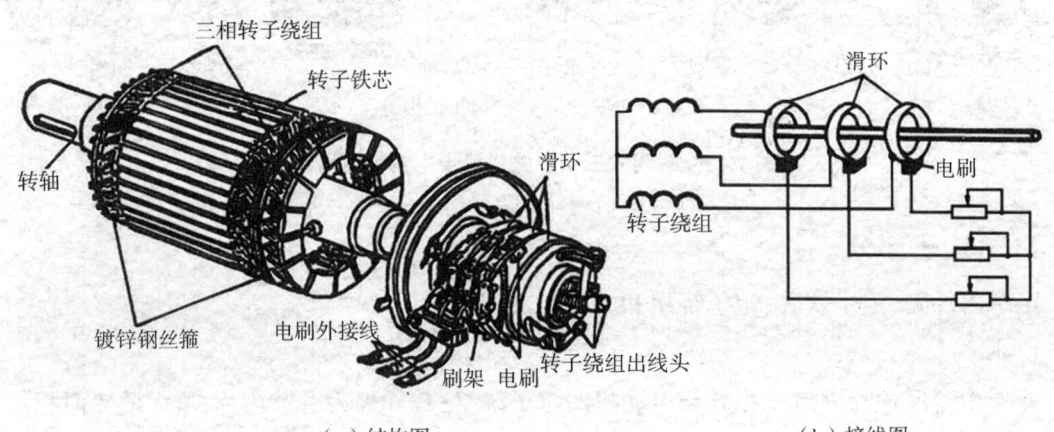

（a）结构图　　　　　　　　　　　　　　　　（b）接线图

图 16-7　绕线式绕组

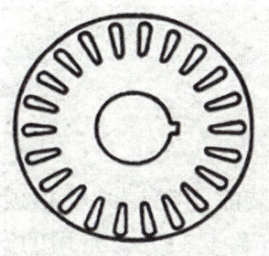
（a）转子硅钢片

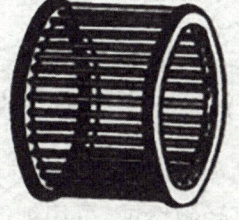
（b）铜排转子

（c）铸造铝转子

图 16-8　鼠笼式绕组

二、异步电动机拆装

（一）电动机的拆卸步骤

当需要检查、处理电动机绕组，检查、更换轴承或给轴承加油，对电动机绝缘进行处理，及对电动机内部进行清理时，都需要将电动机拆开（解体）。其步骤为：

（1）将电动机断电，拆下电源线，做好记号并用胶布包好线头。

（2）卸下底脚螺丝（如果是皮带传动或螺丝连接的联轴器，应卸下皮带或连接螺丝）。

（3）将电动机移到宽敞、干净、明亮处，注意保管好相关器件。

（4）用拉马拉下联轴器或皮带轮，卸下风罩、风扇。

（5）在端盖和机壳间做好记号，卸下前轴承盖（如有）和前端盖（联轴器端）。拆卸时，如有顶丝孔，应用螺丝对称顶出端盖；如无顶丝孔，可用铜棒或木头轻轻对称打下端盖。不可用硬金属敲打，以免损坏端盖。

（6）卸下后端盖螺丝，取出转子（用双手抬出，不要划伤定子绕组）。

（7）如需更换轴承，卸下后端盖，用拉马拉下前后轴承。

轴承的拆卸如图 16-9 所示。

注意事项：

（1）需要专用的拉具——拉马。

（2）螺杆对准轴的中心孔。

（3）拉力应着力于轴承的内圈。

（4）拉马顶端不得损坏转子轴端的中心孔。

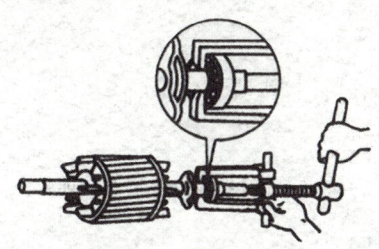

图 16-9　轴承的拆卸

(二)电动机的装配步骤

装配步骤原则上与拆卸步骤相反,即后拆的先装。

1.轴承的安装

应将经检查认为可以继续使用的轴承装回到轴上去。安装前应检查轴颈,轴颈必须光洁,没有锈蚀、裂纹、毛刺、麻点等伤痕,若有轻微锈蚀,可用细纱布轻轻打光。常用的安装方法有打入法和热套法。

(1)打入法

将转子竖起,并在下面垫一块软木板,在轴颈上抹一层机油,把轴承套上后,用合适的金属管抵住轴承的内圈,用铁锤轻轻敲打铁管,直到轴承达到规定位置。如果没有合适的金属管,可以选用一根铜棒抵住轴承的内圈,沿内圈圆周均匀地敲打,使其到位,如图 16-10 所示。

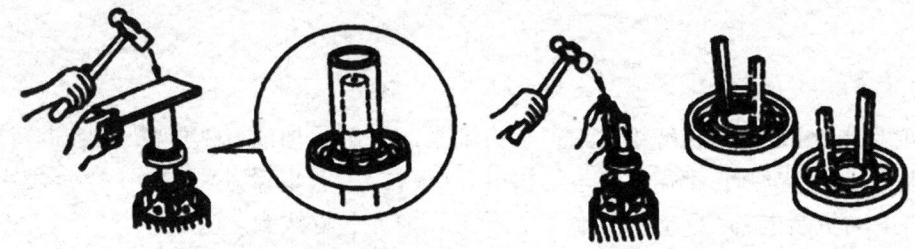

(a)用金属管抵住轴承内圈敲打　　　　　　(b)用铜棒抵住轴承内圈敲打

图 16-10　轴承的安装

(2)热套法

将轴承放入热机油中加热到 1 000 ℃ 左右,然后放在轴颈上立即用合适的管子轻轻敲打即可装上。

装上轴承后,要给轴承加润滑油脂,高速(1 500 r/min 以上)电动机加到轴承空间的 $\frac{1}{2}$ 左右,中低速(1 500 r/min 及以下)电动机加到轴承空间的 $\frac{2}{3}$ 左右。不可加满,以免影响散热。

2.电动机的安装

电动机的安装过程与拆开过程相反,即先拆的后装。

(1)安装步骤

①在转子上安装轴承;

②后端盖装在转子上;

③装转子,初步紧固后端盖螺钉;

④装前端盖;

⑤盘动转子;

⑥上紧螺丝;

⑦装上风叶、风罩;

⑧装上联轴器。

（2）装配后的检查

将电动机装回机座时应注意：

①电动机联轴器和负载联轴器一定要对正，不得扭曲，缓冲垫不可缺少。

②电动机与船体应进行可靠的电气连接，不可用绝缘材料作垫片。

③固定螺丝应上紧，转动电动机与负载，看转动是否灵活。

④电动机装好后应做转向、空载、负载试验。一切正常后才算安装完毕。

（3）装配注意事项

①按拆卸时所做标记装配，不可装错。

②不能将异物遗忘在电动机内部，不可漏装零部件。

③正确使用装配工具，新换螺丝、螺母，要型号正确。

④紧螺丝时要对称上紧，不能损坏止口，并保持同心。

⑤装配时注意不能损坏绕组。

⑥不得使用铁锤等硬金属敲打轴承，端盖要用软金属垫着敲打。应特别注意，前后端盖和转子的方向不能搞错。还应注意保护绕组不得碰伤，旋紧端盖和轴承盖螺丝时，应按对称方向先后旋紧，以免损伤止口配合面并防止偏心。

⑦用大扳手上紧螺钉时不能用力过大，以防弄坏螺钉。组装完后应用手前后转几圈看转子转动是否灵活。不得将异物落在电动机里，拆下的零部件应全部装上，如有缺少或多余，一定要查明原因。

第三节　电动机启动箱接线

电动机启动箱是一种用于控制电动机启动、运行、停止及提供保护功能的电气控制装置，由开关设备、继电器、接触器等控制电器构成。在电动机启动控制中，根据电动机功率和负载特性的不同，通常采用直接启动、Y-△降压启动、自耦变压器降压启动等多种启动方式。本节将重点阐述 Y-△降压启动的工作原理及接线方法。

一、控制电器

（一）按钮

按钮是一种最常用的主令电器，常用来接通或断开电流较小的控制电路，其结构简单，控制十分方便。图 16-11 所示为按钮结构图及图形符号。

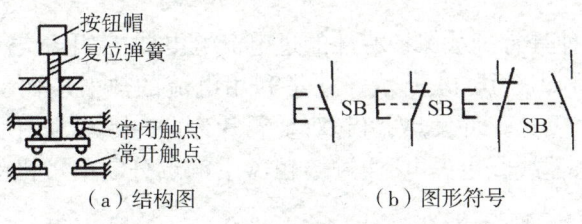

（a）结构图　　　　　（b）图形符号

图 16-11　按钮结构图及图形符号

控制按钮的色标颜色代表着按钮的功能,"停止"按钮必须为红色;"急停"按钮必须是红色蘑菇头式;"启动"按钮必须有防护挡圈,防护挡圈应高于按钮头,以防被意外触动产生误动作。

(二)交流接触器

交流接触器是一种依靠电磁力作用使触点闭合或分离的自动电器,用于接通和断开电动机或其他用电设备的重要电器。如图 16-12 所示,它主要由铁芯、触点和线圈构成,其中铁芯分为静铁芯和动铁芯,触点分为主触点和辅助触点。

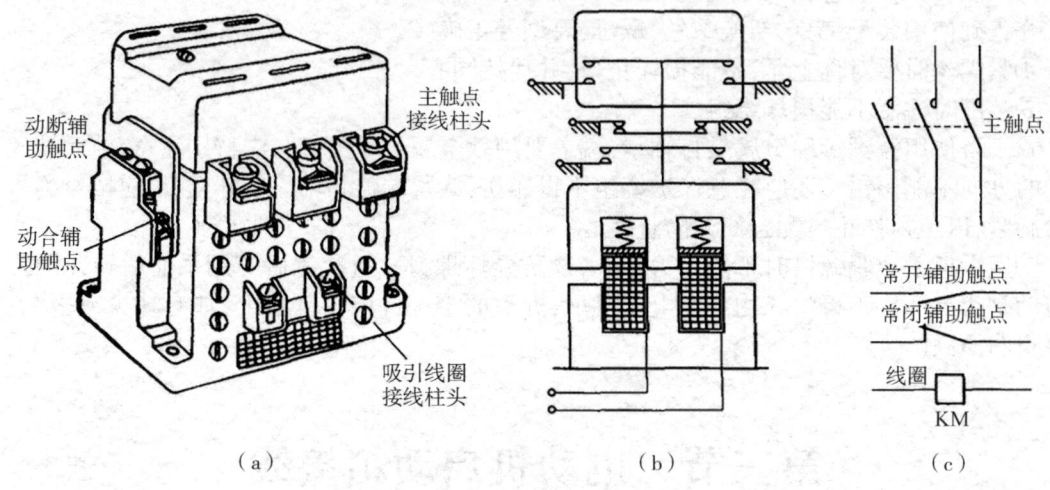

图 16-12 交流接触器

(三)熔断器

熔断器在低压配电系统和控制系统中,主要作用为短路和过流保护。当通过熔断器的电流大于规定值时,产生的热量使熔体熔化而自动分断电路。使用时,熔断器串联在所保护的电路中,在电路发生短路或严重过电流时快速自动熔断,从而切断电路电源起到保护作用。

熔断器主要由熔体(熔断丝)和熔断管(或熔座)两部分组成。

熔断器种类很多,常用的有插入式熔断器、螺旋式熔断器、封闭管式熔断器。图 16-13 所示为螺旋式熔断器结构图和符号。

(四)继电器

1.过电流继电器

过电流继电器是一种具有过载保护特性的过电流继电器,常用于电动机运行的过载保护,其外形、结构原理和符号如图 16-14 所示。它是利用电流的热效应而动作的,当电动机过载时,会使过电流继电器的发热元件发热,引起双金属片弯曲,推动导板使接在控制回路中的动断触点分断,从而使接触器线圈也失电,通过接触器主触点分断电动机的主路,以达到过载保护的目的。

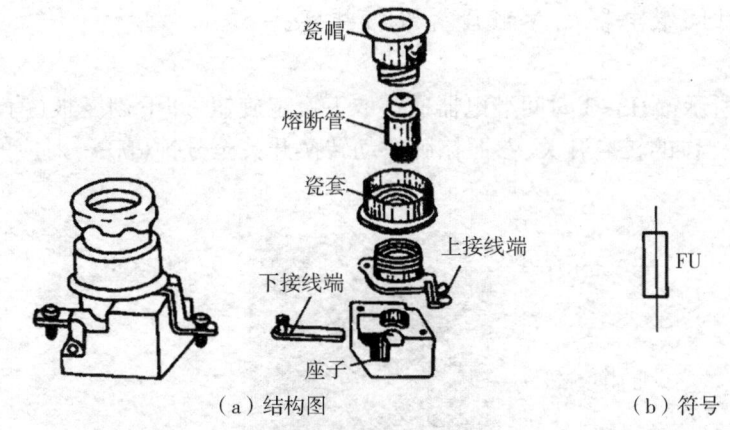

（a）结构图　　　　　　　　　　（b）符号

图 16-13　螺旋式熔断器结构图和符号

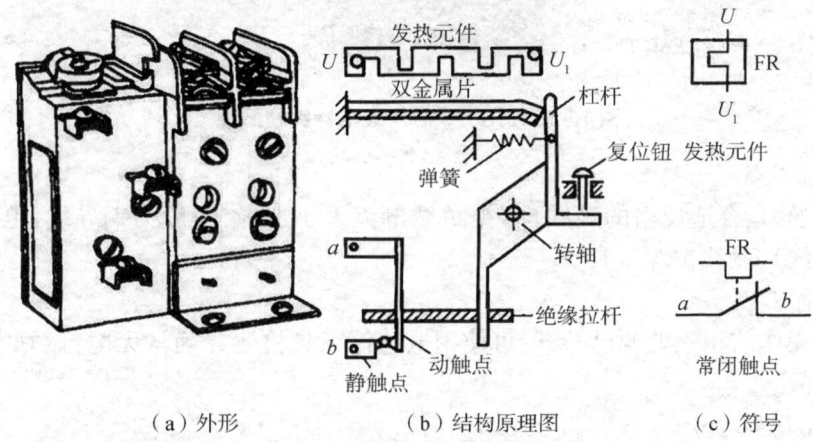

（a）外形　　　　　（b）结构原理图　　　　（c）符号

图 16-14　过电流继电器外形、结构原理和符号

2.时间继电器

时间继电器具有接收或失去电信号后触点延时动作的特点。它有电磁式、空气阻尼式、电动式、钟摆式及半导体式等多种类型。根据其在线路中的动作要求,通常可分为延时断开的动断触点、延时断开的动合触点、延时闭合的动合触点、延时闭合的动断触点四种类型。各类触点的动作要求及图形符号如图 16-15 所示。

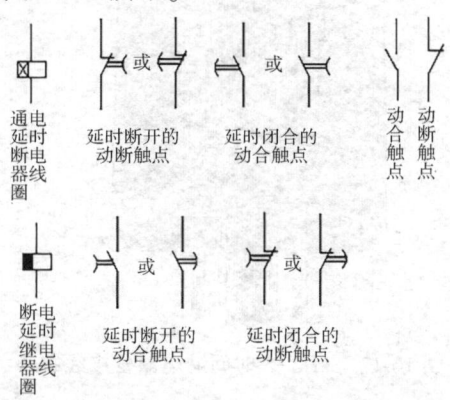

图 16-15　各类触点的动作要求及图形符号

3.AH3-3 时间继电器的参数设置及接线实操

（1）参数设置

如图 16-16 所示，AH3-3 时间继电器通过取下设定旋钮、卸下刻度板（有多个刻度板），能看到内部有切换挡位的转换开关，参照铭牌拨动转换开关至分钟（MIN）对应的挡位，再装回刻度板与旋钮。

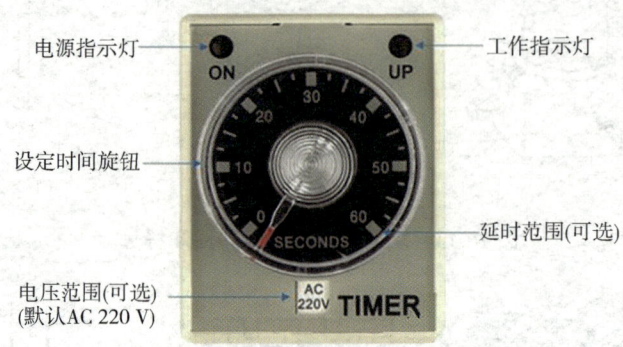

图 16-16　AH3-3 时间继电器实物面板

（2）接线前准备

准备好螺丝刀、合适规格的导线（根据负载电流大小选择，一般为铜导线，电流较大时选较粗线径的导线）、剥线钳等工具。

（3）安全措施

确保接线操作前相关电源已断开，可使用电笔等工具检测并确认无电，做好安全防护，避免发生触电事故。

（4）了解继电器端子

熟悉 AH3-3 时间继电器各接线端子的功能。如图 16-17 所示，1、3、4 为无延时触点，5、6、8 为延时触点。

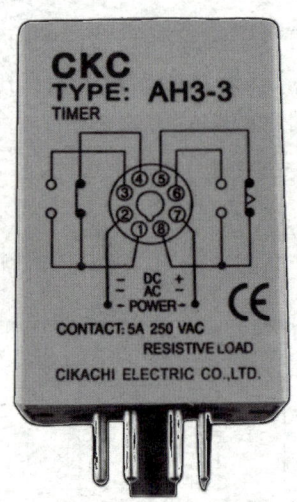

图 16-17　AH3-3 时间继电器各接线端子

（5）电源接线

找到标有电源输入的接线端子 2、7。若工作电源为交流电源，且电压为 220 V，将交流电源的火线接入 2 号端子，零线接入 7 号端子；若工作电源为直流电源，注意正负极，正确连接到对应的电源端子上，正极接 7 号端子，负极接 2 号端子，确保电源电压与继电器额定电压一致。

（6）触点接线（如图 16-17 所示）

①延时闭合（常开触点）

若用于控制电动机延时启动等场景，需使用延时闭合功能。找到延时闭合触点对应的接线端子 6、8，将负载的一端连接到 6 号端子，另一端连接到电源的相应端。

②延时断开（常闭触点）

若用于控制电动机延时停止等场景，需使用延时断开功能。找到延时断开触点对应的接线端子 5、8，将负载一端连接到 5 号端子，另一端连接电源相应端。

③瞬时触点接线

瞬时触点 1、3 可用于一些需要立即动作的控制逻辑。例如，将瞬时触点与报警指示灯连接，在时间继电器通电瞬间，指示灯立即亮起，把指示灯的一端连接到 1 号端子，另一端连接电源对应端。

（7）接线检查与测试

①检查

仔细检查所有接线是否牢固，有无松动、虚接情况；检查各端子连接是否正确，避免短路、断路等问题；确认接线符合相关电气规范和安全要求。

②测试

在确认接线无误后，接通电源，观察时间继电器是否按设定时间动作。查看延时触点是否在设定时间到达后准确切换状态，瞬时触点是否在通电瞬间正常动作；观察负载设备是否按预期工作。若出现异常，立即断电，重新检查接线和设置参数。

二、三相异步电动机的 Y-△ 连接转换接线

Y-△ 降压启动控制线路技术成熟，已做成专用的启动设备，如 QX3 系列。启动时，定子绕组首先接成星形，待转速上升到接近额定转速时，将定子绕组接成三角形，电动机进入正常运行状态。

图 16-18 所示为三相异步电动机的 Y-△ 连接转换接线。该电路使用了 3 个接触器和 1 个时间继电器。接触器 KM_1 引入三相电源；KM_3 将定子三相绕组接成三角形；KM_2 将定子三相绕组接成星形；时间继电器起延时作用，星形连接转换成三角形连接。

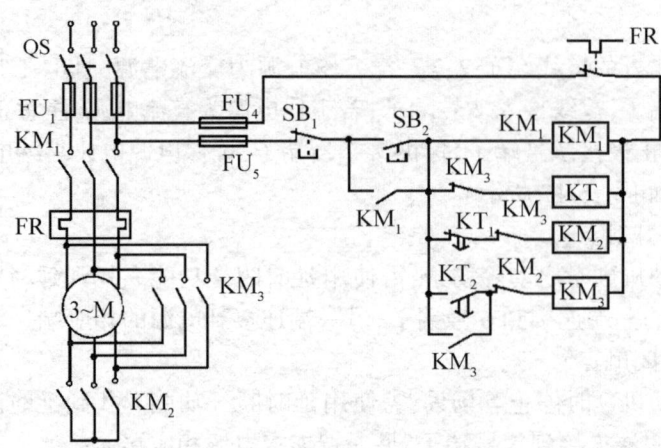

图 16-18 三相异步电动机的 Y-△ 连接转换接线

如果希望在启动时既能限制启动电流,又不降低启动转矩,则可选用绕线式三相异步电动机。启动时,在其转子电路中串入启动电阻或频敏变阻器;启动完毕时,将转子电路中串入的启动电阻或频敏变阻器由控制电路自动切除。

第十七章

船用电缆的使用与更换

船用电缆作为船舶及海上建筑的重要组成部分,其性能和质量直接关系到船舶的安全和运行效率。由于使用环境条件较严酷,船用电缆要求安全可靠、使用寿命长、体积小、重量轻,并应具有优良的耐温性、耐火性、阻燃性、耐油性、防潮性、耐海水性,以及优良的电气和机械性能。

第一节　电缆识别与更换

一、电缆分类

船用电缆主要分为船用电力电缆、船用控制电缆、船用信号电缆。

1.船用电力电缆

船用电力电缆如图 17-1 所示,包括额定电压工频交流在 1 kV 及以下的低压电力电缆和额定电压工频交流在 3~15 kV 的中压电力电缆。

图 17-1　船用电力电缆

2.船用控制电缆

船用控制电缆如图 17-2 所示,是一种专门设计用于船舶环境的控制电缆,具有特殊的结构和性能要求,能够满足船舶在复杂和严苛条件下的使用需求。

图 17-2　船用控制电缆

3.船用信号电缆

船用信号电缆如图 17-3 所示。船用信号电缆是一种用于船舶通信、电子计算机、信息处理设备中的信号传输和控制系统的船用电缆。

图 17-3　船用信号电缆

通常船用电缆的敷设空间有限。

二、电缆识别

船用电缆的主要组成部分如图 17-4 所示。

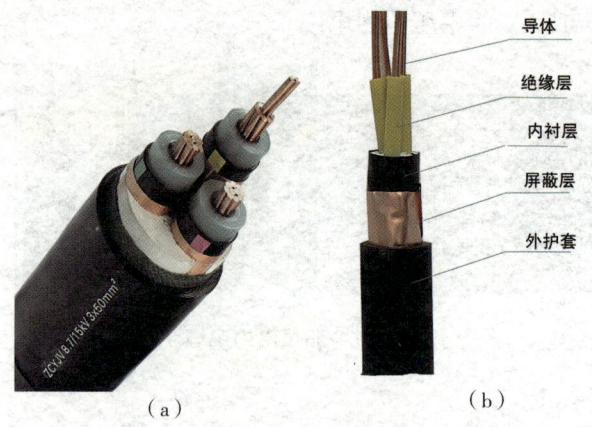

（a）　　　　　　　　（b）

图 17-4　船用电缆的主要组成部分

1.导体（导线）

导体(导线)指的是用作电线、电缆的材料,一般由铜线或铝线制成,也有用银线制成的(导电、热性好),用于传输电流。

2.绝缘层

导体周围通常包覆有一层绝缘材料,用于隔离电流并防止短路。常见的绝缘材料包括聚氯乙烯(PVC)和聚乙烯(PE)、聚氨酯(PUR)、TPE、TPV 等。

3.内衬层

电缆的外部通常包裹有一层护套,用于保护内部组件免受物理损伤和环境影响。

4.屏蔽层

屏蔽层是为了保证在有电磁干扰环境下系统的传输性能,具有抗干扰性。这里的抗干扰性应包括两个方面,即抵御外来电磁干扰的能力以及系统本身向外辐射电磁干扰的能力。

5.外护套

电缆的外部通常包裹有一层护套,用于保护内部组件免受物理损伤和环境影响,外护套的材料取决于电缆的用途,材料一般为 PVC、PUR、TPV 等。

三、电缆的更换

电缆的更换是一个涉及多个步骤的过程,需要谨慎操作以确保安全和效果。以下是电缆更换的主要步骤。

1.材料准备

准备与原电缆同型号的、长度适当的电缆(如果不是与原来同型号、同厂家的电缆,需要确认新电缆的绝缘等级、耐火等级、电缆直径、铜芯类型及其他可能存在影响使用的条件要求),并准备对应的辅材,如绝缘胶带、电缆线号管、电缆扎带、热缩套管等,如图 17-5 所示。

热缩套管

图 17-5　电缆更换用的部分辅材

2.断电并悬挂警示牌

在更换电缆前,确保电源已完全切断,以避免触电风险。悬挂的警示牌如图 17-6 所示。

图 17-6　警示牌

3.拆卸旧电缆

使用合适的工具拆卸旧电缆的接口,将其与设备分离。

4.安装新电缆

将新电缆插入设备接口,确保连接稳固。使用扎带或夹子固定电缆,防止松动。

5.通电测试

在电缆安装完成后,进行通电测试,检查新电缆是否正常工作。进行绝缘测试和电气测试,以确保电缆的质量和安全。

6.检测验收

使用专业设备对电路进行检测,确保没有安全隐患。

在整个更换过程中,应严格遵守安全操作规程,配备个人防护设备,并确保现场通风良好。同时,施工结束后应进行施工质量检查,并记录施工过程,以便日后参考和维护。

第二节　电缆端头的处理工艺

一、电缆切割

在切割电缆前,应根据电缆的规格和材质选择合适的切割工具,如图 17-7 所示,以确保切割效果和安全性。

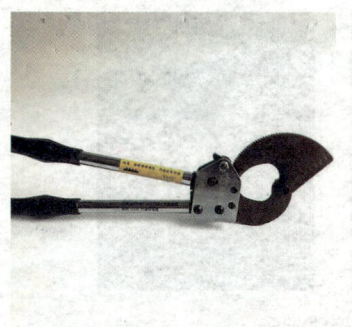 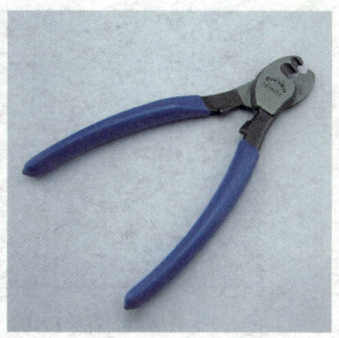

图 17-7　电缆切割工具

在切割电缆时,需要注意以下两点:

1.安全防护

在切割电缆时,应使用适当的防护用品,如戴手套、护目镜等,以防止飞溅的碎片造成伤害。

2.正确操作

根据需求确定电缆切割的长度,按照工具的使用说明进行正确操作,如图 17-8 所示,注意避免因操作不当导致工具损坏或人员受伤。

总之,电缆切割工具的选择和使用方法应根据实际情况而定,以确保切割过程安全,切割端面平整。

图 17-8　电缆切割

二、电缆端头的处理工艺

电缆端头压接的过程主要包括以下几个关键步骤:

1.准备

确保电缆和端头(或接线端子)的规格匹配,如图 17-9 所示,选择合适的压接工具和模具。先剥去电缆外的护套层,再剥离绝缘层(注意不能伤到导体),露出内部的导线,长度应满足压接需求。清理导线和端头(或接线端子)的表面,确保无氧化层、油污或其他杂质。

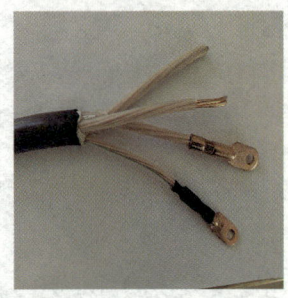
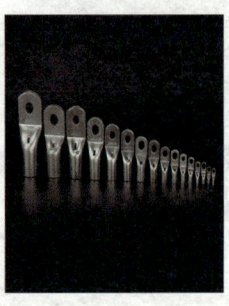

图 17-9　接线端子

2.端头压接

　　将剥好的导线插入端头(或接线端子)内,确保插入深度适当,且导线在端头内分布均匀。使用压接工具对端头和导线进行压接,如图 17-10 所示。压接时,应确保压力均匀、适中,避免因压力过大导致端头破裂或因压力过小导致压接不牢固。

图 17-10　端头压接

3.端头处理

　　压接完成后,检查压接部位是否紧密、牢固,有无松动或变形现象。同时,检查导线和端头之间的接触电阻是否满足要求。对压接部位进行必要的绝缘处理,如缠绕绝缘胶带或安装绝缘套等,如图 17-11 所示,以防止电气短路或触电事故。

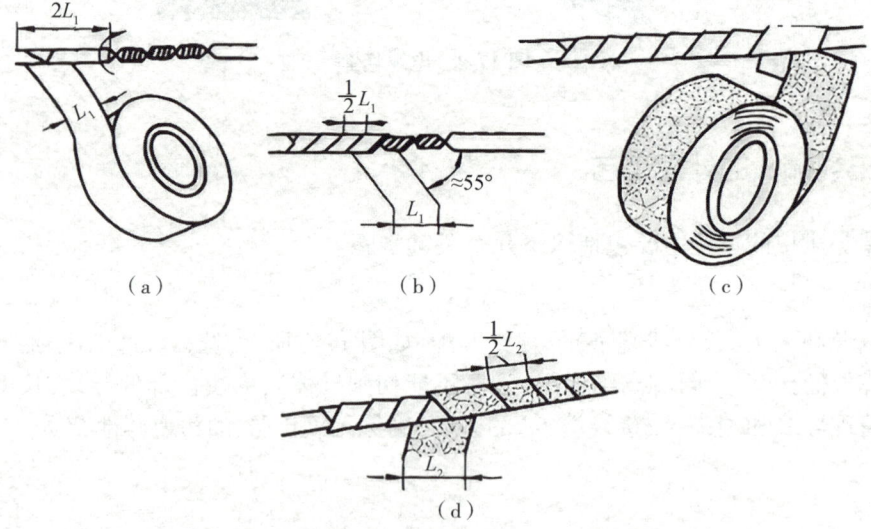

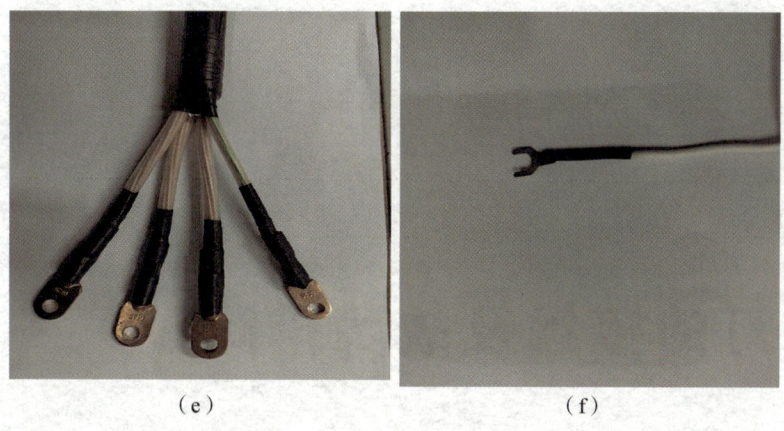

（e）　　　　　　　　　　　（f）

图 17-11　对压接部位进行绝缘处理

4.注意事项

（1）在压接过程中,应严格遵守安全操作规程,确保人身和设备安全。

（2）选择合适的压接工具和模具非常重要,导线、压接头、端头需要相互匹配,它们直接影响到压接的质量和效果。

（3）压接前应对电缆和端头（或接线端子）进行仔细的检查和准备,确保无瑕疵或损坏。

（4）压接完成后,应进行必要的测试和检查,以确保压接的质量和可靠性。

第十八章

荧光灯的接线及故障排除

一、荧光灯的工作原理

　　荧光灯也被称为日光灯,其接线原理图如图18-1所示。荧光灯主要由镇流器、电容、灯管、启辉器等组成。灯管内含有汞蒸气和少量的氩气(惰性气体),灯管的管壁上涂有荧光物质。当电源接通时,电压通过镇流器、灯丝加到启辉器两端,电源电压使得启辉器内的惰性气体电离产生辉光放电,双金属U形电极因受热膨胀而接触,电路导通,灯丝发热放射出大量电子。此时,启辉器电极闭合,电压为零,辉光放电消失,随着温度的降低(2~3 s),双金属U形电极复位断开电路。在断开的瞬间,电流中断,镇流器(电感)产生较大自感电动势使荧光灯发光。荧光灯正常发光后,交流电源反复通过镇流器,镇流器产生的自感电动势阻碍电流变化,起到降压限流的作用。此时,电压低于启辉器辉光放电电压,启辉器不起作用。随着技术的发展出现了新型荧光灯,其采用电子镇流器(兼具启辉功能),轻便小巧,反应快速。

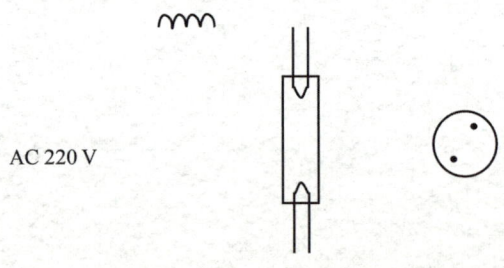

AC 220 V

图 18-1　荧光灯接线原理图

二、荧光灯的控制电路

　　荧光灯一般采用单线圈镇流器接线方式,如图18-2所示,船用荧光灯采用双线圈镇流器接线方式,如图18-3所示,可以改善启动性能,延长灯管的使用寿命。

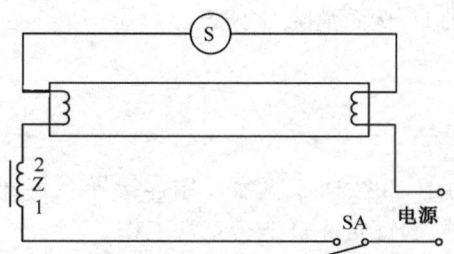

图 18-2　单线圈镇流器荧光灯接线原理图

S—启辉器;SA—开关;Z—单线圈镇流器

在图 18-3 中,主线圈 1、2 的匝数较多,电阻较大,副线圈 3、4 的匝数较少,电阻较小,但是主副线圈磁通方向相反。主线圈启动时与副线圈串联,由副线圈的磁通来抵消一部分主磁通,从而降低阻抗,使启动电流较大,灯丝加热较快;同时,启辉器断开时,感应电压较高,利于荧光灯点亮。正常点亮后副线圈 3、4 断开,起到节能并提高功率因数的作用。

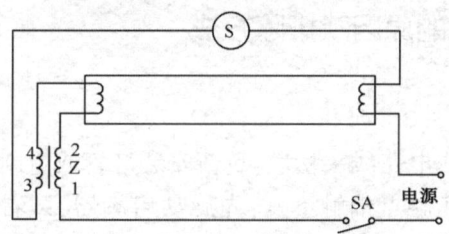

图 18-3　双线圈镇流器荧光灯接线原理图

S—启辉器;SA—开关;Z—双线圈镇流器

因为交流电呈周期性变化,荧光灯存在周期性明暗现象,即所谓"闪烁"现象,尤其是在照射旋转物体时,当旋转体的旋转频率是荧光灯明暗率的整数倍时,转动的物体看上去像是不转一样,造成错觉。为了消除这种"闪烁"现象带来的误操作危险,船上某些场所采用双管制荧光灯接线,如图 18-4 所示。

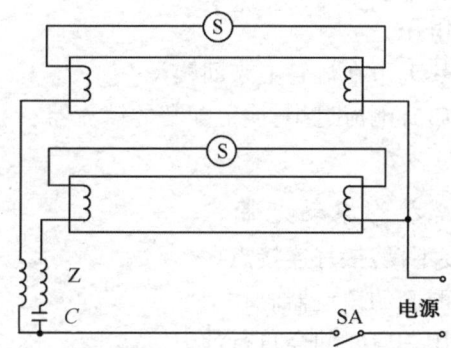

图 18-4　双线圈镇流器双管制荧光灯接线原理图

S—启辉器;SA—开关;Z—双线圈镇流器;C—双线圈移相电容器

图 18-4 中的 C 为移相电容器。利用移相电容器的移相作用,将接在单相电源上的其中一盏荧光灯相位错开,这样两盏灯的明暗时间先后不同,基本上可以消除"闪烁"。若是三相电

源,可将两盏灯接在不同相线上,从而消除"闪烁"。

三、荧光灯的接线

根据荧光灯接线参考用图(如图 18-5 所示),用连接导线将开关、镇流器、灯管、启辉器依次进行连接,并通电进行测试,验证荧光灯能否正常工作。

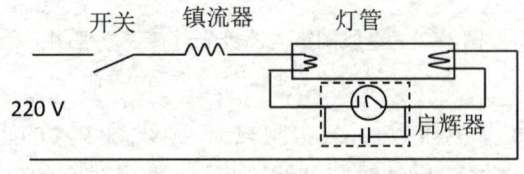

图 18-5　荧光灯接线参考用图

四、荧光灯常见故障的原因及排除方法

1.灯管不发光

(1)灯座触点接触不良或电路线头松散:重新安装灯管或重新连接已松散的线头。

(2)启辉器损坏或与基座触点接触不良:先旋动启辉器,试看是否发光,再检查线头是否脱落,排除后仍不发光,应更换启辉器。

(3)镇流器绕组或管内灯丝断裂或脱落:测量绕组和灯丝是否通路。

2.灯管两端发亮、中间不亮

启辉器接触不良或内部小电容击穿:按上述启辉器损坏检修方法检查;小电容击穿,可剪去后复用。

3.启辉困难

(1)启辉器配用不成套:换上配套的启辉器。

(2)电源电压太低:调整电压。

(3)环境温度太低:可用热毛巾在灯管上来回熨烫。

(4)镇流器配用不成套,启辉电流过小:换上配套的镇流器。

(5)灯管衰老:更换灯管。

4.灯光闪烁或管内有螺旋形滚动光带

(1)启辉器或镇流器连接不良:接好连接点。

(2)镇流器不配套:换上配套的镇流器。

(3)新灯管暂时现象:使用一段时间会自行消失。

(4)灯管质量不好:更换灯管。

5.镇流器异声

(1)铁芯叠片松动:固紧铁芯。

(2)绕组内部短路:更换镇流器。

（3）电源电压过高：调整电压。

6.灯管两端发黑

（1）灯管衰老：更换灯管。

（2）启辉不佳：排除启辉系统故障。

（3）电压过高：调整电压。

第十九章

断路器、接触器、继电器、熔断器、电磁制动器的拆装及修理

第一节　断路器的拆装及修理

一、断路器的组成

断路器是一种不仅可以接通、分断电路,又能对负荷电路进行自动保护的开关电器,因灭弧介质为空气,所以也称"空气开关"。断路器在电路中起过载(过流)、短路保护作用,即在过载或短路时自动分断电路。断路器一般由触点系统、灭弧装置、自由脱扣机构、操作传动装置、保护元件和锁扣装置等组成。

1.触点系统

(1)触点用来实现电路的接通与断开。触点系统的工作电流很大,且在短路故障时需切断很大的电流,因此通常每相电路包含两个或三个相互并联的触点(即主触点、副触点和弧触点)。

(2)主触点的作用是导通大电流,弧触点的作用是承受机械冲击和电弧的灼烧;副触点则起过渡缓冲的作用。

(3)触点的接通顺序是:先弧触点,然后副触点,最后主触点;触点的分断顺序是:先主触点,然后副触点,最后弧触点。

2.灭弧装置

(1)自动空气断路器大多采用灭弧栅进行灭弧,灭弧装置由许多长短不同的铁质(磁钢片)栅片和绝缘材料构成的灭弧罩组成。

(2)依靠电磁力作用,将电弧吸入栅片内,分割成许多较短的小段,从而实现迅速灭弧。

3.自由脱扣机构

(1)自由脱扣机构的作用是使触点保持闭合或迅速断开。它是触点系统和操作传动装置

之间的联系机构；

（2）自由脱扣机构有合闸、分闸（脱扣）、准备合闸（再扣）三个状态，如图 19-1 所示。

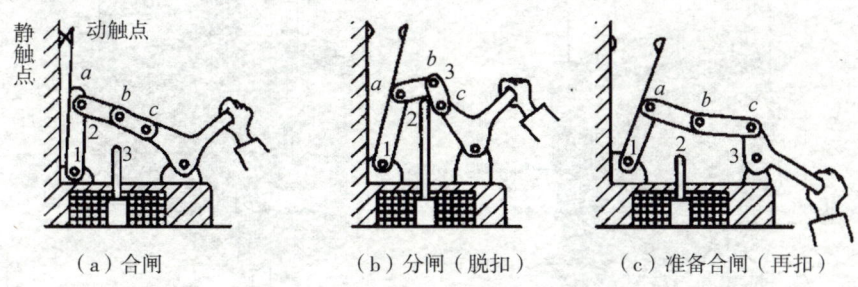

（a）合闸　　　　　　　（b）分闸（脱扣）　　　　　（c）准备合闸（再扣）

图 19-1　自由脱扣机构的三个状态

4.操作传动装置

操作传动装置有手动操作、电磁或电动操作等方式。不论采用哪一种操作方式，均要首先使储能弹簧储能，并使自由脱扣机构再扣，然后利用弹簧的储能快速合闸，即使合闸的时间与操作无关，仅与断路器内部机制有关。

5.保护元件

（1）万能式自动空气断路器通常设有三个脱扣器作为保护元件：过电流脱扣器、失压脱扣器及分励脱扣器。

（2）过电流脱扣器的作用是实现对主电路的短路、过载保护。

（3）失压脱扣器的作用是实现失压、欠压保护。失压脱扣器保证在电压降到额定电压值的 40% 或以下时必须动作，使空气断路器断开，而在额定电压的 75% 或以上时必须保证空气断路器可靠合闸，因此，失压保护可在额定电压的 35%～70% 时整定。实际上失压脱扣器一般由一个瞬时动作的电压继电器组成，当线路电压低于某一整定值时，由于电磁吸力不足，继电器释放，通过自由脱扣机构使开关自动跳闸。

（4）分励脱扣器的作用是进行遥控分励操作（远距离分闸操作）。分励脱扣线圈要在额定电压的 75%～110% 时能使空气断路器跳闸。

（5）有的万能式自动空气断路器还设有热脱扣器、逆功率脱扣器等保护装置。

6.锁扣装置

在紧急情况时，尽管电气设备可能受到一些损伤，但也要强迫供电，而不希望开关动作。这时可将锁扣装置放在"扣"的位置，将脱扣器锁住。

二、空气断路器的调整

（1）认识主开关的外形、合闸按钮、分闸按钮、合分闸指示牌、储能指示牌，了解电子脱扣器相关参数。图 19-2 所示为 DW95 主开关外形图。

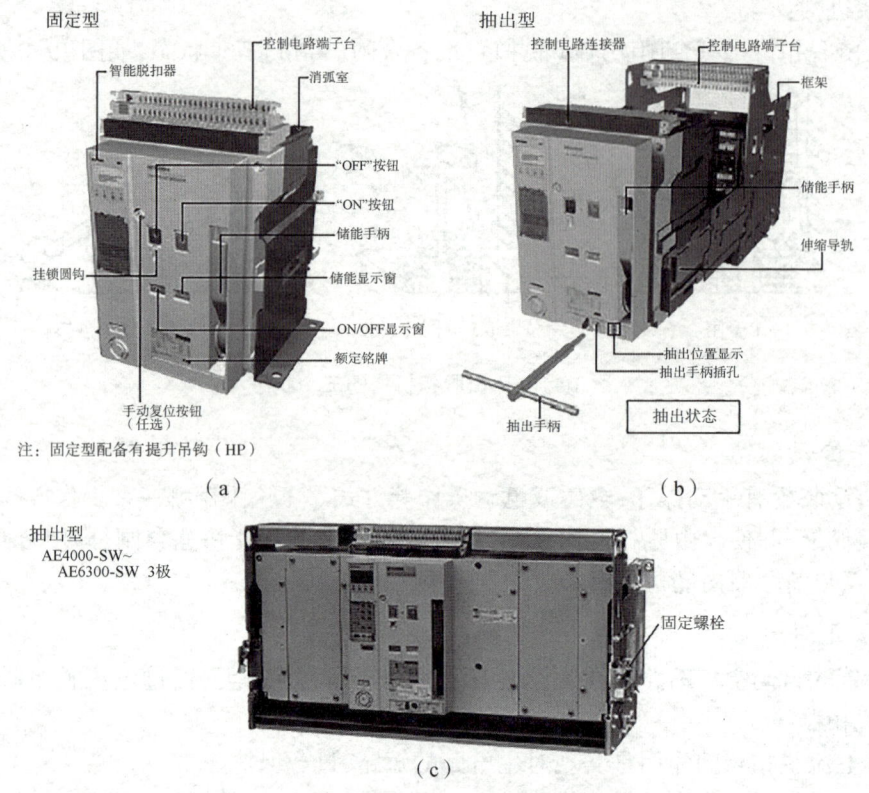

图 19-2　DW95 主开关外形图

（2）操作方法：

①取掉 DW95 主开关的三个灭弧罩，观察主触点和灭弧罩的结构，以及辅助触点的结构。

②在主开关里找到三个脱扣器的位置，包括失压脱扣器、分励脱扣器和过电流脱扣器的位置。观察脱扣轴与三个脱扣器、手动脱扣按钮的位置关系。

③找出主开关的合闸机构包括手动合闸按钮、合闸电磁铁、储能弹簧机构。

④观察集成电路脱扣器的外观，了解电路脱扣器可设置的参数，如图 19-3 所示。

图 19-3　集成电路脱扣器面板图

第二节　接触器的常见故障、拆装及修理

接触器是利用电磁吸力原理,频繁地接通和切断大电流电路(即主电路)的开关电器,具有控制容量大、可远距离操作、能实现联锁控制的特点,并有失电压及欠电压保护,广泛应用于自动控制电路中。其主要控制对象是电动机,也可用于控制其他电力负载。接触器按控制电流的种类可分为交流接触器和直流接触器,两类接触器在触点系统、电磁机构、灭弧装置等方面均有所不同。

一、接触器的组成及工作原理

交流接触器(如图 19-4 所示)主要是由电磁机构、触点系统、灭弧装置和其他部件构成。电磁机构主要是由线圈、静铁芯和动铁芯构成。触点系统由主触点和辅助触点构成。主触点串接在主电路中,一般的接触器有三对常开主触点;辅助触点可以分为常开辅助触点和常闭辅助触点,用于控制电路。灭弧装置用于在需要时迅速切断电弧,以免烧坏主触点。绝缘外壳及附件常包括各种弹簧、传动机构、接线柱等。

交流接触器的工作原理为:线圈通电后,在铁芯中产生磁通及电磁吸力。此电磁吸力克服弹簧反力使得动铁芯吸合,带动触点机构动作,常闭触点打开,常开触点闭合。当线圈失电或线圈两端电压显著降低时,电磁吸力小于弹簧反力,使得动铁芯释放,触点机构复位,常开触点打开,常闭触点闭合。

图 19-4　交流接触器的外形图

二、接触器的常见故障及修理

接触器的常见故障及排除方法,如表 19-1 所示。

表 19-1 接触器的常见故障及排除方法

常见故障	可能原因	排除方法
通电后不能闭合	(1)线圈断线或烧毁; (2)动铁芯或机械部分卡住; (3)转轴生锈或歪斜; (4)操作回路电源容量不足; (5)弹簧压力过大	(1)修理或更换线圈; (2)调整零件位置,消除卡住现象; (3)除锈上润滑油脂,或更换零件; (4)增加电源容量; (5)调整弹簧压力
通电后动铁芯不能完全吸合	(1)电源电压过低; (2)触点弹簧和释放弹簧压力过大; (3)触点超程过大	(1)调整电源电压; (2)调整弹簧压力或更换弹簧; (3)调整触点超程
电磁铁噪声过大或发生振动	(1)电源电压过低; (2)弹簧压力过大; (3)铁芯极面有污垢或磨损过度而不平; (4)短路环断裂; (5)铁芯夹紧螺栓松动,铁芯歪斜或机械卡住	(1)调整电源电压; (2)调整弹簧压力; (3)清除污垢、修整极面或更换铁芯; (4)更换短路环; (5)拧紧螺栓,排除机械故障
接触器动作缓慢	(1)动、静铁芯间的间隙过大; (2)弹簧的压力过大; (3)线圈电压不足; (4)安装位置不正确	(1)调整机械部分,减小间隙; (2)调整弹簧压力; (3)调整线圈电压; (4)重新安装
断电后接触器不释放	(1)触点弹簧压力过小; (2)动铁芯或机械部分被卡住; (3)铁芯剩磁过大; (4)触点熔焊在一起; (5)铁芯极面有油污或尘埃	(1)调整弹簧压力或更换弹簧; (2)调整零件位置,消除卡住现象; (3)退磁或更换铁芯; (4)修理或更换触点; (5)清理铁芯极面
线圈过热或烧毁	(1)弹簧的压力过大; (2)线圈额定电压、频率或通电持续等与使用条件不符; (3)操作频率过高; (4)线圈匝间短路; (5)运动部分卡住; (6)环境温度过高; (7)空气潮湿或含腐蚀性气体; (8)交流铁芯极面不平	(1)调整弹簧压力; (2)更换线圈; (3)更换接触器; (4)更换线圈; (5)排除卡住现象; (6)改变安装位置或采取降温措施; (7)采取防潮、防腐蚀措施; (8)清除极面或调换铁芯

续表

常见故障	可能原因	排除方法
触点过热或灼伤	(1)触点弹簧压力过小; (2)触点表面有油污或表面高低不平; (3)触点的超行程过小; (4)触点的断开能力不够; (5)环境温度过高或散热不好	(1)调整弹簧压力; (2)清理触点表面; (3)调整超行程或更换触点; (4)更换接触器; (5)接触器降低容量使用
触点熔焊在一起	(1)触点弹簧压力过小; (2)触点断开能力不够; (3)触点开断次数过多; (4)触点表面有金属颗粒突起或异物; (5)负载侧短路	(1)调整弹簧压力; (2)更换接触器; (3)更换触点; (4)清理触点表面; (5)排除短路故障,更换触点
相间短路	(1)可逆转的接触器联锁不可靠,致使两个接触器同时投入运行而造成相间短路; (2)接触器动作过快,发生电弧短路; (3)尘埃或油污使绝缘性能变坏; (4)零件损坏	(1)检查电气联锁与机械联锁; (2)更换动作时间较长的接触器; (3)经常清理保持清洁; (4)更换损坏的零件

三、交流接触器的检测

1.外观检查

外观检查包括检查交流接触器是否完整无缺,外观是否有破损,各接线端和螺钉是否完好。

2.主触点的检测

将万用表调到蜂鸣挡,用万用表的两支表笔分别接到交流接触器的一对主触点的两端,没有蜂鸣声;将动铁芯按下后,若有蜂鸣声,则说明交流接触器的主触点可以正常工作,否则就是有损坏。

3.辅助触点的检测

将万用表调到蜂鸣挡,用万用表的两支表笔分别接到交流接触器的一对辅助触点的两端,有(没有)蜂鸣声;按下按钮,没有(有)蜂鸣声,说明这对触点是辅助触点的常开(常闭)触点,交流接触器的辅助触点可以正常工作,否则就是有损坏。

4.线圈的检测

将万用表调到 $R \times 1k$ 电阻挡,用万用表的两支表笔分别接到交流接触器线圈的两端,测量线圈电阻。

四、交流接触器的拆装

(一)接触器拆卸步骤

1.拆卸灭弧罩
拆下灭弧罩上面的紧固螺钉,取下灭弧罩。

2.拆卸主触点
用手向上拉紧主触点定位弹簧夹,取下主触点的动触点桥及主触点压力弹簧片。拆卸主触点的动触点时必须将主触点侧转 45°后取下。拧出主触点的静触点与接线座铜条上的螺钉,即可将主触点取下。

3.拆卸辅助触点的静触点
松开辅助常开静触点的接线柱螺钉,取下辅助常开静触点。

4.拆卸底部盖板
将接触器倒置,底部朝上,松开接触器底部的盖板螺钉,取下盖板。在松盖板螺钉时,必须用另一只手压住胶木盖板,以防缓冲弹簧的弹力将盖板弹出。

5.拆卸静铁芯
取下由底部盖板压住的静铁芯及缓冲绝缘纸片,取下静铁芯支架及缓冲弹簧。

6.拆卸电磁线圈
拔出线圈接线端的弹簧夹片,取下线圈。

7.拆卸衔铁及支架
取下反作用弹簧,取下衔铁和支架,从支架上取下动铁芯定位销,取下动铁芯及缓冲绝缘纸片。至此,接触器的拆卸基本结束。接触器拆卸如图 19-5 所示。

(二)接触器的修理及装配

接触器需修理或更换的元器件主要是动、静主触点和电磁线圈。修理后的装配可按与拆卸相反的步骤进行。

(三)接触器的功能测试

接触器可以通过断电或通电方式实现功能测试。

断电测试时,选择万用表电阻挡的合适量程来检查线圈是否良好;使用蜂鸣器挡检查主触点、辅助触点是否良好,测试时用手按住绝缘连杆顶端。注意检查运动部分是否灵活,以防接触不良、产生振动和噪声。用兆欧表检查各主触点间及主触点对外壳绝缘电阻是否符合要求。

通电测试时,根据铭牌数据接入线圈电压,检查主触点、辅助触点是否良好。

(四)拆装注意事项

(1)拆卸过程中,应备有盛放零部件的容器,以免丢失零部件。零部件应按顺序整齐放置,以便于装配。

(2)拆装过程中不允许硬撬,以免损坏电器。装配辅助静触点时,要防止卡住动触点。

(3)通电测试时,接触器应固定在控制板上,并有人监护,以确保用电安全。

(4)调整触点压力时,注意不得损坏接触器的主触点。

(a)

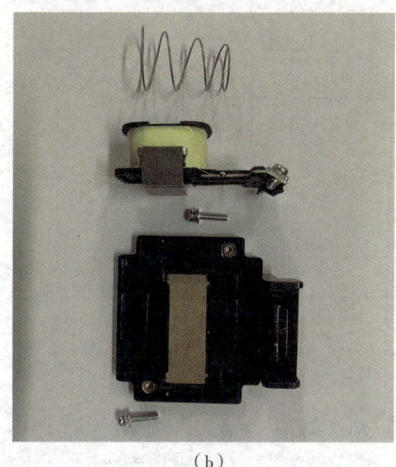

(b)

图 19-5　接触器拆卸

第三节　继电器的常见故障及修理

一、热继电器的基本概念

热继电器是用来对电动机进行过载、缺相保护的,不能用作短路保护。

1.热继电器的组成与原理

电动机运行正常时,触点不动作。电动机过载时,发热元件发热超过额定值,使双金属片变形弯曲度增加,通过导板推动触点断开,控制回路断电交流接触器断电释放,保护电动机。

热继电器由热元件和触点两部分组成。使用时,热元件串联在主电路中,常闭触点串联在控制回路中。至少用两只发热元件。

2.热继电器的符号

热继电器的符号如图19-6所示。

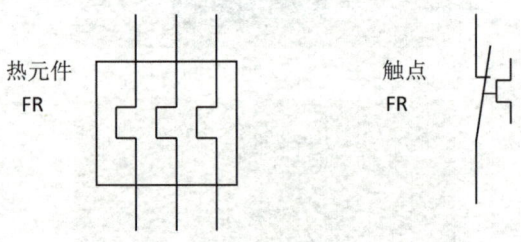

图 19-6　热继电器的符号

二、热继电器的调整与复位

1.热继电器的调整

按电动机的额定电流选择热继电器,热元件的额定电流为电动机额定电流的 1.1~1.25 倍。热继电器的整定值为电动机的额定电流。如电动机的额定电流为 18 A,则转动调整旋钮,使18 和 A 对准标记即可,如图19-7所示。

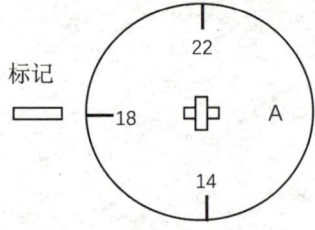

图 19-7　热继电器的调整示意图

2.热继电器的复位

热继电器在动作以后有以下两种复位方式(可人为选择):触点自动复位;必须按动复位按钮触点才能复位。

JR16B 型热继电器可以选择自动复位或手动复位。其原始设定状态为自动复位,要手动复位,可从旁边圆孔将选择螺钉旋出。

三、热继电器的常见故障及处理方法

1.热继电器不动作或动作迟缓

故障原因:整定电流值过大、热元件损坏或脱焊、动作机构卡阻、双金属片老化或变形等。

处理方法:合理调整整定电流值,更换损坏或脱焊的热元件,消除动作机构卡阻因素,更换老化或变形的双金属片。

2.热继电器误动作

故障原因:整定电流值过小、环境温度过高、连接导线过细、电动机启动时间过长、内部机构松动等。

处理方法:合理调整整定电流值,改善环境温度,更换合适截面积的连接导线,根据电动机情况选择合适的热继电器,固定内部松动部件。

3.热继电器动作不稳定

故障原因:内部机构松动、双金属片弯曲、电源电压波动、接线螺钉松动等。

处理方法:加固内部机构,校正或更换双金属片,稳定电源电压,拧紧接线螺钉。

4.主电路或控制电路不通

故障原因:热元件烧毁、接线螺钉未拧紧、触点烧毁或触片弹性消失、调整螺钉位置不当等。

相应的处理方法:更换烧毁的热元件,拧紧接线螺钉,修理或更换触点和触片,调整螺钉至合适位置。

四、逆功率继电器的常见故障及修理

(一)逆功率继电器的功能

逆功率继电器是船舶电站中重要的保护元件之一,主要功能是感知电流的方向,并在出现逆功率时,自动将交流发电机与电网断开,以保护发电机组和电网的安全运行。例如 NGJ-1 型逆功率继电器是国内最新一代产品,外形美观,功能齐全,调节方便,具有自检功能,重量轻,体积小、仅为国内同类产品的三分之一,质量稳定可靠。

(二)逆功率继电器的技术性能

(1)在电网电压变化为额定电压的±10%范围内、频率变化为额定频率的±5%范围内的装

置能正常工作;

(2)逆功率继电器电源:100 V(或 400 V),50/60 Hz,A、C 两相、功耗小于 2 V·A。

(3)当并联运行机组的逆功率达额定频率的 3%~15%(连续可调)延时 3~10 s(连续可调),逆功率继电器动作(一组无源常开变为闭合)。

(4)环境条件:环境温度为 0~55 ℃,相对湿度为 95%,在船舶航行中会受到冲击、振动,有油雾、盐雾。

(三)逆功率继电器的常见故障及处理方法

1.无法感知电流方向
原因:内部元件损坏或老化,导致无法准确检测电流方向。
处理方法:检查内部元件,及时更换损坏或老化的元件。

2.触点故障
原因:触点松动、磨损、熔焊或接触不良,导致无法正常通断电路。
处理方法:检查触点表面情况,清理氧化层或污垢,调整触点压力,必要时更换触点。

3.线圈故障
原因:线圈断线、短路或绝缘损坏,导致继电器无法正常工作。
处理方法:检查线圈的连通性和绝缘情况,修复或更换损坏的线圈。

4.参数不稳定
原因:铆装处松动、结合强度差,导致继电器参数变化大。
处理方法:仔细检查工模具和被铆零件,确保符合要求,重新铆装。

5.电磁系统故障
原因:铁芯接触不严密、有异物或油污染,导致衔铁吸不上或噪声大。
处理方法:检查铁芯接触面,清除异物或油污,确保接触平整。

6.绝缘子损伤
原因:插脚弯曲、玻璃绝缘子掉块或开裂,导致绝缘性能下降。
处理方法:轻拿轻放,避免机械损伤,更换损坏的绝缘子。

7.操作不稳定
原因:连接松动、电磁干扰或继电器老化。
处理方法:检查连接是否牢固,远离干扰源,必要时更换新的继电器。

五、时间继电器的常见故障及修理

1.时间继电器的功能
时间继电器是接收到输入信号后延迟一段时间进行响应的电器件。

2.时间继电器的分类
时间继电器按延时方式可分为通电延时型和断电延时型两大类。

（1）通电延时型时间继电器

通电延时型时间继电器当线圈通电后触点要延迟一段时间才动作,而且延迟时间的长短是可调的。线圈断电后,触点立刻复位。通电延时型时间继电器是用得较多的一种时间继电器,其符号如图19-8所示。

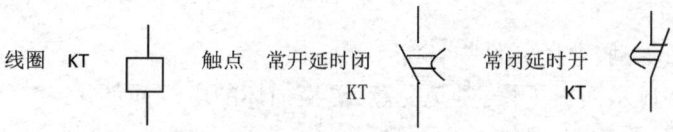

图19-8　通电延时型时间继电器的符号

（2）断电延时型时间继电器

断电延时型时间继电器是线圈通电后触点立刻动作,但是线圈断电后触点不能立刻复位,而是要延迟一段时间,延迟时间的长短是可调的,其符号如图19-9所示。

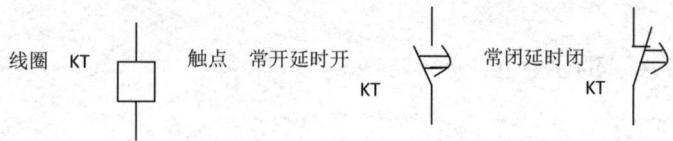

图19-9　断电延时型时间继电器的符号

3.时间继电器的常见故障及处理方法

（1）延时不准确

原因:气囊密封不严或漏气、气道阻塞、非磁垫片受损、钟表机构故障、环境温度变化等。

处理方法:检查气囊和气道的密封性,更换气囊或清理气道;更换损坏的非磁垫片和钟表机构;多次操作以排除故障;调整设定值以适应环境变化。

（2）电源故障

原因:电源电压不稳定、电源线路短路或断路、插头或插座接触不良等。

处理方法:使用稳定的电源设备或电源稳压器;修复电源线路的短路或断路;更换接触不良的插头或插座。

（3）触点故障

原因:触点容量不够、触点压力不够、表面氧化或不清洁等。

处理方法:根据触点材质,使用油光锉或小刀清理触点表面的氧化层或灼伤痕迹;用汽油或四氯化碳清洗触点表面;更换熔焊的触点或容量更大的继电器;调整或更换弹簧以增大触点压力。

（4）电磁系统故障

原因:线圈绝缘损坏、匝间短路或接地、线圈烧毁、铁芯故障等。

处理方法:检查线圈绝缘和引出线连接处,更换损坏的线圈;检查电源电压,确保铁芯正常吸合;锉平或磨平铁芯接触面,清洗油污。

（5）通电后不工作

原因:电源线接触不良、电源电压不符合要求、内部电子元件损坏等。

处理方法:检查并确保电源线接触良好;使用符合要求的电源电压;更换损坏的内部电子

元件。

（6）工作过程中出现异常声音

原因：内部机械结构损坏、电子元件过热等。

处理方法：检查并更换损坏的内部机械结构部件；确保电子元件散热良好，避免过热。

（7）显示面板损坏

原因：显示面板受潮、电子元件损坏等。

处理方法：保持显示面板干燥，避免受潮；更换损坏的电子元件。

第四节　熔断器的常见故障、拆装及修理

一、熔断器的结构和特征

1.插入式熔断器

插入式熔断器用于实现电气设备短路保护或过载保护的低压电路。熔断器装有熔丝或熔片，使用时熔丝的额定电流不能超过瓷件上标明的额定电流，否则熔丝烧断时产生的电弧极强，会烧坏熔断器。

2.螺旋式熔断器

螺旋式熔断器在熔断管内装有熔丝和石英砂，熔断管一端有色点，当熔丝熔断时，色点就跳出，指示出熔丝已断。

3.有填料封闭管式熔断器

有填料封闭管式熔断器由熔断管、熔体、指示器、填料和触点底座等部分组成。熔体用银带制成 V 形的狭窄截面或网状形式，使熔断器具有快速性，可作为半导体整流元件的短路保护及过载保护。

二、熔断器的选用

熔断器主要根据负载的情况和电路短路电流的大小来选择。对于容量较小的照明线路或电动机的保护，可选用半封闭管式熔断器或无填料封闭管式熔断器；对于短路电流相当大的电路或有易燃气体的地方，应选用有填料封闭管式熔断器；对于晶闸管及硅元件的保护，应选用快速熔断器。

由于各种电气设备都具有一定的过载能力，当过载能力较弱时，可允许较长时间运行，而超过某一过载倍数时，就要求熔体在一定时间内熔断。还有一些设备启动电流很大，如三相异步电动机的启动电流是额定电流的 5~7 倍，因此，选择熔体时必须考虑设备的特性。

熔断器熔体在短路电流的作用下应可靠熔断，起到应有的保护作用。如果熔体选择偏大，负载长期过载使熔体不能及时熔断；如果熔体选择偏小，熔体在正常负载电流的作用下就会熔

断。为保证设备的正常运行,必须根据设备的性质合理地选择熔体。

(1)照明支路:熔体额定电流≥支路上所有电灯的工作电流之和;

(2)单台直接启动电动机:熔体额定电流≥(1.5~2.5)×电动机额定电流;

(3)配电变压器低压侧:熔体额定电流=(1~1.2)×变压器低压侧额定电流。

三、熔断器使用时的注意事项

(1)根据各种电气设备的用电情况(电压等级、电流等级、负载变化情况等),在更换熔体时,应按规定换上相同型号、材料、尺寸、电流等级的熔体。

(2)按线路电压等级选用相应电压等级的熔断器,通常熔断器额定电压不应低于线路额定电压。

(3)根据配电系统中可能出现的最大短路电流,应选择具有相应分断能力的熔断器。

(4)在电路中,各级熔断器应相互配合。通常要求前一级熔体比后一级熔体的额定电流大 2~3 倍,以免发生越级动作而扩大停电范围。

(5)不能随便改变熔断器的工作方式,在熔体熔断后,应根据熔断管端头上所标明的规格换上相应的新熔断管。不能用一根熔丝搭在熔断管的两端,装入熔断器内继续使用。

(6)作为电动机保护装置的熔断器,应按要求选择熔丝。而熔断器只能做电动机主回路的短路保护,不能做过载保护。

(7)在接地线路、三相四线制的中性线路、直流电动机的励磁回路中不允许接入熔断器。

四、熔断器的常见故障

1.熔断器熔断
原因:电路过载、短路、熔断器额定电流选择不当或老化。
现象:电路断电,熔断器内部熔丝(熔体)断开或烧黑。

2.接触不良
原因:熔断器底座或触点氧化、松动、污垢堆积。
现象:熔断器发热,电路时通时断,甚至引发电弧。

3.熔断器外观损坏
原因:机械撞击、高温烧蚀或绝缘材料老化。
现象:外壳破裂、变形或碳化。

4.误动作或无法熔断
原因:熔体质量差、额定电流不匹配,或长时间过载未及时熔断。
现象:电路异常但熔断器未断开,可能导致设备损坏。

五、熔断器的拆装步骤

(1)断电并验电:关闭电源开关,使用验电笔确认电路无电。

(2)拆除熔断器：使用绝缘螺丝刀或专用工具松开熔断器两端的固定螺丝。垂直拔出熔断器(如为插入式)或拧下熔断器座(如为螺旋式)。

(3)检查底座：观察底座触点是否有氧化、烧蚀或松动现象，必要时应清洁或更换。

(4)选择匹配的熔断器：确保新熔断器的额定电流、额定电压与原规格一致。

(5)固定熔断器：将熔断器插入底座或旋入熔断器座，确保接触紧密。拧紧固定螺丝，避免虚接。

(6)通电测试：合闸后观察电路是否正常，有无异常发热或火花。

六、熔断器的修理与维护

1.熔断器熔断后的处理
直接更换：大多数情况下需更换新熔断器，禁止用铜丝、铁丝替代熔体。

排查故障：检查电路是否过载或短路，排除故障后再更换熔断器。

2.触点清洁与修复
用细砂纸打磨氧化或烧蚀的触点，清除污垢。若触点严重变形或烧毁，更换整个底座。

3.熔断器外壳修复
轻微破损可用绝缘胶带临时修复，但建议尽快更换新熔断器。严重碳化或开裂的熔断器必须报废。

4.熔体的更换
仅适用于可更换熔体的熔断器(如工业用刀型熔断器)。按原规格安装新熔体，确保连接牢固。

七、安全注意事项

(1)断电操作：拆装或修理前必须断电，避免触电或电弧烧伤。

(2)防护措施：戴绝缘手套和护目镜，使用绝缘工具。

(3)禁止带电更换：熔断器熔断后不可直接带电更换。

(4)环境要求：避免在潮湿、易燃环境下操作。

(5)定期检查：定期检查熔断器状态，清理灰尘，紧固螺丝。

第五节　电磁制动器的拆装及调整

一、圆盘式电磁制动器的结构与原理

圆盘式电磁制动器是把电磁力转换成机械制动力矩，从而使电动机断电后迅速停转的一种电器,如图 19-10 所示。大多数拖动位能性负载的电动机带有刹车装置,如起货机、锚机、吊艇机。

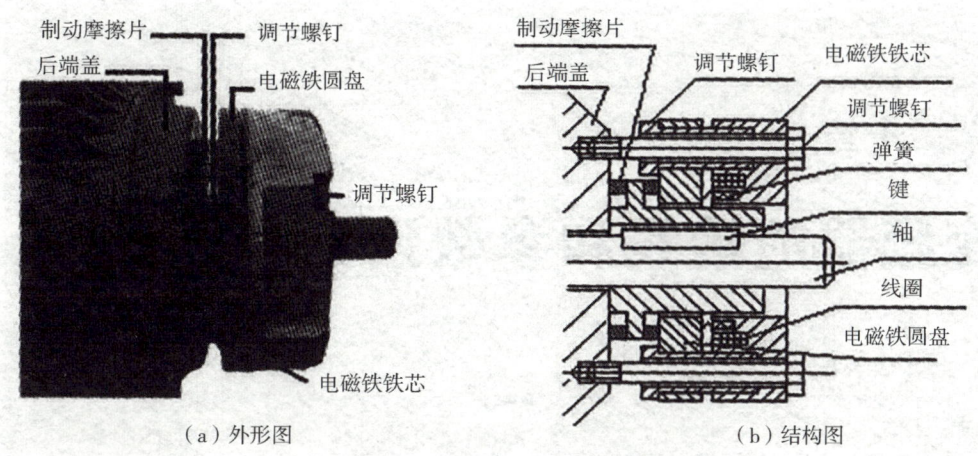

（a）外形图　　　　　　　　　　　　（b）结构图

图 19-10　圆盘式电磁制动器外形图与结构图

1.组成部分

圆盘式电磁制动器由电磁铁、弹簧、刹车片(制动摩擦片)、电磁铁圆盘等组成。

2.工作原理

工作时,电磁铁通电,吸引电磁铁圆盘克服弹簧力打开刹车,电动机运转。停止时,电磁铁断电释放,弹簧压迫电磁铁圆盘与制动摩擦片刹车。

二、电磁制动器间隙的测量与调整

1.间隙的测量

(1)电磁制动器允许的间隙应该在 0.6~2 mm。

(2)当电磁制动器线圈断电时,测量电磁铁圆盘与电磁铁铁芯端面之间的间隙。

(3)当电磁制动器线圈通电时,测量制动摩擦片与电磁铁圆盘及后端盖两侧之间的间隙。

(4)测量点一般选取通过制动器的起吊螺钉作为测量孔,用塞尺分别测量,然后取其平均值。

2.间隙的调整

通过上述方式进行测量后,依据测量结果进行间隙的调整,方式如下:

(1)电磁铁圆盘与电磁铁铁芯端面之间的间隙是通过电磁铁圆盘上的调节螺钉进行调节的。调节螺钉往里紧,是调小间隙,即减小摩擦力;反之,为增大摩擦力。

(2)制动摩擦片与电磁铁圆盘及后端盖两侧之间间隙的调整是通过电磁铁铁芯端面的调节螺钉进行调节的。调节螺钉往里紧,是调小间隙,即增大摩擦力;反之,为减小摩擦力。

(3)当刹车打不开时,可旋松圆盘式电磁制动器端面上的螺钉以增大摩擦片两侧的间隙来实现。调节时要均匀调节。

(4)适当的间隙是 0.6~2 mm,以满足起货机在起吊额定负荷时既能刹住车又不冒烟为准。

第二十章

变频器的接线和参数设定

第一节　通用变频器的外部接线

变频器(Variable Frequency Drive,VFD)是一种电力电子设备,主要用于调节交流电动机的速度和转矩。通过改变供给电动机的电源频率,变频器可以精确控制电动机的转速,从而满足不同的工艺需求。变频器主要作用包括:速度控制、节能、提高过程控制精度、保护电动机及设备、适应不同的负载需求、改善电网质量等。

一、变频器的主要作用

1.速度控制

这是变频器最核心的功能之一。它允许用户根据实际需要调整电动机的运行速度,而不是固定在一个速度上。这对于许多应用变频器的装置(比如传送带系统、泵和风机等)来说是非常重要的。

2.节能

对于一些负载随工作条件变化的应用(如水泵、风机),通过使用变频器来调节电动机的速度,可以在非高峰时段降低能耗,达到显著的节能效果。这是因为电动机的功率消耗与其转速的立方成正比,即使小幅减少转速也能大幅降低能耗。

3.提高过程控制精度

变频器能够提供平滑的启动和停止过程,以及精确的速度和转矩控制,有助于提高生产质量和效率。例如,在纺织业或印刷业中,对速度和位置的精确控制是至关重要的。

4.保护电动机及设备

变频器可以通过软启动和软停止功能来减小电动机启动时的冲击电流,从而降低机械系统的磨损和撕裂,延长设备的使用寿命。此外,变频器还提供了多种保护功能,如过流保护、过压保护、欠压保护、过载保护和过热保护等。

5.适应不同的负载需求

通过调整输出频率和电压,变频器可以使电动机在最佳效率点运行,适用于不同类型的负载需求,无论是恒转矩负载还是变转矩负载。

6.改善电网质量

现代变频器通常配备有谐波滤波器或主动前端技术,可以减少输入电流的谐波失真,从而改善电网质量,减少对其他电气设备的影响。

二、变频器选用要点

(一)负载特性与电动机参数

负载类型:明确负载性质(如恒转矩、变转矩或恒功率负载)。

恒转矩负载:如传送带、起重机,需选择过载能力强的变频器(通常为150%额定电流以上)。

变转矩负载:如风机、水泵,可选择普通型变频器,优先考虑节能功能。

电动机参数:匹配电动机的额定功率、电压、电流、极数及频率范围,避免过载或欠载运行。

(二)变频器性能参数

功率容量:变频器额定功率需不小于电动机功率,重载或频繁启停场合需留有20%~30%余量。

输出频率范围:是否需超低频(如0.5 Hz以下)或高频(如400 Hz以上)输出。

控制方式:

(1)V/F控制:成本低,适用于简单调速场景(如风机)。

(2)矢量控制(开环/闭环):适合高精度转矩或速度控制(如机床、卷绕设备)。

过载能力:一般需支持120%~150%过载持续1 min,重载应用需更高指标。

(三)环境适应性

1.安装环境

(1)温度:通常要求-10~40 ℃,高温环境需降温或加强散热(如加装风扇)。

(2)湿度:避免结露(相对湿度<90%),在潮湿环境下须选防潮型或提高IP等级。

(3)防护等级(IP):粉尘多,选IP54以上,在腐蚀性气体环境下须有防腐蚀设计。

2.电磁兼容性(EMC)

(1)加装输入/输出电抗器、滤波器,以减少谐波干扰。

(2)避免与敏感设备(如PLC、传感器)共用电源。

(四)功能需求

(1)工艺功能:

①PID调节(压力、流量闭环控制)。

②多段速设定、点动运行、跳跃频率(避开机械共振点)。

③制动功能:需配置制动单元/电阻(如升降机、离心机)。

(2)通信接口:支持现场总线(如 PROFINET、EtherCAT)或工业协议(Modbus RTU/TCP),便于集成到自动化系统。

(3)安全功能:紧急停机(Safe Torque Off,STO)、故障自诊断、过温/过流保护。

三、维护与保养重点

检查运行环境,如温度、湿度等。温度过高应打开变频器盖板,以提高散热效率;清洁灰尘,确保变频器周边无异味、无易燃易爆气体。

检查变频器本体有无异常振动、有无异常噪声、有无异味,端子是否紧固。

检查电动机运行时是否平稳、温度是否正常。

检查输入输出参数,如输入电压、电流、输出电流等。

四、变频器的典型接线

常规变频器的生产厂家众多,较为著名的有 ABB、西门子、施耐德电气、三菱、汇川技术、英威腾、台达等,同样地,变频器的型号也是非常繁多时。本节主要以西门子 SINAMICS V20型变频器型三相交流 400 V 变频器为例做讲解。

图 20-1 所示是一个典型的变频器接线方式,大家可以注意到图中变频器为三相 400 V 变频器,三相 400 V 电源电压通过熔断器、接触器、进线电抗器、滤波器接入 V20 变频器的电源端子:L1、L2、L3。V20 变频器的电动机端子 U、V、W 通过输出电抗器连接到电动机,所有设备的PE 端子连接到一起,必须始终接地 V20 变频器的直流端子。制动端子通过连接制动单元和制动电阻来实现能耗制动,当然,不是所有的控制系统都需要连接制动电阻,在需要调节制动强度或实现可控能耗制动的系统中,我们可以连接制动电阻来优化制动性能并保护电路。

通过扩展端口连接 BOP 接口模块与外接 BOP 面板,可以实现远程操作变频器,或者连接参数下载器实现参数克隆,也可以安装智能连接模块,通过此模块可以实现从所连设备对变频器进行快速调试、参数设置、诊断、备份与恢复等操作。

SINAMICS V20 的主电路和控制电路接线图如图 20-2 所示。

同等条件下,使用屏蔽电缆的电动机电缆长度小于非屏蔽电缆的电动机电缆长度,带输出电抗器的电动机电缆长度大于不带输出电抗器的电动机电缆长度。

如果 400 V 变频器上接 230 V 或 400 V 电动机,电动机的运行频率为 87 Hz 而非 50 Hz 时,以及 230 V 变频器上接 120 V 或 230 V 电动机,电动机的运行频率为 87 Hz 而非 50 Hz 时,则电动机应该选择三角形接法。

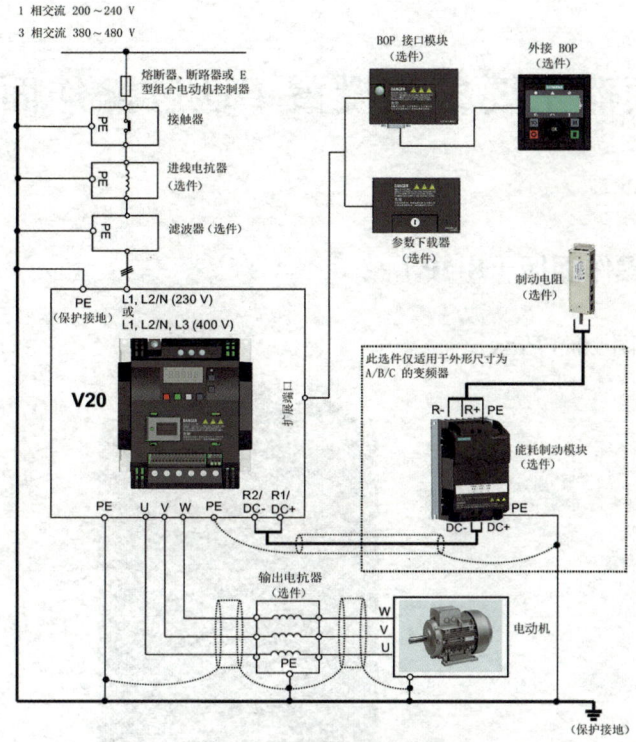

图 20-1　变频器典型接线

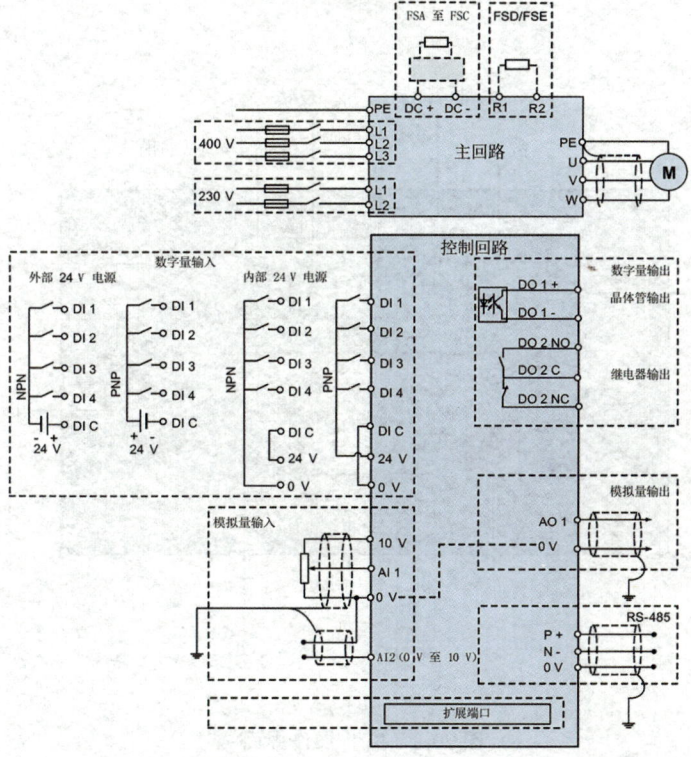

图 20-2　SINAMICS V20 的主电路和控制电路接线图

第二节　变频器主要参数设置（通过操作面板 BOP-2）

一、内置基本操作面板（BOP）

BOP 操作界面如图 20-3 所示。

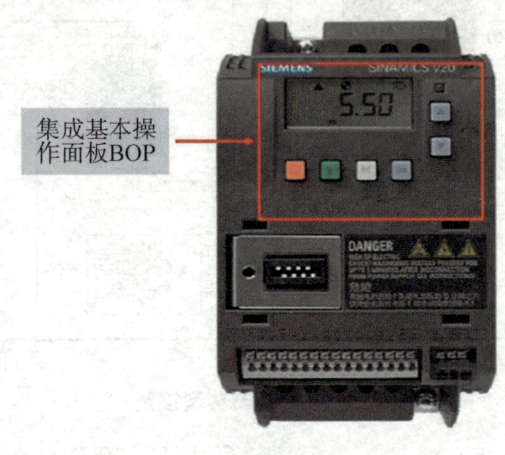

（a）

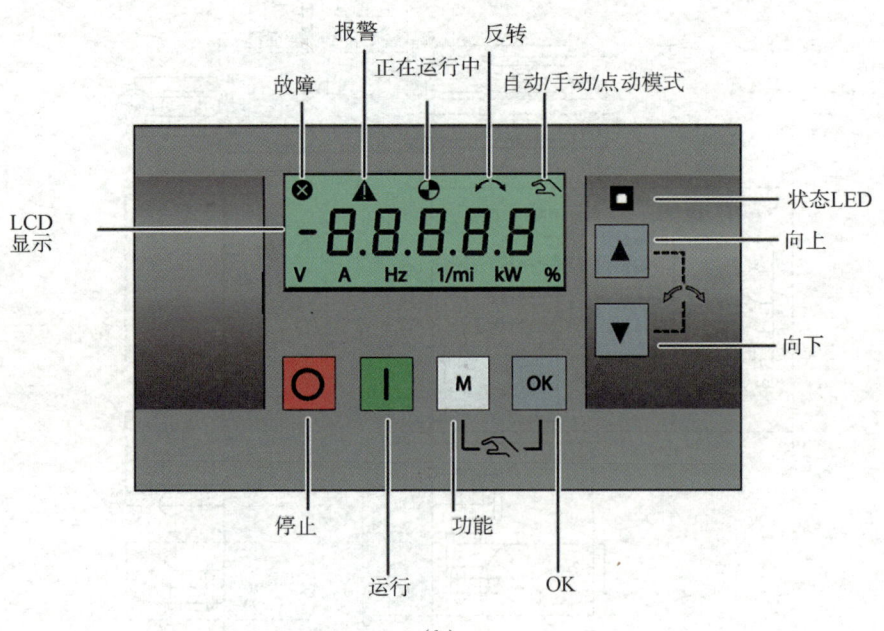

（b）

图 20-3　BOP 操作界面

按钮功能如表 20-1 所示。

表 20-1 按钮功能

	停止变频器	
	单击	OFF1 停车方式:电动机按参数 P1121 中设置的斜坡下降时间减速停车。 说明:若变频器配置为 OFF1 停车方式,则该按钮在"自动"运行模式下无效
	双击(<2 s)或长按(>3 s)	OFF2 停车方式:电动机不采用任何斜坡下降时间按惯性自由停车
	启动变频器: 若变频器在"手动"/"点动"运行模式下启动,则显示变频器运行图标(🌐)。 说明:若当前变频器处于外部端子控制(P0700=2,P1000=2)并处于"自动"运行模式,则该按钮无效	
	多功能按钮	
	短按(<2 s)	·进入参数设置菜单或转至下一显示画面; ·就当前所选项重新开始按位编辑; ·返回故障代码显示画面; ·在按位编辑模式下连按两次即可返回编辑前画面
	长按(>2 s)	·返回状态显示画面; ·进入设置菜单
	短按(<2 s)	·在状态显示数值间切换; ·进入数值编辑模式或换至下一位; ·清除故障; ·返回故障代码显示画面
	长按(>2 s)	·快速编辑参数号或参数值; ·访问故障信息数据
	自动/手动/点动 按下该组合键在不同运行模式间切换 说明:只有当电动机停止运行时才能启用点动模式	

续表

▲	·当浏览菜单时,按下该按钮即可向上选择当前菜单下可用的显示画面; ·当编辑参数值时,按下该按钮即可增大数值; ·当变频器处于"运行"模式时,按下该按钮即可增大速度; ·长按(>2 s),该按钮即可快速向上滚动参数号、参数下标或参数值
▼	·当浏览菜单时,按下该按钮即可向下选择当前菜单下可用的显示画面; ·当编辑参数值时,按下该按钮即可减小数值; ·当变频器处于"运行"模式,按下该按钮即可减小速度; ·长按(>2 s),该按钮即可快速向下滚动参数号、参数下标或参数值
▲+▼	使电动机反转。按下该组合键一次可启动电动机反转。再次按下该组合键可撤销电动机反转。变频器上显示反转图标(⌒)表明输出速度与设定值相反

说明:除非特别说明,所有上述键的操作均表示短按(<2 s)。

变频器状态图标含义如表 20-2 所示。

表 20-2　变频器状态图标含义

✖		变频器至少存在一个未处理故障
⚠		变频器至少存在一个未处理报警
⊕	⊕:	变频器在运行中(电动机转速可能为 0 r/min)
	⊕(闪烁):	变频器可能被意外上电(例如,霜冻保护模式时)
⌒		电动机反转
✍	✍:	变频器处于"手动"模式
	✍(闪烁):	变频器处于"点动"模式

变频器菜单含义如表 20-3 所示,菜单结构如图 20-4 所示。

表 20-3　变频器菜单含义

菜单	描述
50/60 Hz 频率选择菜单	此菜单仅在变频器首次上电时或者工厂复位后可见
主菜单	
显示菜单(默认显示)	显示诸如频率、电压、电流、直流母线电压等重要参数的基本监控画面
设置菜单	通过此菜单访问用于快速调试变频器系统的参数
参数菜单	通过此菜单访问所有可用的变频器参数

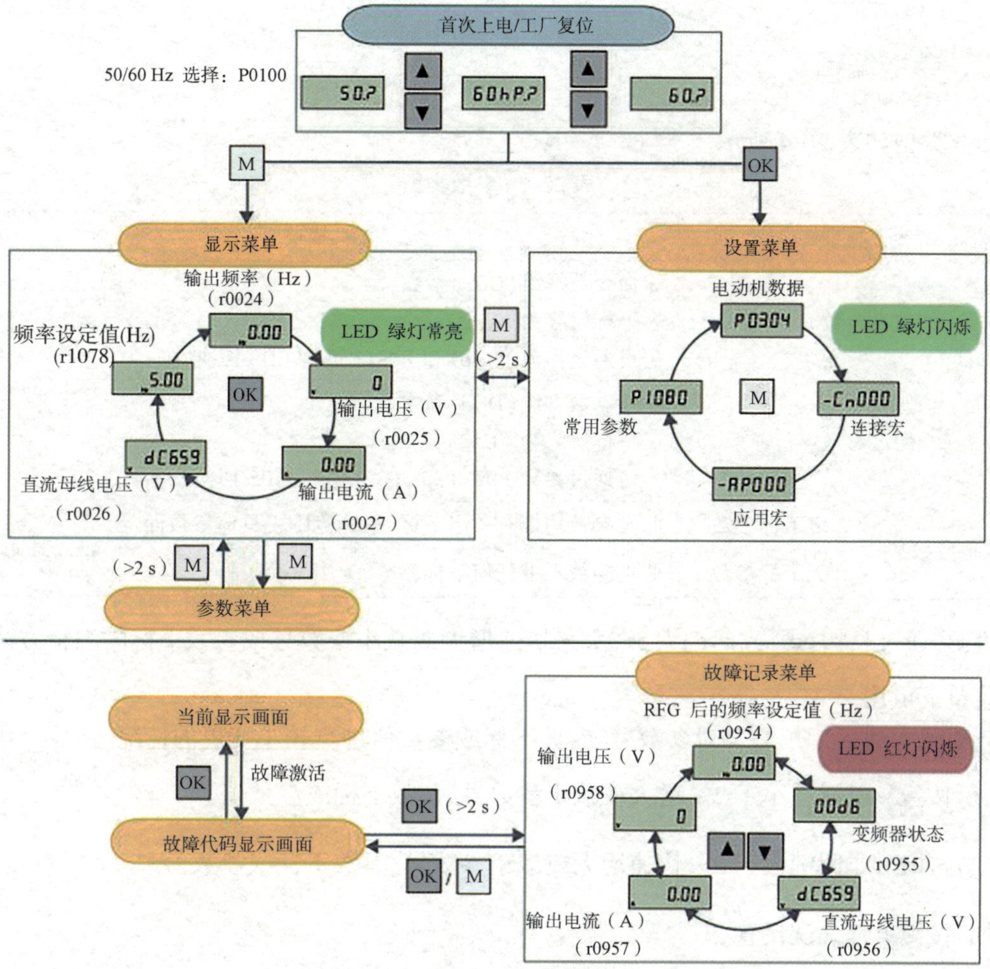

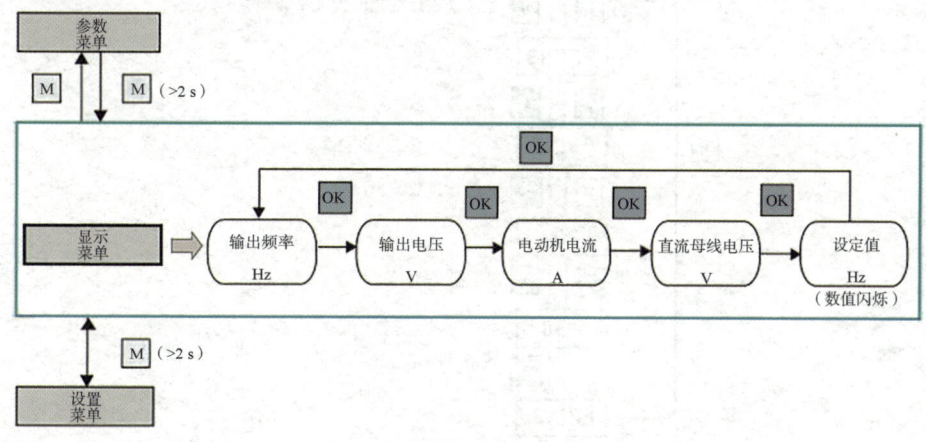

图 20-4 变频器菜单结构

显示菜单可以显示诸如频率、电压、电流等关键参数,从而实现对变频器的基本监控。变频器参数查看的操作过程如图 20-5 所示。

图 20-5 查看变频器参数

二、参数编辑

参数类型如表 20-4 所示。

表 20-4　参数类型

参数类型		描述
CDS 参数		·命令数据组（CDS）参数； ·下标始终为[0...2]； ·可通过参数 P0810 和 P0811 进行 CDS 切换
DDS 参数		·传动数据组（DDS）参数； ·下标始终为[0...2]； ·可通过参数 P0820 和 P0821 进行 DDS 切换
其他参数	多下标参数	此类参数均带有一组下标,下标范围视具体参数而定
	无下标参数	此类参数不带任何下标

说明:通过长按 ▲ 或回键大于 2 s 来快速增大或减小参数号或参数下标的编辑方法仅在参数菜单下可用。

此编辑方法适用于需要对参数号、参数下标或参数值进行较小变更的情况。

(1)按 ▲ 或回键小于 2 s 增大或减小参数号、参数下标或参数值。

(2)按 ▲ 或回键大于 2 s 快速增大或减小参数号、参数下标或参数值。

(3)按 ▲ 键确认设置。

(4)按回键取消设置。

编辑参数值示例如图 20-6 所示。

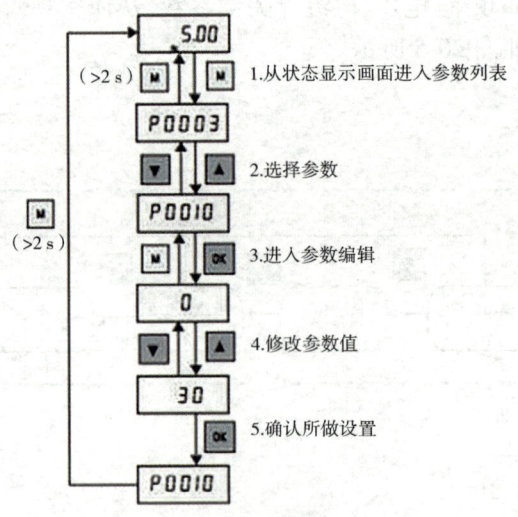

图 20-6　编辑参数值示例

屏幕基本显示字样如表 20-5、表 20-6 所示。

表 20-5 屏幕基本显示字样 1

屏幕信息	显示	含义
"88888"	88888	变频器正在执行内部数据处理
"—————"	-----	操作未完成或无法执行
"P××××"	P0304	可写参数
"r××××"	r0026	只读参数
"in×××"	in001	参数下标
十六进制数字	E631	十六进制格式的参数值
"b×××"	b06 0 位号　信号状态： 0：低 1：高	二进制格式的参数值
"F×××"	F395	故障代码
"A×××"	A930	报警代码
"Cn×××"	Cn001	可设置的连接宏
"−Cn×××"	-Cn011	当前选定的连接宏
"AP×××"	AP030	可设置的应用宏
"−AP×××"	-AP010	当前选定的应用宏

表 20-6　屏幕基本显示字样 2

"A"	R	"G"	9	"N"	n	"T"	t
"B"	b	"H"	h	"O"	o	"U"	u
"C"	C	"I"	i	"P"	P	"V"	u
"D"	d	"J"	J	"Q"	q	"X"	H
"E"	E	"L"	L	"R"	r	"Y"	Y
"F"	F	"M"	m	"S"	5	"Z"	2
0 至 9	0123456789					"?"	?

LED 颜色变化会指示变频器的不同状态,如表 20-7 所示。SINAMICS V20 只有一个 LED 状态指示灯,此 LED 灯可显示橙色、绿色或红色。如果变频器同时存在多个状态,则 LED 指示灯按照以下优先级顺序显示:参数克隆、调试模式、发生故障、准备就绪(无故障)。

例如,如果变频器在调试模式下发生故障,则 LED 指示灯以 0.5 Hz 的频率呈绿色闪烁。

表 20-7　变频器不同状态下 LED 的颜色

变频器状态	LED 颜色	
上电	橙色	■
准备就绪(无故障)	绿色	■
调试模式	绿色,以 0.5 Hz 缓慢闪烁	■
发生故障	红色,以 2 Hz 快速闪烁	■
参数克隆	橙色,以 1 Hz 闪烁	■

在将变频器系统上电之前请执行以下检查:

(1)检查所有电缆是否正确连接,以及是否已采取所有相关的产品、工厂/现场安全预防措施。

(2)确保电动机和变频器的配置对应正确的电源电压。

(3)将所有螺钉拧紧至指定的紧固扭矩。

三、实践过程中的参数设置

(一)设置电源频率(50/60 Hz)

50/60 Hz 选择菜单仅在变频器首次开机时或工厂复位后(P0970)可见,如图 20-7 所示。用户可以通过 BOP 选择频率或者不做选择直接退出该菜单。在此情况下,该菜单只有在变频器进行工厂复位后才会再次显示。

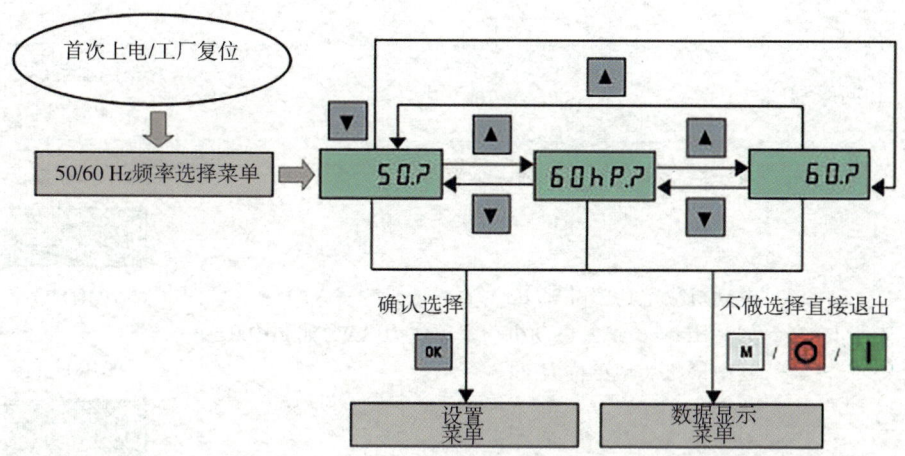

图 20-7 首次开机时或工厂复位后频率选择

用户也可以通过设置 P0100 的值选择电动机额定频率,P0100 参数对应值的含义如表 20-8 所示。此菜单根据电动机使用地区设置电动机的基础频率。通过设置此菜单确定功率数值(例如,电动机额定功率 P0307)用[kW]或[hp]表示。

表 20-8 P0100 参数对应值的含义

参数	值	描述
P0100	0	电动机基础频率为 50 Hz(工厂缺省值)→欧洲[kW]
	1	电动机基础频率为 60 Hz→美国/加拿大[hp]
	2	电动机基础频率为 60 Hz→美国/加拿大[kW]

(二) 设置电动机数据

用户通过表 20-9 中的电动机参数设置电动机铭牌数据。若将参数 P8553 设定 1,则此菜单显示文本而非参数号。

表 20-9 电动机参数设置

参数	访问级别	功能	文本菜单 (若 P8553=1)
P0100	1	50/60 Hz 频率选择; =0:欧洲[kW],50 Hz(工厂缺省值); =1:北美[hp],60 Hz; =2:北美[kW],60 Hz	`EU-US` (EU-US)
P0304[0]●	1	电动机额定电压[V]: 请注意输入的铭牌数据必须与电动机接线(星形/三角形)一致	`NotU` (MOTV)
P0305[0]●	1	电动机额定电流[A]: 请注意输入的铭牌数据必须与电动机接线(星形/三角形)一致	`NotA` (MOTA)

续表

参数	访问级别	功能	文本菜单 （若 P8553＝1）
P0307[0]●	1	电动机额定功率[kW/hp]： 如 P0100＝0 或 2，电动机功率单位为[kW] 如 P0100＝1，电动机功率单位为[hp]	P0100＝0 或 2： **NotP** （MOTP） P0100＝1： **NothP** （MOTHP）
P0308[0]●	1	电动机额定功率因数（cosφ）： 仅当 P0100＝0 或 2 时可见	**MCoS** （MCOS）
P0309[0]●	1	电动机额定效率[%]： 仅当 P0100＝1 时可见； 此参数设为 0 时内部计算其值	**MEFF** （MEFF）
P0310[0]●	1	电动机额定频率[Hz]	**MFrE9** （MFREQ）
P0311[0]●	1	电动机额定转速[RPM]	**MrPM** （MRPM）
P1900	2	选择电动机数据识别： ＝0：禁止； ＝2：静止时识别所有参数	**Notid** （MOTID）

（三）设置常用参数

用户可以通过表 20-10 进行常用参数的设置，从而实现变频器性能优化。若将参数 P8553 设定 1，则此菜单显示文本而非参数号。

表 20-10　常用参数设置

参数	访问级别	功能	文本菜单(若 P8553=1)	参数	访问级别	功能	文本菜单(若 P8553=1)
P1080[0]	1	最小电动机频率	卪ｉｎ F（MINF）	P1001[0]	2	固定频率设定值 1	FｉＨFｌ（FIXF1）
P1082[0]	1	最大电动机频率	卪ＡＨ F（MAXF）	P1002[0]	2	固定频率设定值 2	FｉＨF2（FIXF2）
P1120[0]	1	斜坡上升时间	ｒ卪PUP（RMPUP）	P1003[0]	2	固定频率设定值 3	FｉＨF3（FIXF3）
P1121[0]	1	斜坡下降时间	ｒ卪Pdｎ（RMPDN）	P2201[0]	2	固定 PID 频率设定值 1	PｉdFｌ（PIDF1）
P1058[0]	2	正向点动频率	JoｇP（JOGP）	P2202[0]	2	固定 PID 频率设定值 2	PｉdF2（PIDF2）
P1060[0]	2	点动斜坡上升时间	JoｇUP（JOGUP）	P2203[0]	2	固定 PID 频率设定值 3	PｉdF3（PIDF3）

(四)快速调试

除设置菜单外,用户也可以通过参数菜单对变频器进行快速调试,如表 20-11 所示。

表 20-11　快速调试参数设置

参数	功能	设置
P0003	用户访问级别	=3(专家访问级别)
P0010	调试参数	=1(快速调试)
P0100	50/60 Hz 频率选择	根据需要设置参数值: =0:欧洲[kW],50 Hz(工厂缺省值); =1:北美[hp],60 Hz; =2:北美[kW],60 Hz
P0304[0]●	电动机额定电压[V]	范围:10~2 000。 说明: 输入的铭牌数据必须与电动机接线(星形/三角形)一致

213

续表

参数	功能	设置
P0305[0] ●	电动机额定电流[A]	范围:0.01~10 000。 说明: 输入的铭牌数据必须与电动机接线(星形/三角形)一致
P0307[0] ●	电动机额定功率[kW/hp]	范围:0.01~2 000。 说明: 如 P0100 = 0 或 2,电动机功率单位为[kW]; 如 P0100 = 1,电动机功率单位为[hp]
P0308[0] ●	电动机额定功率因数($\cos\varphi$)	范围:0.000~1.000。 说明: 此参数仅当 P0100 = 0 或 2 时可见
P0309[0] ●	电动机额定效率[%]	范围:0.0~99.9。 说明: 仅当 P0100 = 1 时可见; 此参数设为 0 时内部计算其值
P0310[0] ●	电动机额定频率[Hz]	范围:12.00~550.00
P0311[0] ●	电动机额定转速[RPM]	范围:0~40 000
P0335[0]	电动机冷却	根据实际电动机冷却方式设置参数值: =0:自冷(工厂缺省值); =1:强制冷却; =2:自冷与内置风扇; =3:强制冷却与内置风扇
P0640[0]	电动机过载系数[%]	范围:10.0~400.0(工厂缺省值:150.0)。 说明: 该参数相对于 P0305(电动机额定电流)定义电动机过载电流极限值
P0700[0]	选择命令源	=0:出厂默认设置; =1:操作面板(工厂缺省值); =2:端子; =5:RS485 上的 USS/MODBUS
P1000[0]	频率设定值选择	范围:0~77(工厂缺省值:1)。 =0:无主设定值; =1:MOP 设定值; =2:模拟量设定值; =3:固定频率; =5:RS485 上的 USS/MODBUS; =7:模拟量设定值 2

续表

参数	功能	设置
P1080[0]	最小频率[Hz]	范围:0.00~550.00(工厂缺省值:0.00)。 说明: 此参数中所设定的值对正转和反转都有效
P1082[0]	最大频率[Hz]	范围:0.00~550.00(工厂缺省值:50.00)。 说明: 此参数中所设定的值对正转和反转都有效
P1120[0]	斜坡上升时间[s]	范围:0.00~650.00(工厂缺省值:10.00)。 说明: 此参数中所设定的值表示在不使用圆弧功能时使电动机从停车状态加速至电动机最大频率(P1082)所需的时间
P1121[0]	斜坡下降时间[s]	范围:0.00~650.00(工厂缺省值:10.00)。 说明: 此参数中所设定的值表示在不使用圆弧功能时使电动机从电动机最大频率(P1082)减速至停车状态所需的时间
P1300[0]	控制方式	=0:具有线性特性的 V/f 控制(工厂缺省值); =1:带 FCC(磁通电流控制)的 V/f 控制; =2:具有平方特性的 V/f 控制; =3:具有可编程特性的 V/f 控制; =4:具有线性特性的 V/f 控制(带节能功能); =5:用于纺织应用的 V/f 控制; =6:带 FCC 用于纺织应用的 V/f 控制; =7:具有平方特性的 V/f 控制(带节能功能); =19:带独立电压设定值的 V/f 控制
P3900	快速调试结束	=0:不快速调试(工厂缺省值); =1:结束快速调试并执行工厂复位; =2:结束快速调试; =3:仅对电动机数据结束快速调试。 说明: 在计算结束之后,P3900 及 P0010 自动复位至初始值 0。 变频器显示"8.8.8.8.8"表明其正在执行内部数据处理

续表

参数	功能	设置
P1900	选择电动机数据识别	=0:禁止; =2:静止时识别所有参数

(五)其他功能调试

1.停车方式选择

变频器和用户需要对各种不同的情况做出响应并且在必要的时候停止变频器。在这种情况下,有关运行的要求以及变频器保护功能(如电气和热过载保护),乃至人机保护功能都必须加以考虑。不同的停车功能(OFF1、OFF2、OFF3)可以使变频器对上述要求做出灵活响应。请注意,变频器在 OFF2/OFF3 命令后会处于 ON 禁止状态。此时需要给出信号从低电平→高电平变化的 ON 命令才能再次启动电动机。

(1)OFF1

OFF1 命令与 ON 命令是紧密联系的。当撤销 ON 命令时,即直接激活 OFF1。通过 OFF1方式制动时,变频器使用 P1121 中定义的斜坡下降时间。如果输出频率降至 P2167 参数值以下并且 P2168 中的时间已结束,变频器脉冲即取消,如图 20-8 所示。

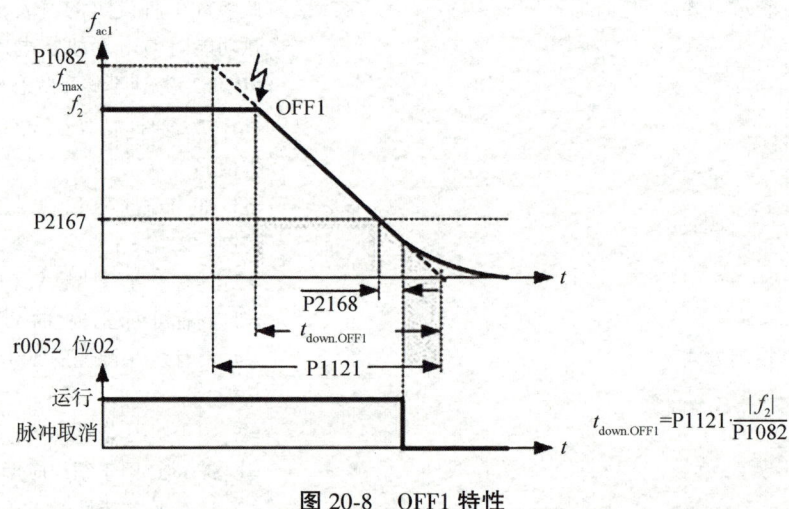

$$t_{down.OFF1}=P1121 \cdot \frac{|f_2|}{P1082}$$

图 20-8　OFF1 特性

说明:

通过设置 BICO 参数 P0840(BI:ON/OFF1)和 P0842(BI:反向 ON/OFF1)可以使用多种OFF1 命令源。

通过 P0700 定义命令源即可对 BICO 参数 P0840 预赋值。

ON 命令和随后的 OFF1 命令必须使用相同的命令源。

如果对多个数字量输入设定 ON/OFF1 命令,则仅最后设定的数字量输入是有效的。

OFF1 是低电平有效。OFF1 可以与直流制动或复合制动组合。

当同时选择多个 OFF 命令时,其优先级顺序如下:OFF2(最高级)→OFF3→OFF1。

(2)OFF2

OFF2 命令会立即取消变频器脉冲,如图 20-9 所示。此时电动机按惯性自由停车而不能以可控方式停车。

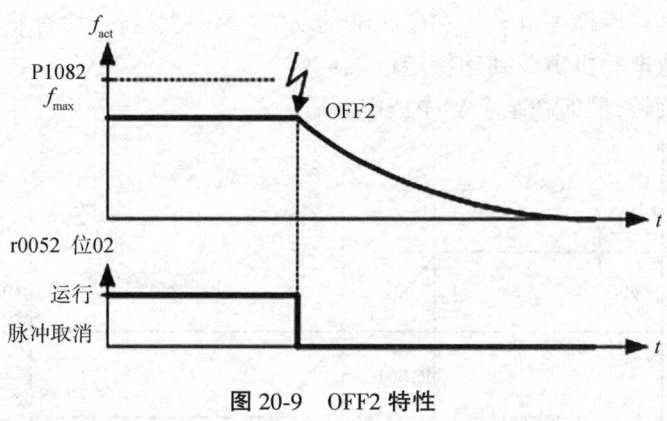

图 20-9　OFF2 特性

说明：

OFF2 命令可以有一个或多个命令源。通过设置 BICO 参数 P0844(BI:1.OFF2) 和 P0845 (BI:2.OFF2) 可定义命令源。

根据预赋值的设定(缺省设定)，OFF2 命令源为 BOP。即使定义了其他命令源(例如，以端子为命令源→P0700 = 2 并且使用数字量输入 2 选择 OFF2→P0702 = 3)，该命令源仍然有效。

OFF2 是低电平有效。

（3）OFF3

OFF3 的制动特性与 OFF1 相同，唯一的区别在于 OFF3 使用其特有的斜坡下降时间 P1135,如图 20-10 所示。如果输出频率降至 P2167(断电频率)参数值以下并且 P2168(延时，定义变频器在发生断电之前可以在低于断电频率 P2167 的条件下运行的时间)中的时间已结束，则应像 OFF1 命令一样取消变频器脉冲。

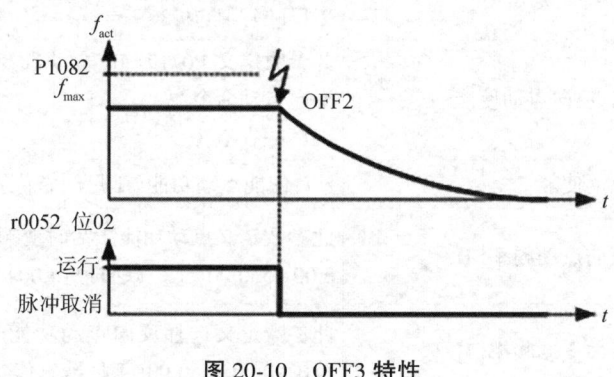

图 20-10　OFF3 特性

2.点动模式

点动模式可以通过(内置)BOP 或者数字量输入进行控制。当使用 BOP 进行控制时，按下"运行"按钮可以启动电动机并使其以预先设定的点动频率(P1058)旋转。松开"运行"按钮即停止电动机，点动运行特性如图 20-11 所示。点动参数设置如表 20-12 所示。

当使用数字量输入作为点动命令源时，通过 P1058 可设定正向点动频率，通过 P1059 可设定反向点动频率。

点动模式应用如下：

（1）在完成调试以后检查电动机和变频器的功能（第一次运转，检查旋转方向等）；

（2）使电动机或电动机负载到达特定位置；

（3）使电动机旋转，例如在某个程序被中断后。

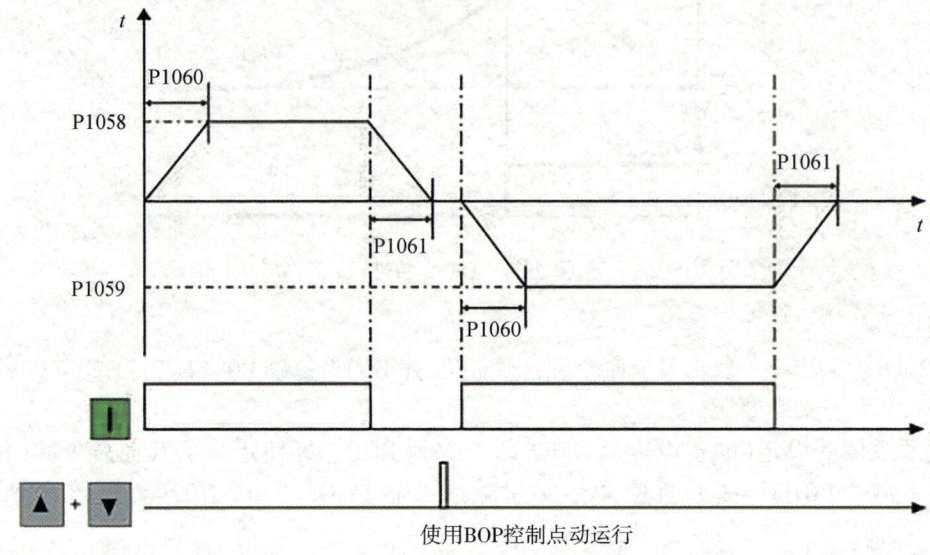

图 20-11　点动运行特性

表 20-12　点动模式参数设置

参数	功能	设置
P1055[0...2]	BI:正向点动使能	此参数定义 P0719 = 0（自动选择命令/设定值源）时的正向点动命令源。 工厂缺省值:19.8
P1056[0...2]	BI:反向点动使能	此参数定义 P0719 = 0（自动选择命令/设定值源）时的反向点动命令源。 工厂缺省值:0
P1057	点动使能	=1:使能点动功能（工厂缺省值）
P1058[0...2]	正向点动频率[Hz]	此参数定义点动功能激活时变频器的运行频率。范围:0.00~550.00（工厂缺省值:5.00)
P1059[0...2]	反向点动频率[Hz]	此参数定义选择反向点动功能时变频器的运行频率。范围:0.00~550.00（工厂缺省值:5.00)
P1060[0...2]	点动斜坡上升时间[s]	此参数设定点动激活时所使用的点动斜坡上升时间。范围:0.00~650.00（工厂缺省值:10.00)
P1061[0...2]	点动斜坡下降时间[s]	此参数设定点动激活时所使用的点动斜坡下降时间。范围:0.00~650.00（工厂缺省值:10.00)

(六) 变频器常见故障代码

变频器常见故障代码如表 20-13 所示。按 ▲ 键或回键可以浏览当前故障列表。按 ⊗ 键（>2 s）查看发生故障时的变频器状态；按 ⊗ 键（<2 s）返回故障代码显示画面。按 ⊗ 键清除/应答故障；如果变频器设置允许的话，还可以从外部应答故障；按 Ⓜ 键忽略故障。应答或忽略故障后，变频器显示屏返回之前的显示画面。故障被清除/应答后，故障图标即消失。变频器报警代码如表 20-14 所示。

表 20-13　变频器常见故障代码

故障	描述	故障	描述
F1	过电流	F62	参数克隆内容无效
F2	过电压	F63	参数克隆内容不兼容
F3	欠电压	F64	变频器在启动时尝试自动克隆
F4	变频器过热	F71	USS 设定值故障
F5	变频器	F72	USS/MODBUS 设定值故障
F6	芯片温度超过临界值	F80	模拟量输入信号丢失
F11	电动机过热	F85	外部故障
F12	变频器温度信号丢失	F100	看门狗复位
F20	直流波动过高	F101	堆栈溢出
F35	超出尝试再启动次数限制	F221	PID 反馈信号低于最小值
F41	电动机数据识别故障	F222	PID 反馈信号高于最大值
F51	参数 EEPROM 故障	F350	变频器配置矢量故障
F52	变频器软件故障	F395	接受更改测试/等待确认
F60	Asic 超时	F410	气穴保护故障
F61	MMC/SD 卡参数克隆失败	F452	皮带故障

表 20-14　变频器报警代码

报警	描述	报警	描述
A501	电流极限值	A600	RTOS 溢出报警
A502	过电压极限值	A910	Vdc_max 控制器禁止
A503	欠电压极限值	A911	Vdc_max 控制器激活
A504	变频器过热	A912	Vdc_min 控制器激活
A505	变频器 I^2t	A921	模拟量输出参数未正确设置
A506	IGBT 端温度升高报警	A922	变频器无负载

续表

报警	描述	报警	描述
A507	变频器温度信号丢失	A923	同时请求正向和反向点动
A511	电动机过热	A930	气穴保护报警
A535	制动电阻过载	A936	PID 自整定激活
A541	电动机数据识别激活	A952	检测到皮带故障

第二十一章

电动机正反转（星-三角）控制电路的故障查找

第一节　电动机主回路短路故障、缺相故障分析与排除

一、电动机主回路短路故障分析与排除

正反转电路在船舶上的应用是至关重要的,这些设备包括但不限于绞缆机、起货机、锚机、舷梯以及各种辅助机械(如泵和风机)等。

在设计时,为防止短路或其他电气故障导致的安全事故,所有正反转电路都应配备互锁机制,包括但不限于机械互锁以及电气互锁,确保两个方向的接触器不会同时闭合。

短路是电路中的一种故障状态,在这种状态下,电流没有通过预期的负载(如电阻、灯泡或其他用电设备),而是通过了一个低阻抗路径并直接返回电源。在理想情况下,电路中的电流应该流经所有设计好的组件,包括各种用电电器和保护装置。然而,在短路的情况下,电流会绕过这些组件,找到一条电阻更小的路径,这通常意味着电流将直接从电源的一个极流向另一个极,而无须经过任何或仅经过很少的负载。

1.短路类型

短路可以发生在电路的不同部分,并且有几种不同类型:

（1）相间短路

在三相电力系统中,不同相之间发生非正常连接,即相与相之间短路,既可能出现在用电设备上,也可能出现在线路上。

（2）对地短路

对地短路是指一相或多相带电导体与地面(或接地的金属部件)之间的非正常接触。

短路时,由于电流远超正常运行时的值,会产生大量的热量,可能烧毁导线绝缘层,造成火灾,或者使电源、保险丝、断路器等过载保护装置动作以切断电流,防止进一步损害。

图 21-1 所示为一个电动机正反转电路。为了防止电动机在正反转切换时因惯性未完全

停止导致的机械冲击或电气过载,有的正反转电路会设置时间继电器。在图 21-1 所示的电路中,可以假设 KM_1 接触器是正转接触器,而 KM_2 是反转接触器,那么相应的 SB_2 为正转启动按钮,SB_3 为反转启动按钮,SB_1 则为停止按钮,而且既是正转的停止按钮,也是反转的停止按钮。

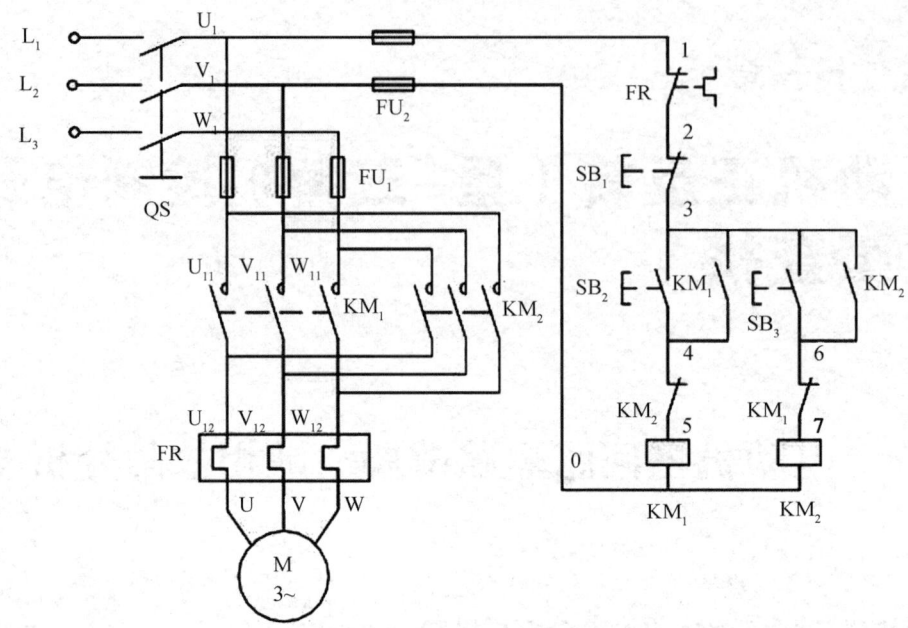

图 21-1　电动机正反转电路

2.主回路短路故障的原因

主回路短路故障通常是以下几个原因:

(1)主回路相间短路

相间短路是一种常见的短路现象,可能发生在主回路任一部位。根据图 21-1,所谓的相间短路,即 U_1、V_1、W_1 任意两条电缆不与用电设备(这里主要指电动机)直接碰触。比如,当电动机接线盒内的某一相线松脱,在振动的影响下,与另一相接线柱搭碰,而发生相间短路;还有的相间短路则是由电缆绝缘层在长期振动摩擦下,发生破损,两处同时搭导电壳体导致的,这种短路要尽量避免,当电网发出绝缘性能降低报警时,应及时排查接地点,消除潜在的短路隐患;也有电动机是由两相相邻绕组绝缘破损导致的相间短路。当然,还有一种相间短路是由环境极度潮湿(比如接线盒密封失效进水没过接线柱)引起的相间短路,此种情况主要发生在室外电动机,可通过万用表配合绝缘摇表来排查故障,也可能是由电器元件引发的相间短路。

例如:①接触器主触点粘连,如果 KM_1 或 KM_2 的主触点发生熔焊或机械卡阻等故障,导致即使线圈断电主触点也不能分断。这种情况下,若直接按下反转启动按钮,另一个接触器(如 KM_2)得电动作,其主触点闭合,则会造成电源两相短路。这种情况下,可以在断电后,将接触器 QS 断开,然后用万用表通断挡或者电阻挡,测量接触器上下两端是否断开来判断,如果接触器两端通,则该接触器触点已烧熔,需进行及时更换。注意三对主触点都需测量,有任一触点通,都是不正常的。当然,如果短路故障已发生,那么断路器应跳闸或者熔断器烧毁,甚至电缆也会烧毁,也需进行测量,并及时更换损坏部件。②互锁失效(接触器辅助触点粘连),互锁失效,也会导致主回路短路,如控制回路中 KM_2 的常闭触点粘连,KM_1 接触器还在通电,即电动机正转的情况下,如果按下反转启动按钮 SB_3,则可能导致主回路短路。

针对上述情况,也可以在断电的情况下,用万用表通断挡或者电阻挡对 KM_2 常闭触点 4、5 两端进行测量。

还有一些比较罕见的相间短路的原因,如接线排绝缘被击穿导致的相间短路等,也可以用绝缘表进行测量判断。

（2）电动机匝间短路

电动机匝间短路是指同一绕组中相邻线圈（匝）之间因绝缘损坏而导致的短路现象,比如电动机的 U 相绕组,第一圈和第二圈因受到外力的破损而搭在一起。这种短路与上述短路不太一样,它会引发电动机电流失衡、过热、电磁性能下降及机械损伤,若不及时处理,可能导致电动机彻底损坏甚至发生安全事故,可通过断电时用万用表测电动机的绕组阻值来做初步判断。一般情况下,电动机的三对绕组的阻值应当较小且大致相等。

二、电动机主回路缺相故障分析与排除

缺相是指电动机在运行过程中,某种原因导致其电源有一相没有供电或者供电电压过低。在三相交流电动机中,每个相位之间的电压相位差为 $120°$,因此三相电动机需要每个相位都正常工作才能产生旋转磁场并运转。如果其中一个相位失效,电动机将无法产生正常的旋转磁场,导致电动机无法正常运转或仅以较低的效率运转。轻载的电动机在正常运转过程中,出现缺相后,如保护元件未及时动作,电动机可继续运转,但电动机会振动增大、温度升高、转速下降、电流增大,并且带有"嗡嗡"声的异响,运行时间过长的话,可能会导致电动机烧毁,在停止后,再次启动的时候会有很大的噪声且无法成功启动。

电源侧问题:电源电压不平衡或某一相断电,即 L_1、L_2、L_3 有一相出现了断路,或者,某相由于绝缘性能降低,与其他部分形成回路,从而引起该相电压下降,而形成缺相等。在这种情况下,可以用万用表的电压挡对电源侧进行测量,即测 L_1-L_2、L_2-L_3、L_1-L_3,理论上测出的电压值应当是相等的,如果出现相差较大的情况,则认为有故障,须进行及时处理。当然,也可以通过分别测 L_1、L_2、L_3 的对地电压来判断,测出来的电压值也应当大致相同。

同样地,缺相的原因,还有可能是熔断器（FU_1）其中一个熔断,这时候我们可以使用断电排查法,用万用表的通断挡或者电阻挡,分别测量三个保险丝上下两端,正常情况下,保险丝可以看作一根导线,均应是通的状态,或者,有些保险丝可以采用目视的方法,看出其好坏。当然,也可以用通电排查法,这时候我们需要将万用表打到电压挡,分别测量保险丝上端电压以及下端电压,如出现下端电压异常的情况,则认为该保险丝已烧毁。判断保险丝好坏的方法很多,掌握两种最基本的方法即可。

其中一处接线松动或断裂,尤其是连接到电动机端子的电缆可能由于长期振动而松脱或断裂。接触器（KM_1、KM_2）的某一触点磨损严重,导致接触不良,无法有效闭合主电路,这种情况下,接触器往往会发出异响,大家可做辅助判断,需确认故障的话,仍要采用万用表进行相应的测量;电动机内部绕组发生短路或断路现象,可用万用表通断挡,对绕组进行测量（注意,这时候要断开星–三角连接片,测 U_1-U_2、V_1-V_2、W_1-W_2 间的阻值）;热继电器（FR）的热元件动作,切断了某相电源等,一般情况下热继电器应当是三相联动的,出现这种情况往往也意味着

热继电器出现了故障,需用万用表通断挡或者电阻挡进行相应测量,如有故障则及时更换。

综上所述,缺相可能发生在主回路的任一部位,包含电源、断路器、保险丝、接触器、电缆、热继电器以及电动机绕组本身等。

需要注意的是,无论是保险丝熔断或者是接触器故障或者是热继电器故障,往往意味着电路中发生了故障。除在更换的时候,需要注意型号的一致、保险丝的耐压值和电流值、接触器控制线圈的电压以及主触点的电流值、热继电器电流整定值设定外,还需要确认电动机及整个电路状态是否良好,只有在电动机的绕组、电动机的绝缘、电动机的负载正常后,才能进行通电运行。通电运行初期,注意电动机电流值、声音(轴承和负载)以及电动机温度(重点关注两端轴承端温度)。

第二节　电动机控制回路某处断路、短路、接地故障分析与排除

一、电动机控制回路某处断路故障分析与排除

电动机控制回路的任何一处断线,都会导致电动机某一或者全部功能无法实现。排查此类故障的时候,一定要根据故障现象,缩小排查范围,这样才能事半功倍。实船大部分线路图,都会有指示灯辅助分析问题。

1.故障现象一

无论按下正转启动按钮 SB_2 还是反转启动按钮 SB_3,电动机都没有反应。

仅从控制回路来考虑,这种故障一般是由正反转电路的公共部分引发的,着重排查公共部分,即熔断器 FU_2、热继电器常闭辅助触点 $FR_{(1-2)}$,停止按钮 SB_1 以及公共部分线缆等。

当然,往复杂处考虑,也有可能是两个启动按钮 SB_2 和 SB_3 都故障,KM_1 和 KM_2 皆故障等,此种现象极其罕见,一般不做优先设想。

2.故障现象二

只能正转或者反转。

如只能正转,则排查反转回路,即 3→6→7→0 这一支路;如只能反转,则排查 3→4→5→0 这一支路。

3.故障现象三

正转或者反转只能点动。

排查正转或者反转的自锁触点,即 KM_1 或 KM_2 的常开触点。

4.故障现象四

点动一次后,无法再次启动,不伴随断路器跳闸。

考虑热继电器过载,这种现象在长期不运行的电动机再次启动时较为常见,这也提醒各位在启动长期不运行的电动机时,先盘下车,并做相应的机械和电气检查。

5.故障现象五

正转或者反转接触器不停吸合,发出"吧嗒吧嗒"声。

一般为典型的自锁触点或者接触器控制线圈接线松动故障。

控制回路的故障多种多样,排障思路大致类似,这里不再一一列举。

二、电动机控制回路某处短路故障分析与排除

1.故障现象一

电动机能正常运转,但无法停止。

一般而言,此故障是 SB_1 常闭触点或者接触器自保触点粘连或者绝缘性能不良导致的。

2.故障现象二

按下 SB_2 或者 SB_3 后,控制回路保险丝 FU_2 烧毁。

考虑控制回路有短路,例如,接触器线圈短路等情况。断电测量接触器线圈的阻值即可,一般而言,接触器的线圈阻值从几十欧到几百欧。

3.故障现象三

按下 SB_2 或者 SB_3 后,断路器跳闸。

考虑主回路短路或者控制回路短路且熔断器选择不当,导致熔断器未熔断,而断路器跳闸保护。这个故障本质是相间短路。

三、电动机控制回路某处接地故障分析与排除

电路接地故障的含义是指电气设备或电路中的导体与大地或接地导体直接接触导致的故障。这种故障可能由多种原因引起,如设备绝缘损坏、线路短路等。

如果接地故障导致电流异常增大,可能会触发电路保护装置(如断路器或熔断器)动作,造成电路中断。接地故障可能导致电压下降,使得接触器线圈电压降低,从而导致启动失败。在某些情况下,虽然设备能够启动,但由于接地问题引起的干扰,可能导致运行不稳定,如转速波动、间歇性停机等。如果系统中有监控电压、电流等参数的仪表,接地故障可能会导致这些仪表显示异常的数据,也会导致电磁干扰增加,从而影响其他电子设备(如显示屏)的正常运行。

过热现象:接地故障可能导致某些部件(例如电动机绕组)中流过非正常的电流,从而引起过热,甚至损坏设备。控制信号受到接地影响可能出现误动作,比如继电器不应动作时却动作了,或是应该动作时却不动作。严重的接地故障可能会对人身安全构成威胁,引发电气事故。

在电动机正反转电路线路图中,控制回路与主回路之间并未通过变压器实现电气隔离。因此,一旦发生接地故障,这种故障状态也会直接反映在电网的绝缘性能上。特别是当电网的380 V绝缘水平出现下降时,必须立即引起注意并进行故障排查。对于单个接地点的故障排查相对较为直接和简单,然而,随着接地点数量的增加,故障排查的难度也会随之显著提升。

　　相比之下,当前船舶电路中的控制回路设计常会通过变压器进行变压以及做电气隔离。这样的设计使得控制回路与船舶主电网之间在电气上保持相对独立。因此,即使控制回路的绝缘性能有所降低,也不会对船舶主电网的整体绝缘状态产生直接影响。

　　如发现控制回路接地,需要在断电后,如线路中有电容或者其余电子元件(三极管等),需提前将这些元件断开,并与测量回路的物理连接,然后用兆欧表对线路进行分段测量。

　　根据电动机正反转电路图,选择合适的点将电路分成几个可管理的部分。通常,可以在接触器、继电器、按钮等关键组件的输入输出端进行拆解。

1.逐段测量

　　将兆欧表的一端连接到被测部分的一端(例如接触器的一侧),另一端连接到地。读取并记录绝缘电阻值。正常情况下,绝缘电阻应远大于 0.5 MΩ,一般而言,数值越大越好。如果检测到低电阻值,则说明该段可能存在接地问题。对每个分段重复上述过程,逐步缩小故障范围。

2.检查元件

　　当定位到某一特定段落存在接地故障时,进一步检查该段中的各个元件(如接触器、继电器、按钮等),以及电缆和接线端子的状态。

3.修复与验证

　　一旦找到具体的故障点(可能是损坏的电缆、松动的接线端子或是有缺陷的电气元件),进行相应的修复工作。修复完成后,重新进行全面的绝缘电阻测试,以确认问题已得到解决。

4.注意事项

　　在测量过程中,确保兆欧表的电压等级适合被测电路的额定电压。

　　测量前后,应对电路进行充分放电,避免电击风险。

　　若发现多处疑似接地故障,优先处理最可能导致问题的地方。

　　在生产实践中,电动机的控制电路在相对密封的控制箱内,不容易产生接地问题,但有些电路有各类传感器(传感器的安装环境通常较为恶劣),传感器正是接地故障高发的部件。另外,有些中大型电动机需在停止时开启空间加热器,而空间加热器正是接地故障高发的部件。同时,非电动机类的厨房电加热设备、冷库低温库融霜电加热棒,也是接地故障高发的设备。

第二十二章

操作三速锚机，测试及分析过载保护动作

第一节　锚机对电力拖动控制的基本要求

各类船舶的锚机的拖动控制系统基本相同，不论是电动的锚机还是液压的锚机，它们的技术要求也基本相同，可以简单归纳为以下几点：

（1）在锚机的控制系统中应设置自动逐级延时启动电路和应急保护电路。

（2）电动机应具有足够大的过载能力，应能满足任何一种起锚状态所需要的最大转矩，并且能在最大负载力矩下启动，工作定额不小于 30 min，电动机启动次数不宜过于频繁，但要满足 30 min 内启动 25 次，应选用防水和短期工作制的电动机。

（3）电动机在堵转情况下能承受堵转电流的时间为 1 min（堵转力矩为额定力矩的 2 倍），在堵转时，对直流电动机而言，应能使电动机自动转到人为设定的机械特性上运行，对交流电动机而言，应能自动转换到低速运行。

（4）为满足必需的起锚速度和拉锚入孔时的低速，要求电动机有一定的调速范围，一般要求在 3：1~5：1。

（5）在电动抛锚时，由于是位能性负载，要求控制系统必须具有稳定的制动抛锚功能，匀速抛锚。

（6）采用电气和机械联合制动，以便满足快速停车及系缆时具有轻载高速性能的要求；电力拖动装置应能满足在给定航区内，单锚破土后，能收起双锚。

（7）对电动液压锚机来讲，它应具有可独立驱动的电动机，其液压管路不应受其他甲板机械的管路影响。链轮和驱动轴之间应装设离合器，离合器应有可靠的锁紧装置；链轮或卷筒应装有可靠的制动器，制动器刹紧后应能承受锚链断裂负荷 45% 的静拉力；锚链轮上必须装有制链器（机械式的）。

第二节　船用锚机控制原理

一、识读三速锚机控制电路图

我国的交流锚机广泛采用多速变极鼠笼式异步电动机拖动,16/8/4 极交流三速鼠笼式异步电动机,其定子上有两套套组:高速 4 极星形(Y)接法,单独一套绕组;变极绕组,16 极低速是三角形(△)接法,8 极中速是双星形(YY)接法,从三角形接法改成双星形接法属于恒功率调速。这样可以保证低速时有大的转矩(即满足两倍额定转矩启动)。中速 8 极为额定极。低速和中速合用一套绕组,因为需要进行三角形接法和双星形接法间的转化。交流三速锚机电动机的控制电路如图 22-1 所示。就该图而言,其主回路是一个典型的正反转加星三角切换回路,KM_1 和 KM_2 接触器用于进行正反转切换,理下线路,可以发现这两个接触器的 L_1 和 L_3 相接线正好互换,因此起到正反转切换的作用。

二、三速锚机控制电路的控制系统及特点

控制系统中的主令控制器上正反转操作均有三挡位置,分别来控制三挡速度,拖动系统设计低速与中速可直接启动,高速则要通过中速延时启动。由于电动机的中速与高速设计成恒率形式,因此线路中设置了在高速挡过载时能自动退回到中速挡运行的保护电路。在图 22-1 中,该保护是由过流继电器 KA_1(4)来反映负载大小的,为了避免高速加速电流使过电流继电器误动作,设置了一个时间继电器 KT_2(19),暂时短接过电流继电器。另外,正反转是对称控制线路,系统采用了可逆的对称控制,用主令控制器来控制锚机电动机的启动、调速、停止及反转。

当锚机电动机在高速挡运行时,一旦由于某种原因过载,系统能自动瞬时转换到中速挡运行。在负载减小后,若需重新回到高速挡运行,则必须将主令控制器手柄从"高速"扳回到"中速",然后扳到"高速",这样锚机电动机才能重新进入高速运行。

系统中设置有失压保护,在低速与中速挡设置了热(继电器过载)保护,在高速绕组回路中设置了过载监视[过电流继电器 KA_1(4)的动作电流设置为高速挡额定电流的 110%]。收锚和抛锚(正反转)主接触器 KM_1(8)与 KM_2(9)之间以及 KM_3(10)与 KM_4(11、12)之间设置机械联锁装置,目的是防止电源短路。控制电路采用熔断器做短路保护。

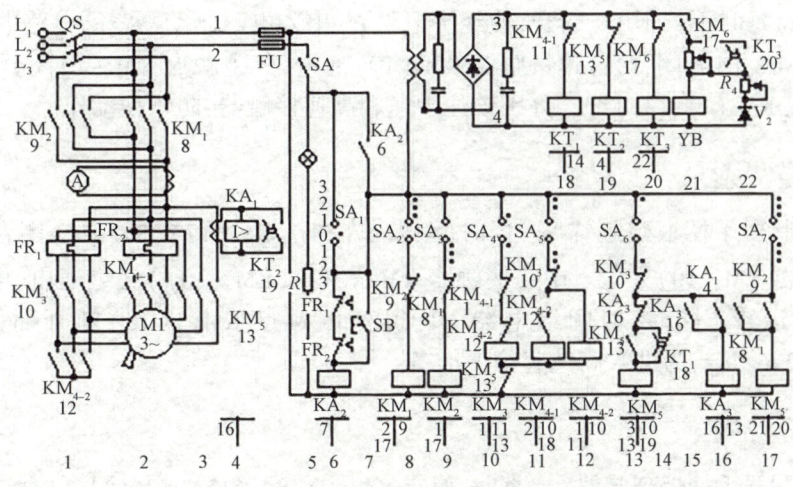

图 22-1　交流三速锚机电动机的控制电路

第三节　线路分析与操作指导

一、启动及运行

当合上电源主开关 QS 和控制电路电源开关 SA(5)时,主令控制器面板上的电源指示灯 HL(5)亮,表示主电源及控制电源都已提供(接通)。

(一) 主令控制器手柄在零位

主令触点 $SA_1(6)$ 闭合,失压继电器 $KA_2(6)$ 得电,其常开触点 $KA_2(7)$ 闭合自锁,控制电路获电,并接通控制电路的电源和整流电源。此时,时间继电器 $KT_1(18)$ 通电,触点 $KT_1(14)$ 瞬时断开,切断 $KM_5(13)$ 回路;$KT_2(19)$ 通电,触点 $KT_2(4)$ 瞬时闭合,短接过电流继电器 KA_1(4)。$KT_3(20)$ 通电,$KT_3(22)$ 瞬时闭合,短接经济电阻 R,为直流电磁制动器吸合线圈 YB(21)全压通电做准备。需要注意的是,我们这里有个电磁制动器,此处电磁制动器为直流形式,需通过整流器整流实现,因此在分析电磁制动器相关故障的时候,除了机械部分的故障,还要考虑电气部分的故障。

(二) 起锚"1"挡

当手柄扳到起锚"1"挡的位置时,主令触点 $SA_1(6)$ 断开,主令触点 $SA_2(8)$、$SA_4(10)$、$SA_7(17)$ 闭合,$SA_2(8)$ 闭合使起锚接触器 $KM_1(8)$ 线圈通电,主触点 $KM_1(2)$ 闭合,为电动机起锚做好准备。辅助触点 $KM_1(9)$ 断开起互锁作用;$SA_7(17)$ 闭合,由于 $KM_1(17)$ 闭合,制动接触器 $KM_6(17)$ 通电,其触点 $KM_6(21)$ 闭合,直流电磁制动器线圈 YB(21)因得到全电压,立即强励快速松闸(释放电动机轴)。同时,由于触点 $KM_6(20)$ 断开,时间继电器 $KT_3(20)$ 立即失电,

其触点 $KT_3(22)$ 延时不长于 1 s 断开,使经济电阻 R_3 串入电磁制动器线圈电路中,以减少线圈电流的热损耗;$SA_4(10)$ 闭合,低速接触器 $KM_3(10)$ 通电,其主触点 $KM_3(1)$ 闭合,电动机低速起锚,常闭触点 $KM_3(11、13)$ 打开,分别锁住中速和高速接触器,防止误动作。

(三)起锚"2"挡

当主令控制器手柄扳到起锚"2"挡时,触点 $SA_2(8)$、$SA_7(17)$、$SA_5(11)$ 闭合,$SA_4(10)$ 断开。低速接触器 $KM_3(10)$ 失电。中速接触器 $KM_{4-2}(12)$、$KM_{4-1}(11)$ 相继通电,电动机接成双星形进入中速运转。同时,时间继电器 $KT_1(18)$ 因触点 $KM_{4-1}(18)$ 断开而失电,其触点 $KT_1(14)$ 延时 2 s 闭合,为进入高速起锚做准备。

(四)起锚"3"挡

当主令控制器手柄扳到起锚"3"挡时,触点 $SA_2(8)$、$SA_7(17)$、$SA_5(11)$、$SA_6(13)$ 闭合。高速接触器 $KM_5(13)$ 通电,其主触点闭合,电动机的另一套星形绕组接通电源电动机进入高速起锚;辅助触点 $KM_5(13)$ 闭合自锁;$KM_5(10)$ 断开,锁住低速和中速接触器支路;$KM_6(19)$ 断开,使 $KT_2(19)$ 失电,其触点 $KT_2(4)$ 延时 2.5 s 断开,此时间是电动机高速启动的整定时间,在此时间内触点闭合为避免过电流继电器 $KA_1(4)$ 动作,使电动机不能上高速,当启动完毕后,触点打开,使 $KA_1(4)$ 起高速运行过载保护作用。

(五)由零位直接扳到起锚"3"挡

如果主令控制器手柄由零位直接扳到起锚"3"挡时,则 KM_{4-2}、KM_{4-1} 先通电,电动机直接中速启动,然后经过时间继电器 KT_1 延时后,高速接触器 KM_5 才通电,从而转换到高速运转。

(六)停车

当主令控制器手柄扳到零位时,各接触器线圈都失电,其主触点皆断开,同时,电磁制动器线圈失电,但不马上制动,线圈中的储能通过二极管 $V_2(22)$ 和放电电阻 R_4 放电,线圈电流下降到释放电流后才进行机械制动,使电动机迅速停止运转。调整放电回路的电阻 R_4 可调整放电时间,从而调整刹车制动的时间。

实际操作中,在手柄从高速扳回零位的过程中,手柄依次经过并接通中低速,电动机首先进行再生制动,转速会有较大的降落,再经断电后的延时制动,使机械制动是在较低的转速下进行的,以减小机械制动的冲击。

二、抛锚

主令手柄放在抛锚各挡时,工作情况与起锚时相同,仅仅使方向接触器 KM_2 线圈通电,KM_1 线圈断电,使电动机反转。另外,深水抛锚时,电动机在锚重的拖动下进入再生制动状态,实现等速抛锚,读者可自行分析。

三、主要保护环节

（一）零位（失压）保护

零位保护由失压继电器 KA_2 实现，并与 SA_1 相配合。当主令手柄不在零位时电网失电，零电压继电器 KA_2 触点释放，切断控制电路；之后，即使电网恢复供电，系统仍不能工作，必须待主令手柄回零位后，KA_2 重新获电，系统才能恢复工作。

（二）高速挡过载保护

高速挡运行过载时，过流继电器 KA_1 动作，其触点打开，接触器 KM_5 断电释放，使 KM_{4-2}、KM_{4-1} 相继通电动作，电动机转换到中速级运行。KM_5 断电后，其自保触点打开，因而过载消失后不能再自行通电，如需高速运行，必须将手柄从第三挡退回第二挡，再扳回第三挡。

（三）中低速级过载保护及其应急起锚

中低速级过载保护由热继电器 FR_1 和 FR_2 实现。当热继电器 FR_1 和 FR_2 过载动作时，因热继电器自动复位时间需 2 min 左右，在应急情况下，仍需要电动机在低中速级运行时，可按下主令控制器上的应急按钮 SB，使电动机继续强行工作。

（四）起锚与抛锚电气互锁保护

起锚与抛锚电气互锁保护通过正反转方向接触器 KM_1 和 KM_2 的常闭辅助触点 KM_1、KM_4 互相串联在对方线圈回路中实现。

（五）中低速绕组换接互锁保护

中低速绕组是一套变极绕组，为防止同时接通电网造成电源短路，必须要求互锁，将 KM_3 和 KM_{4-2}、KM_{4-1} 接触器的常闭触点互相串联在对方线圈回路。

第四节　系统的维护管理

三速交流电动机和制动器的维护管理可以分为日常检查养护、常规保养和大检修三种：

一、日常检查养护

日常检查养护的主要内容包括：检查设备周围有无异物，对电动机外表进行清洁；检查电动机的底脚螺栓及各紧固件有无松动；检查电动机联轴器是否正常；检查接地线接地是否良好；检查电动机绕组绝缘是否正常（一般应不低于 2 MΩ）；通电检查制动器的吸合是否正常。

此外,对于底部带放水孔的电动机,应该定期旋开螺栓,泄放出冷凝水。

二、常规保养

常规保养的周期一般为 6 个月,船舶可以根据设备的使用频繁程度及设备说明书要求做适当的调整。检查的内容包括:打开接线盒,检查桩头接线是否松动、接线是否破损或磨破;检查电动机水密情况是否良好;测量刹车间隙,若太大就要做适当调整;检查电动机联轴器连接螺栓和弹性橡皮圈是否正常;检查轴承润滑油脂是否变质,添加适量润滑油脂。

三、大检修

电动机和制动器的大检修(拆检)周期为 3~5 年。

大检修时要对电动机进行解体清洁。测量各线圈的绝缘电阻,若低于要求电阻,则应进行绝缘处理;检查各线圈是否松动、短路、开路及其可靠性;发现绝缘包扎有擦伤和过热化现象的,应进行修理;检查轴承座及转子轴颈有无走外圆和内圆现象,转、定子之间有无擦碰;更换轴承。在更换轴承时应注意:安装时标有轴承代号的端面必须装在外侧,以便检修时识别。检查刹车系统,包括刹车盘、刹车线圈、弹簧、摩擦片等。

制动器的气隙调整和处理制动器故障时的应急措施:

(1)制动器经长期使用后,制动件会磨损,从而引起气隙增大和工作弹簧工作长度的增加,严重时可能使衔铁不能吸上。弹簧工作长度的增加会使制动压力下降,因此必须经常检查制动器的工作气隙,及时加以调整。

(2)当制动器绕组不通电,欲使制动器处于松脱状态(即制动器不使用)时,可先将螺钉旋出,拿下垫圈,再旋入螺钉,把衔铁推向电磁铁,顶足,使其气隙为零,此时制动器与衔铁松开,电动机转子能自由转动,达到人工释放的目的。

(3)电动机运行时,如果遇到制动器发生故障,如制动器绕组断线、硅整流管损坏、电源断电或断线等,电动机便立即处于制动状态,这时应立即切断电源,卸掉负载,进行检修。在制动器故障消除后,须先将人工释放螺钉恢复原状,并经试运转后才能正式使用。

第五节　电动机的使用注意事项

一、三速交流电动机的使用注意事项

三速交流电动机在使用中,应经常观察电动机的运行电流,不要使其在超额定电流的情况下运行,要经常检查电动机的温度,观察有无异味和声响,一旦发现异常,应立即停机检查,直到故障消除后,才能够继续使用。

需要说明的是,这类电动机一般都是短时运行的,电动机各转速的允许运行时间也是有区别的。

二、电气控制箱和主令控制器的维护管理

电气控制箱和主令控制器是电气部分管理的又一个重点。为了保证控制箱能正常工作，必须对设备进行定期检查。检查周期按其工作的难度及设备所处的环境和位置等情况来确定。控制箱的检修分为常规检修和大检修两种。

常规检修每月进行一次，大检修每3个月进行一次。常规检修和大检修的具体周期可按船舶航行时间确定。

1.常规检修

常规检修的内容包括：

（1）清除箱内的尘埃和脏物；

（2）检查各电器元件的紧固件是否有松动现象；

（3）检查零部件是否有锈蚀现象；

（4）检查控制箱的绝缘电阻是否符合技术条件中的规定数据；

（5）检查接地装置是否完好，接地螺钉是否有松动；

（6）检查接触器、继电器的线路有无损坏现象；

（7）检查接触器是否有异流声，如声音太大，应检查可动部分，并加以矫正；

（8）检查主令控制器上的电流表工作是否正常；

（9）检查失压零位保护功能是否正常；

（10）检查主令控制器各触点的接通次序是否符合接触图表等。

检修前要注意：必须切断供电电源，严禁带电检修。

2.大检修

大检修除了要完成一般检修项目外，还要完成下列检修项目：

（1）清洁各接触器的主触点，更换损坏的动、静主触点；

（2）检查和整定热继电器的动作电流值；

（3）检查和整定高速级过载保护装置的动作值；

（4）检查和整定时间继电器的动作时间；

（5）检查和调整电磁刹车线圈的吸合电压与维持电压；

（6）检查正、反转主接触器的电气联锁和机械联锁是否正常；

（7）检查主令控制器有无损伤和裂纹，并测量情况；

（8）检查主令控制器紧固件的完整性、紧固状态是否良好；

（9）检查主令控制机构是否灵活，有无卡阻，各触点接触是否良好；

（10）要在主令控制器滚轮与棘轮之间以及动触点的尾部与凸轮之间等摩擦部分涂上适量的工业凡士林或油脂。

需要提醒的是，在进行大检修之前，应将主配电板上至控制箱的电源开关断开，并在电源开关的相应位置挂上"检修"警告牌。

除了上述的常规检修和大检修以外，日常维护也是很重要的，要检查箱外是否有妨碍其正

常冷却的其他物体;箱外的温度是否有过热现象;工作过程中,如发现异常现象,应立即停车检查,消除事故诱因。

三、过载保护原理分析

过载保护触点串联于控制回路,触发时切断所有接触器电源。

1.触发条件

当电动机电流持续超过设定值(如额定电流的 1.1~1.2 倍),过载继电器动作。

高速挡位下,过载保护灵敏度更高(因高速绕组电流更大、升温更快)。

2.保护逻辑

过载时,FR 常闭触点断开 → 控制回路失电 → 所有接触器释放 → 锚机停机。

复位需手动按下 FR 复位按钮或重启系统。

3.重载不上高速原理

负载检测机制:通过电流互感器实时监测负载电流。

4.逻辑限制

当负载电流超过中速挡阈值(电流)时,控制系统自动锁定高速挡(禁止 KM_3 吸合)。

根据转矩公式

$$T = \frac{9\,550P}{n}$$

式中,T——转矩;

$\quad P$——功率;

$\quad n$——转速。

可知,大多数电动机(如异步电动机)的机械特性曲线中输出转矩与转速成反比。在重载时,电动机需要更大的转矩,而高转速会显著降低可用转矩,导致电动机无法稳定运行甚至堵转。锚链在重载时高速运行可能导致漆皮飞溅、锚链断裂,易引发失控或结构疲劳等。高速旋转的机械部件在重载下可能因惯性力增大而引发振动,甚至与系统固有频率共振,导致结构损坏。

四、过载保护测试操作

1.准备

确保锚机空载运行正常。

连接钳形电流表至电动机主回路。

2.模拟过载

低速挡启动锚机,逐步增加机械负载(如制动锚链)。

观察电流表,记录过载继电器动作电流值。

3.验证保护动作

当电流超过设定值时，FR 应动作 → 接触器断开 → 锚机停机。

检查故障指示灯或报警信号是否触发。

4.复位与恢复

手动复位过载继电器，重启锚机，确认恢复正常运行。

5.关键观察点

不同速度挡位的过载动作时间差异（高速挡动作更快）。

重载时高速挡是否被自动禁止。

五、过载保护设定值整定

1.设定依据

参考电动机铭牌参数（如额定电流、功率等）。

锚机应能在过载拉力作用下（不要求速度）连续工作 2 min，过载拉力应不小于工作负载的 1.5 倍。通常情况下，锚机的设计会按照这一标准来确定其电动机等设备的参数，以满足过载工作的要求。在实际运行中，如果电流超过额定电流的 1.5 倍左右，并持续一定时间，可认为锚机处于过载电流状态。

2.整定步骤

（1）断开电源，调整过载继电器旋钮至目标设定值。

（2）通电后逐步加载至设定电流，验证保护动作是否准确。

（3）重复测试，确保整定值稳定可靠。

（4）安全操作：测试过载时需逐步加载，避免瞬间大电流冲击。

（5）记录数据：详细记录各挡位动作电流值，作为维护依据。

（6）复位确认：每次过载保护动作后，须彻底排查原因再复位。

第二十三章

船上电气管理

第一节 正确选择和使用润滑油脂对电动机轴承加油

现代船舶运营中,电动机无处不在,它们是确保船舶安全、高效运行的关键组件。从电力推进系统到船舶辅助设备,从船舶通导到船舶机舱自动化,电动机的应用贯穿于船舶的各个功能模块。而轴承作为电动机中不可或缺的组件,承担着支撑转子并确保其稳定旋转的重要任务。电动机运行时,转子高速旋转,而轴承通过减小摩擦力来支持这种运动,从而极大地提高了电动机的工作效率,延长了电动机的使用寿命。轴承位于定子与转子之间,不仅为转子提供了必要的支撑,还保证了两者之间的精确对准,这对于维持电动机的高效运行至关重要。因此,轴承的两大主要作用是:支撑轴及轴上零件,保持轴的旋转精度以及减少转子在旋转过程中的摩擦与磨损。

一、轴承的介绍

(一)轴承的基本知识

从结构上来看,大部分船用电动机内部通常采用滚动轴承或滑动轴承,尤其以滚动轴承最为常见。滚动轴承包括球轴承、滚子轴承等,它们通过滚动体(如钢球或滚柱)来分担载荷,显著减小了摩擦力。滑动轴承则主要是利用润滑油膜来减小摩擦力,适用于高负荷低速运转的场合。我们这里主要介绍滚动轴承。

滚动轴承以最小的摩擦力来支撑和引导机器部件(例如轴、车轴或车轮),并在机器部件之间传递载荷。滚动轴承具有高精度和低摩擦性能,因此可实现高转速,同时减少噪声、热量、能源消耗和磨损。这种轴承经济性好,且具有国际化标准,易于获取。

一般而言,用滚动体的两种基本类型来区分滚动轴承的两种基本类型:

(1)球 → 球轴承。

（2）滚子 → 滚子轴承。

球轴承和滚子轴承的区别在于它们与滚道接触的方式。

球与轴承圈滚道进行点接触。随着作用于轴承的载荷越来越大,接触点变成一个椭圆形区域。接触区域小,则滚动摩擦也小,从而使得球轴承能够适应高速运行,但限制了其承载能力。

滚子与轴承圈滚道进行线接触,如图 23-1 所示。随着作用于轴承的载荷越来越大,接触线会变成一种矩形。由于接触区域变大以及由此导致的摩擦力变大,与同尺寸的球轴承相比,滚子轴承可承受更多的载荷,但转速较低。

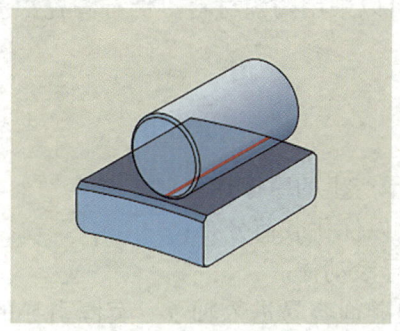

图 23-1　线接触

滚动轴承根据主要承受的载荷方向分为两类:径向轴承和推力轴承。

径向轴承能够承受与轴垂直的载荷。有些径向轴承只能承受纯径向的载荷,而大部分径向轴承还能承受某一方向的轴向载荷,在某些情况下,也能承受两个方向的轴向载荷。

推力轴承主要承受沿着轴向方向的载荷。根据设计,推力轴承可以支撑单向或双向的纯轴向载荷,但有些可以额外承受径向载荷(联合载荷)。推力轴承不能达到与同尺寸径向轴承一样高的转速。

接触角决定轴承属于哪一类别。接触角≤45°的轴承是径向轴承,其他为推力轴承。

典型的滚动轴承包含内圈、外圈、球或滚子(作为滚动体)、保持架等组件,如图 23-2 所示。

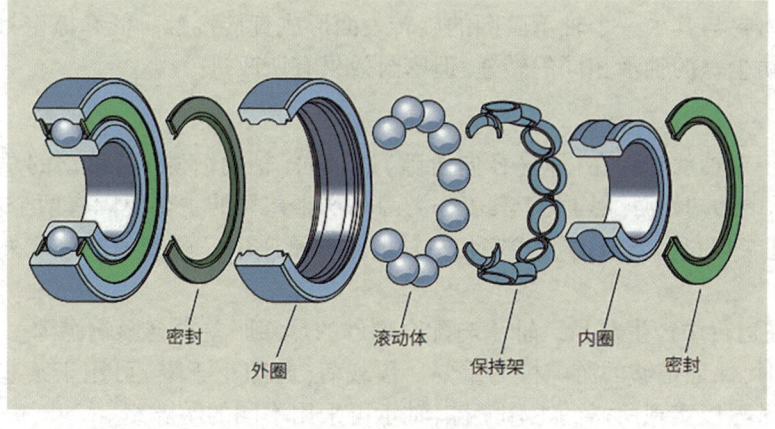

图 23-2　滚动轴承组件

1.轴承套圈

滚动接触区域以及循环碾压会在轴承运行中导致轴承套圈疲劳。为应对此类疲劳,必须对钢质轴承套圈进行硬化处理。用于制作轴承套圈和座垫圈的标准钢材为100Cr6,其含有约1%的碳和1.5%的铬。根据特定的需求,也可以采用不锈钢或高温钢材料制作轴承套圈和座垫圈。

2.滚动体

滚动体(球或滚子)在内圈和外圈之间传递载荷。通常,滚动体与轴承套圈采用同样的钢材制作。根据需求,滚动体也可以采用陶瓷材料。带有陶瓷滚动体的轴承被称为混合陶瓷轴承,目前应用越来越广泛。

3.保持架

保持架的主要用途是:

(1)分离滚动体以减小轴承产生的摩擦热量;

(2)保持滚动体均匀隔开,以优化载荷分布;

(3)在轴承的无载荷区引导滚动体。

滚动体引导的保持架使润滑剂容易进入轴承。套圈引导的保持架具有更高的引导精确度,适用于高速、振动及加速度较大的情况。

4.内置密封

内置密封可大幅延长轴承的使用寿命,因为密封可以将润滑剂保留在轴承内,并防止污染物侵入。

5.防尘盖

防尘盖和内圈之间有一条小间隙。带防尘盖的轴承适用于相对清洁的工作条件,或出于速度或工作温度的考虑必须采用低摩擦的应用。

6.密封

带密封的轴承是中度污染条件的首选。在无法隔离水分和湿气的情况下,通常采用接触式密封。这种密封与其中一个轴承套圈的旋转表面形成直接接触。低摩擦密封和非接触式密封可适应与带防尘盖的轴承相同的转速,但密封效果有所改进。

7.游隙

游隙是指一个轴承套圈在径向(径向游隙)或轴向(轴向游隙)可移动的总距离。在大部分应用中,轴承中的初始游隙均大于其工作游隙。产生差异的主要原因有两个:

(1)轴承通常以过盈配合的形式安装在轴上或轴承座中。内圈的膨胀或外圈的压缩会减小游隙。

(2)轴承在运行中产生热量。轴承与配合部件的热膨胀差异会影响游隙。

轴承运行时,保证足够的游隙极为重要。预载荷(游隙小于零)可用于某些轴承类型。为合理选择初始游隙以实现所需的工作游隙,轴承可采用不同的游隙组。

国家标准《滚动轴承 代号方法》(GB/T 272—2017)规定了滚动轴承代号,它用字母加数字来表示滚动轴的结构、尺寸、公差等级、技术性能等特征。以常见的滚动轴承型号"6208-2Z/P6"为例:

（1）"6"表示深沟球轴承；

（2）"2"表示尺寸系列；

（3）"08"表示内径为 40 mm；

（4）"2Z"表示轴承两端面带防尘罩；

（5）"P6"表示公差等级符合标准规定的 6 级。

有些型号后面会写 C3，此处的 C 表示游隙的大小。

当更换轴承时，一定要保持轴承型号的一致。轴承型号一般会在电动机的铭牌上标明，也有的需在拆解电动机后才可获取轴承型号，大部分轴承没有正反面之分，但需注意部分轴承安装方向。

（1）当轴承两端面结构相同时，安装方向无差别；

（2）当一端带盖时，带盖一面在外；

（3）推力轴承，座圈应在里面或下面；

（4）圆锥滚子应大端面向外，内圈和外圈一定保持同心，并调整好游隙；

（5）角接触球轴承安装时，保持架大面朝外，根据受力方向而定；

（6）带锥度（内径）轴承可直接安装在锥形轴颈上，或借助紧定套，安装时一般采用锁紧螺母。

（二）轴承对电动机性能的影响

轴承的质量和状态直接关系到电动机的整体性能，尤其是在振动控制和噪声管理方面。优质的轴承能够有效地减轻电动机运行时产生的振动，这是因为高质量的轴承材料和精密的加工工艺能够确保其内部部件的紧密配合，减少不必要的间隙和松动。当电动机运行时，这种紧密配合有助于防止转子的晃动，从而降低整个系统的振动水平。

由于滚动体的存在，理论上滚动轴承会产生一定的噪声。但是，通过优化设计，例如采用高精度的滚动体和改进润滑方式，可以大幅降低噪声。滑动轴承依靠油膜来减小摩擦，因此在静音性方面具有天然优势，尤其适用于对噪声有严格要求的场合。然而，滑动轴承的缺点在于需要定期补充润滑油脂，增加了维护难度。

在电动机运行过程中，轴承会因摩擦产生热量，如果不能及时散热，会导致温度升高，进而影响电动机的效率甚至损坏轴承。高质量的轴承往往采用了先进的材料和散热技术，能够有效地将热量传导出去，保持电动机的正常工作温度。此外，合理的设计和适当的润滑也能显著增强轴承的散热效果，进一步提高电动机的可靠性和稳定性。

（三）轴承维护与保养的重要性

为了确保电动机长期稳定运行，定期的维护和检查是必不可少的环节。轴承作为电动机的关键组件，其状态直接影响到整个设备的性能。清洁度是一个重要因素，任何杂质或污染物进入轴承内部都会加剧磨损，导致过早失效。因此，保持电动机周围环境的清洁以及在维修过程中采取防尘措施非常关键。

根据某国际知名轴承厂商的统计：大约 36% 的轴承故障是由润滑不良造成的。在典型的电动机中，润滑剂成本占运行成本的 2%~3%，但 40% 的维护成本源自润滑不良引发的轴承失效。正确地添加润滑剂不仅可以减小摩擦，还能带走热量，保护轴承免受腐蚀，延长轴承的使用寿命。然而,不同的轴承类型和工作条件需要匹配相应的润滑方式和润滑剂类型。比如,高速运转的电动机可能需要流动性更好的润滑油脂,而低速重载情况下可能更适合使用润滑油脂。定期检查润滑情况,及时添加或更换润滑剂,能够有效延长轴承的使用寿命。一般而言,正规厂家的轴承的约定寿命可以参考表 23-1。

表 23-1　正规厂家的轴承的约定寿命

机器类型	约定寿命/h
家用、农业机器、仪表、医疗设备	300~3 000
短期或者断续使用的机器:手提式电动工具、车间里的起重设备、工程设备和机械	3 000~8 000
在需要可靠性高允许条件下短期或间歇使用的机器升降机(电梯)、包装货物的吊车或吊索鼓轮等	8 000~12 000
一天使用 8 h,但并非全部时间运行的机器:一般用途的齿轮传递机构、工业电动机、旋转式破碎机	10 000~25 000
一天 8 h,并且全部时间运行的机器:机床、木材机械、通用生产设备机器、大宗材料的起重设备、通风机、输送带、印刷设备、分离器、离心机	
24 h 连续运行的机器:轧钢厂用的齿轮箱、中型电动机、压缩机、采矿用的起重机、泵、纺织机械	40 000~50 000
风电设备,包括:变桨主轴、齿轮箱、发电机	30 000~100 000
水利设备、转炉、电缆绞股机、远洋船舶的推进机械	60 000~100 000
大型电动机、发电厂设备、矿井泵、矿用风机、远洋船的主轴	100 000~200 000

二、润滑油脂的介绍

(一)润滑油脂的作用与分类

对于电动机轴承而言,润滑油脂的作用:减小摩擦、散热、防腐蚀、密封防尘。润滑油脂是由基础油、稠化剂或皂基以及添加剂(部分品种不含)经过高温混合而成的。其中,基础油占比超过 70%,主要来源于炼油厂特制的矿物油,同时也包括植物油和合成油。合成油因其特殊性质,常用于高温和低温等极端环境。

基础油的选择至关重要,因为不同成分的基础油有时可互相兼容,有时则不可互相兼容。若将不可兼容的基础油混合,可能导致润滑效果丧失,甚至损害轴承。

稠化剂,也被称为增稠剂,其作用是吸附润滑油脂和/或添加剂。稠化剂的类型直接影响润滑油脂的特性,稠化剂可能基于锂、钙、钠、钡或铝等皂基,或由有机和无机固体颗粒、黏土、聚脲和硅胶等非皂基形成。

此外,添加剂用于增强润滑油脂的特定性能,如耐磨、防腐蚀保护、减小摩擦以及在边界和混合润滑条件下防止损伤等。

1.根据基础油的类型

(1)矿物油基润滑油脂:采用矿物油作为基础油,具有良好的润滑性能和较高的承载能力,适用于一般工况下的轴承润滑。

(2)合成油基润滑油脂:采用合成油作为基础油,具有优异的高温性能和抗氧化性能,适用于高温、高速、重载等特殊工况下的轴承润滑。

(3)植物油基润滑油脂:采用植物油作为基础油,具有良好的生态环保性能,适用于一些对环境要求较高的场合,比如,食品工业自动化生产线中。

2.根据稠化剂的类型

(1)钙基润滑油脂:钙盐作为稠化剂,具有较好的防水性能和抗腐蚀性能,适用于潮湿、水浸、腐蚀等环境下的轴承润滑。

(2)锂基润滑油脂:锂盐作为稠化剂,具有良好的机械稳定性和高温性能,适用于高速、高温工况下的轴承润滑,机舱内电动机多采用这种润滑油脂。

(3)钠基润滑油脂:钠盐作为稠化剂,具有较好的抗极压性能和抗磨损性能,适用于重载、高速、高温等恶劣工况下的轴承润滑。

3.根据使用温度范围

(1)低温润滑油脂:适用于低温环境下的轴承润滑,能够保持润滑性能和流动性能,在低温下不易凝固。

(2)中温润滑油脂:适用于常温或者稍高温度的工况下的轴承润滑,能够满足一般工况下的润滑要求。

(3)高温润滑油脂:适用于高温环境下的轴承润滑,能够保持润滑性能和稳定性,在高温下不易流失或者变质。

4.根据特殊性能

(1)高速润滑油脂:具有较低的内摩擦和较高的极限转速,适用于高速轴承的润滑。

(2)防水润滑油脂:具有较好的防水性能,能够在潮湿、水浸环境下长时间保持润滑性能。

(3)高负荷润滑油脂:具有较高的极限压力和承载能力,适用于重载工况下的轴承润滑。

(4)高黏度润滑油脂:具有较高的黏度和润滑膜厚度,适用于一些特殊工况下需要较好密封性能和润滑性能的轴承。

(二)选择润滑油脂的关键参数

1.锥入度

锥入度是衡量润滑油脂稠度及软硬程度的重要指标。它反映了在规定的负荷、时间和温度条件下,锥体落入试样的深度。锥入度值越大,润滑油脂越软;反之,则越硬。锥入度单位以0.1 mm 表示。

2.滴点

滴点是指润滑油脂由半固态转变为液态时的温度,以℃表示。这是润滑油脂达到一定流动性时的最低温度。滴点直接影响润滑油脂的使用性能和稳定性。

3.机械安定性

机械安定性是指润滑油脂在机械剪切力的作用下,其骨架结构体系抵抗变形和流动的能力。这一指标与稠化剂的强度、纤维间接触点的吸附力以及稠化剂剂量密切相关,而与基础油的黏度无直接联系。

4.氧化安定性

氧化安定性是指石油产品在长期储存或高温的使用过程中,抵抗热和氧化作用、保持性质稳定的能力。这是评估润滑油脂长期使用性能的关键指标之一。

5.相似黏度

相似黏度是指在一定温度条件下,润滑油脂的黏度随剪切速率的变化而调整的特性,单位为 Pa·s。相似黏度直接影响润滑油脂的流动性和润滑效果。

(三)牛油枪的介绍

加润滑油脂时,我们需要用到专用牛油枪,如图 23-3 所示。牛油枪,也被称为黄油枪,是一种专门用于将润滑油脂注入机械部件中的工具。它主要用于定期添加润滑油脂,以减小摩擦、减少磨损并保护设备的场合。

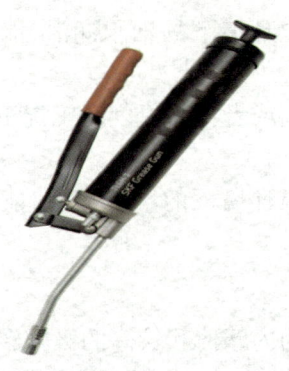

图 23-3　牛油枪

1.结构组成

储脂筒:存放润滑油脂的装置。

活塞杆:通过手动或气动等方式驱动,用来推动润滑油脂从储脂筒中出来。

泵芯和阀门系统:控制润滑油脂的流动方向,确保润滑油脂只能向出口方向流动而不会倒流。

出脂口/软管:连接至机械设备上的润滑点,以便精确地将润滑油脂加注到需要的地方。

2.工作原理

当操作者对活塞杆施加压力时(手动式),或者当空气动力作用于特定部件(气动式)时,活塞杆会向前推进,并对储脂筒内的润滑油脂产生压力。

压力使得润滑油脂克服泵芯和阀门系统的阻力,沿着预定路径流向出脂口。

阀门系统的设计保证润滑油脂只能单向移动,即从储脂筒流向机械设备的润滑点,而不能反向流动。

通过软管或直接连接的方式,润滑油脂被准确地输送到机械部件的润滑点,完成润滑任务。

实际上跟我们日常生活中的针筒原理类似。

牛油嘴的尺寸通常根据其直径和长度进行划分。常见的尺寸有公制和英制两种,公制一般分为 M6、M8、M10、M12、M13、M14、M16、M20 等尺寸,英制一般为 pt1/8、pt1/4、pt1/2 等(其中"pt"表示管螺纹,数字则代表具体的尺寸大小)尺寸。

3.形状分类

牛油嘴的形状根据应用场景的不同而有所差异(如图 23-4 所示),常见的形状包括:

(1)直嘴:适用于直线润滑或注油需求。

(2)弯嘴:适用于难以直接接触的润滑点。

(3)T 形嘴:适用于需要多方向润滑或注油的场景。

因此,要根据电动机上相应的牛油嘴,选择合适的牛油枪以及油嘴。

图 23-4　牛油嘴

(四)加油操作

1.加油操作规范

一般而言,不建议混用不同成分的润滑油脂。在对轴承进行首次注脂时,一般都会按照说明书的要求加注合适的润滑油脂。然而,在实际机械运行过程中,当需要补充或更换润滑油脂时,由于种种原因,如原用品种难以获取或其他主观因素,可能会选择使用另一种润滑油脂,这就可能导致不同成分的润滑油脂发生混用。

这种混用现象有时并不会立即显现出问题,然而有时会导致润滑油脂稀释、板结或变色等不良后果,进而影响润滑效果,甚至可能损坏轴承。归根结底,这些都与不同成分润滑油脂之间的兼容性密切相关。

需要根据轴承上的负荷选择轴承用的润滑油脂。负荷是指工作轴承上单位面积所承受的压力,它是保证润滑油脂性能的关键因素之一。对于重负荷设备,应选用稠化剂含量较高、基础油黏度较大的润滑油脂,或者加入极压添加剂、二硫化钼和石墨等特殊成分的润滑油脂。而对于中负荷和低负荷设备,应选用短纤维结构的皂基润滑油脂,并配合中黏度的基础油。

润滑油脂的物理状态和润滑效果对润滑部件的运转速度反应敏感。在高速运转时,润滑油脂受到的剪切应力增大,同时部件的温升加快,这可能导致润滑油脂变稀并流失。因此,对于高速运转的部件,应选用稠度较高、吸附性好的润滑油脂。

针对不同的速度和负荷条件,可以选择不同黏度等级的润滑油脂。例如,ISO 100 及以下黏度等级的润滑油脂适用于高速、轻负荷的场合,而 ISO 150/220 和 ISO 460 则适用于中等速度和满足承载能力的要求。对于低速、重负荷的场合,可以选择 ISO 1500 这类具有优异承载能力和高度抗水性能的润滑油脂。

在日常使用中,我们可以通过润滑油脂的外观、气味和手感来鉴别其质量。优质的润滑油脂应呈现均一的稠膏状体,无浮油、颜色深浅不一、表皮硬化等现象,同时,用手捏上去应感觉顺滑。如果润滑油脂出现异味或手感异常,可能是已经变质或过期,不宜使用。

如果是质量上乘的轴承润滑油脂,在遭受火焰时并不会发出刺耳的声响,也不会散发出难闻的气味。当然,它也会产生烟雾。随着黑烟的逐渐消散,我们可以通过取样并点燃润滑油脂来进一步分析其特性。若润滑油脂能够滴落,则说明其滴点较低;反之,则滴点较高。此外,燃烧后的残渣量也是评估润滑油脂质量的重要依据。值得注意的是,锂基润滑油脂由于具有较高的滴点,通常难以被点燃。

2.正确加注润滑油脂的步骤

确定好润滑油脂种类以及牛油嘴后,我们就可以在工作间将润滑油脂慢慢加入牛油枪腔体内。将润滑油脂加入牛油枪腔体内时,应确保正确操作以排除空气,这是非常重要的步骤,有助于保证润滑油脂能够顺畅地被泵送至需要润滑的部位。

我们要确保牛油枪是清洁的,并且没有旧的或干硬的润滑油脂残留。如果有,应清理干净,以避免污染新加入的润滑油脂;使用适当的工具(如填脂漏斗)帮助将润滑油脂慢慢加入牛油枪的储脂筒中。尽量避免直接用手接触润滑油脂,以防杂质混入。在装填完毕后,先不要急着将出脂口完全封闭。轻轻推动牛油枪的手柄几次,让润滑油脂开始流动并帮助排出可能进入储脂筒内的空气。随着润滑油脂逐渐充满整个腔体,空气会被挤出。

观察出脂口:注意观察牛油枪的出脂口,当看到连续、均匀的润滑油脂流出而不是断断续续或者夹杂气泡时,说明大部分空气已被排出;检查接口,确保这些连接紧密无泄漏;彻底排气:完成初步排气后,可以尝试将牛油枪对准一个废油容器或适当的地方,再次用力推压手柄数次,直至确认所有空气都已排出,只有纯净的润滑油脂流出为止。

接着,我们就可以到电动机附近,打开注油口保护盖,用干净的布对电动机的注油口进行清洁,避免杂质进入轴承。

按设备手册的要求注入适量润滑油脂(过量会导致发热,不足会加速磨损),如果设备上未注明,则根据经验:轴承的加注量通常应为轴承室空隙的 1/3 ~ 1/2。当然,我们也可以采用保守的方法少量多次地添加润滑油脂。加完润滑油脂后,运行电动机 10 min,可利用探听棒、测电动机轴承两端温度以及观察电动机的电流来了解电动机运行的状况,从而做相应调整。

3.注意事项

禁止混合不同型号的润滑油脂,防止化学反应失效。

定期清理旧牛油。

给电动机加牛油的最佳时机取决于电动机的使用情况和润滑需求。在多数情况下,建议在电动机停止状态下进行加牛油操作,以确保安全、准确和有效地润滑。当电动机处于中低负载状态且需要持续润滑时,也可以考虑在运转中加牛油,但都应确保操作的安全性和有效性。

加完牛油后,应启动电动机进行短时间运转,以确保牛油均匀分布在轴承和传动部件上,防止牛油新旧分离,导致运动失衡。

加注牛油时,应能感受到一定的压力,如无压力,则需注意,可能是牛油枪内有空气、牛油枪内薄膜损坏或者电动机的牛油管路已断等,需及时排查。

第二节　正确选择和使用清洁材料对电子电气设备进行维护保养

一、清洁材料的选择

如果电动机表面或者电动机绕组存在污垢或者灰尘,可能会影响电动机散热、增加能耗,甚至有一定的安全风险,可以在电动机停机的时候,选择快速蒸发且无残留的专用电器清洁剂,如 CRC Lectra Clean(俗称马达水)。此清洁剂不含三氯乙烯,是一款独特的、科学的清洗剂/除脂剂,可快速溶解油脂、油污、油泥,以助于机械设备更有效地工作,且不可燃。如果是罐装的,在使用前,先把罐子晃动摇匀,把气雾剂的喷头对准使用目标,按压喷嘴。喷雾距离一般为 15~30 cm,视产品情况调整喷射的距离和角度。注意避免喷射到人和动物身上,使用时请戴口罩和手套。当然,也可以尝试用无绒布蘸清水,对电动机表面或者绕组进行清洁,清洁完成后,注意干燥。船用电动机多为无刷电动机,如果仅是积灰,可考虑用一定压力的压缩空气,进行吹灰处理。

二、清洁方法

(1)有刷电动机会产生大量的碳粉,则可采用以下方法进行清洁。

①物理清除法

A.使用一把干净且柔软的大号毛刷子,轻轻刷去电动机表面的碳粉。

注意不要用力过猛,以免刮伤电动机的金属表面。

B.使用小功率的吸尘器,将吸尘器口对准电动机表面,吸走碳粉。

这种方法简单快捷,但需要注意吸尘器的功率不要过大,以免对电动机造成损伤。

②化学清洗法

如果电动机上的碳粉较多,可以使用精密电器清洁剂进行清洗。将清洁剂均匀喷洒在电动机表面,然后用软布或刷子轻轻擦拭。清洗后,用干净的无绒布擦干电动机表面,并确保清洁剂没有残留在电动机内部,以防止短路或着火等危险。

根据《中国消耗臭氧层物质逐步淘汰国家方案(修订案)》《中国清洗行业消耗臭氧层物质整体淘汰计划》,我国自 1999 年开始逐渐削减并最终完全停止消耗臭氧层物质的生产和使用。其中,四氯化碳(CCl_4)作为清洗剂的使用已被明令禁止,该禁令自 2003 年 6 月 1 日起在全国范围内实施。四氯化碳对臭氧层具有破坏作用,这是其使用受到严格限制的主要原因之一。

(2)对于电路板来说,由于其单位面积内的元器件较多,灰尘和其他污染物的积累可能会带来一系列的问题。

①散热问题

灰尘堆积在电路板及其组件上，尤其是散热器和风扇等冷却装置上，会阻碍热量的有效散发。这会导致温度上升，进而加速电子元件的老化，甚至可能导致过热损坏。

②电气性能下降

灰尘中可能含有导电颗粒或吸湿性物质，在高湿度环境下，这些颗粒可以形成导电路径，导致短路或漏电流增大，从而降低电路板的电气性能。例如，灰尘与湿气结合形成的无形电阻网络或者寄生电容等会影响电路板中的电气参数。

③腐蚀风险

某些类型的灰尘（如含盐分的海风尘埃）具有腐蚀性，长时间暴露可能导致金属部件（特别是焊点、接插件以及裸露的铜迹线等部件）腐蚀。腐蚀不仅会影响电气连接的质量，还可能导致电路失效。

④信号干扰

细小的灰尘颗粒如果沉积在高频信号传输线附近，可能会改变线路的阻抗特性（寄生电容等问题），引起信号反射和串扰，影响信号完整性。

⑤物理损伤

虽然较少见，但在极端情况下，大量的灰尘堆积可能会对电路板施加额外的压力，尤其是在振动环境中，这种压力可能导致焊点断裂或造成其他形式的机械损伤。

⑥清洁难度加大

随着时间的推移和使用次数的增加，灰尘会在电路板表面形成一层难以清除的覆盖物，特别是当它与润滑油脂、助焊剂残留等混合时，增加了后续清洁工作的复杂性和难度。

这时候我们就需要选用精密电器清洁剂，如图23-5所示，这是一种基于石油馏分的清洁剂，适用于维修和保养各种电子电气设备。定期使用，可防止电气故障，提高设备性能，延长设备的使用寿命。它具有塑料安全性，允许产品应用于多种场合，而且不会损坏精密的塑料制品；能快速挥发，缩短了设备的停工期；无残留，防止有害物质在设备上聚积，省去额外的擦拭和冲洗；可偶然和食品接触；安全环保，不含第一类和第二类消耗臭氧层物质。这种清洁剂可用于清洗电子连接器、印制电路板、继电器、开关、天平、定时器、电话机、计算机、发电机、边缘连接器、磁头、母排等其他电气和电子设备上的污垢、灰尘、轻油和指纹。或者也可以选用除尘剂，如图23-6所示，这是利用强劲的气流去除带电设备上的污垢、灰尘以及嵌入的碎片。除尘剂不可燃、对所有塑料安全；可有效清除普通手工作业难以触及或狭小缝隙中的污垢。当然，灌装产品都属于压力容器，储存的时候应注意避免高温，使用完毕后，也勿将其投入焚烧炉中进行燃烧，因为有爆炸风险。

虽然多数电气清洁剂标明可带电使用，但仍建议大家使用前先断电。

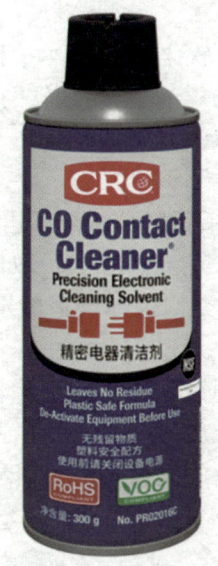

图 23-5　精密电器清洁剂

图 23-6　除尘剂

（3）清理轴承上的旧牛油，可以采用以下几种方法，并选用相应的工具：

①热油清洗法

将轴承浸入 100~200 ℃的热滑油脂中，使旧牛油融化。用钳子夹住轴承，用毛刷刷洗轴承表面及缝隙中的油污。对于结构复杂的轴承（如向心球面轴承、短圆柱滚子轴承），需将滚珠、珠架、内环与外环脱开后分别清洗。选用工具：钳子、毛刷、热机油（注意油温不超过轴承材料所能承受的最高温度，以防轴承过热变形或降低硬度）。

②一般清洗法

将轴承放在煤油中浸泡5~10 min,软化旧牛油。一手捏住内环,另一只手转动外环,使旧牛油及杂质脱落。将轴承放入较清洁的煤油中,用细软的毛刷刷洗。再用汽油清洗一遍,去除残留的煤油及油污。选用工具:煤油、汽油、细软的毛刷、干净的容器。

③超声波清洗法

将轴承放入超声波清洗机中,加入适量的清洗液。启动超声波清洗机,利用超声波的空化效应及穿透力,将轴承表面的油污剥离。清洗完成后,取出轴承,用干净的无绒布擦干。选用工具:超声波清洗机、清洗液(根据油污类型选择合适的清洗液,如溶剂型清洗剂)、干净的无绒布。

注意事项:在清洗过程中,避免使用锋利的工具刮除轴承上的油污或锈蚀,以免损坏轴承滚动体和槽环部位的光洁度。清洗完成后,应仔细检查轴承是否清洗干净,如有残留油污,应重新清洗。清洗后的轴承应及时涂上新的润滑油脂,以防生锈或腐蚀。尽量不使用拆下来的轴承,除非无相同备件。

三、其他类型的清洁工具

清洁工具还包括防静电刷、无纺布、吸尘器、橡皮擦等。

禁止使用金属刷或高压气枪,避免损伤元件。

举例:金手指失效通常指的是电子设备中用于连接的金属接触点(因为这些触点常常镀有一层金色,通常称为金手指)由于氧化、灰尘或污垢等而接触不良。当遇到这种情况时,使用橡皮擦是一种简单而有效的修复方法。

断电:首先确保所有相关设备已经断电,并且从电源插座上拔下插头,以避免任何电气危险。

准备工具:获取一块干净、干燥的橡皮擦。理想的橡皮擦应该是软质的,不会刮伤金手指表面。市面上也有专门用于清洁电路板和金手指的橡皮擦。

清洁过程:轻轻地用橡皮擦沿着金手指的方向来回擦拭,去除其上的氧化层和污垢。注意不要用力过猛,以免损坏金手指。对于较为顽固的污渍或氧化物,可以稍微增大一些压力,但要小心操作。

检查与清理:在擦拭后,应该能看到原本暗淡或有污渍的地方变得光亮。此时可以用干净的布轻轻拂去擦拭下来的碎屑,也可以使用压缩空气罐吹走细小的颗粒。

重新安装:确认金手指已被彻底清洁并且完全干燥之后,再将设备重新插入相应的插槽中。这样做有助于恢复良好的电气接触。

测试:完成上述步骤后,重新接通电源并测试设备是否恢复正常工作。

这种方法适用于多种类型的电子设备,包括但不限于内存条、显卡、扩展卡等。需要注意的是,在某些情况下,如果金手指的氧化非常严重,或者存在物理损伤,仅靠橡皮擦可能无法解决问题,这时可能需要专业的维修服务。

第三节　正确保管和使用电子电气设备的设备操作说明及船舶操作手册

一、电子电气员涉及的船舶技术资料

船舶技术资料的管理是船舶管理的一项重要基础工作。有效的技术资料管理对船舶安全管理能起到有力的支持作用,对船舶修理、事故应急处理、日常备件订购等都有直接的密切联系。

电子电气员工作中的活动或申请、交流等需要用到各种函电、文件和记录表格,目前都基本上是以报表或表格的形式出现的。其中有些是船舶安全管理体系要求的,应予以认真填写、及时上报和妥善保管。

每个公司规定的表格不完全一样,因此并没有统一标准,但也有很多是基本相同的。电子电气员的报表大致可分为定期呈报类、事故报告和交接班类、物料备件和工程类、设备检修和测量记录、藏船内部类。随着船舶对外交流增强,一般表格都采用了中英文对照的方式。此外,由于机务管理软件的应用,很多报表可能实现无纸化,如维修计划表、备件情况表之类的表格。

(一)定期呈报类

电子电气员常见的定期呈报类报表主要是向公司安技部门或机务部门主管人员送交的报告,主要有电气年度维修计划、电气月度维修测试保养计划、电子电气员出航报告。

需要说明的是,虽然目前大多数船舶实行了船舶维修保养体系(CWBT)或类似的机务管理软件(比如,国产海硕士 SMIS 一类管理软件的),由机务管理软件输出电气年度维修计划和内容。但此类机务管理软件,在制订维修计划时,并不一定能考虑到船舶的实际状况和需要,因此仍需电气管理人员提出电气年度维修计划。

(二)事故报告和交接班类

船舶事故报告书和交接班报告书用于在船舶发生较大机损事故时向公司说明情况,请求岸基支持或处理。

1.船舶事故报告书

船舶事故报告书应包含:

(1)船舶基本资料,如船名、船长姓名、轮机长姓名、船舶建造年月、船型、总吨位、主机型号、功率、厂家、建造年月等。

(2)事故及处理信息,如事故发生时间、地点、事故情况综述、事故发生的详述、原因分析、预防纠正措施等。

对于事故信息的描写应尽量客观,提供的信息应准确全面、结构合理、条理清晰。限于篇幅,具体格式不予举例。事故报告通常要求责任人、船长、公司各至少保留一份。

2.交接班报告书

(1)物料备件和工程类

①船舶备件申请单。

②船舶物料申请单。

③船舶修理工程单。

上述文件都可以在船公司的体系文件中找到,一般是文档或者表格形式,有些公司也要求在备件物料管理软件上进行申请。电子电气员上船熟悉船舶的工作中,对备件物料的清点是一个非常重要的工作,可方便后续工作。

电子电气员的修理工程单用于向公司提出设备修理申请。工程单一般有多页,其中首页用于填写本船的一般数据,如原船名、现船名、船籍港、制造厂名和厂址、呼号、交付日期、总吨、载重吨、净吨位、总长、两柱长、总宽、型深、首中尾吃水;主机、副机、发电机的基本数据(型号、生产厂家、制造日期、实际功率和转速、额定功率和转速);螺旋桨的材质、螺距等。

工程单正文是对需要进行修理的项目进行说明,文字叙述应既简明又准确清楚,避免不确切的词语,如"解体检查视情修理"。项目应予编号,通常甲板部的项目以 H 开头,轮机部以 M 开头,电气设备以 E 开头,通信和导航以 N 开头,如 E-01、N-02 等。如需要备件、材料,应说明备件、材料的提供者(是需要公司联系提供备件还是船上有备件)。修理单有 2 页以上的,应注明页次和总页数。修理单需要公司安技部门审核批准。

修理单通常由轮机部、公司、责任人应各保留一份,至少保存一年。

④船舶备件增添、消耗报告。

船舶备件的增添消耗报告每季度由设备主管人填写,交轮机长汇总上报,主要报告发生变动的备件情况。

(2)设备检修和测量记录

①ICCP 外加阴极电流保护月度记录表。

②火警探头月度检查单。

③船舶应急蓄电池维修保养测试记录簿。

④电子电气员检修记录簿。

⑤船舶电气绝缘测量记录簿。

⑥船舶主要安全、警报装置功能检测记录簿。

(3)冷藏船类

①电动机日志。

②月度工作报告。

③上高作业单。

(4)设备说明书及备件手册

图 23-7 所示为国产某型空压机操作说明书目录。该设备说明书提供了详细的步骤,帮助用户了解如何正确配置、启动和关闭设备,这对于新用户特别重要。同时,设备说明书也包含了关于如何避免危险情况的信息,如防止电击、短路等,还可能包括紧急停机程序,以减少事故发生时的风险。操作说明书通常会列出预防性维护任务的时间表,并提供故障排除指南,这有助于延长设备使用寿命并缩短意外停机时间。用户通过遵循操作说明中的最佳实践来调整设置,从而实现更高效的能源使用和更高的生产率;确保所有操作符合当地法规和国际标准的要

求,比如操作说明书上会写明该厂家所进行过的各类合规认证(船级社);操作说明书中也有电路原理图,这对于船舶电气作业人员排障来说,具有重要的意义。此外,备件手册也有助于船员订购到合适的备件,同时,也有助于船员获取厂家的技术支持等。

目　录

图 23-7　操作说明书目录

二、船舶技术资料保管规范

(一) 资料分类归档的精细化与即时性强化

在船舶正式出厂并交付之际,船厂会准备四套全面详尽的技术资料,其中两套直接放置于船上,以备日常运营之需,其中一套放置于船长室、另外一套分成两部分,涉及甲板部的技术资料一般由大副保管,涉及轮机部的一般由轮机长保管;而另外两套被保存于岸上管理部门,确保信息的双备份安全。资料接收完成后,船方首要且关键的一步是实施详尽的登记造册工作,将资料有序整理并归档,同时附上清晰明了的标识,以便于日后的快速检索与高效管理。大型航运企业往往设有专业的档案管理部门及配备先进的资料管理室,这些资料管理室不仅严格遵循档案管理行业的最高标准,还采取了包括防火、防盗、防潮在内的多重安全措施,以确保资料的长期保存与安全无虞。资料依据船型、船名及图纸类别进行科学合理的分类存储,旨在简化查询流程,提高工作效率,确保信息的精准定位与即时获取。

(二) 资料记录与更新的动态同步机制

随着船舶的持续运营,设备设施的维护与更新在所难免,这些变动可能直接导致船舶现状与原始设计图纸之间产生偏差。因此,图纸管理人员需时刻保持高度的警觉性与责任感,积极搜集并整理变更信息,对相关资料进行及时且准确的更新,以确保资料的时效性与准确性,为后续的船舶设备管理提供坚实的基础与支撑。在更新船上使用图纸的同时,必须同步更新岸上管理部门,尤其是档案管理部门的图纸资料,确保同一套图纸在不同地点能保持一致性与同步性。否则,一旦在备件申领过程中依据过时资料下单,极易导致备件与设备不匹配,不仅会造成不必要的资源浪费,还可能影响船舶设备的正常运行与安全性,为船舶的安全生产埋下潜在的隐患。因此,及时更新已归档的技术资料,对于保障船舶的安全运营与高效管理具有至关重要的意义。

(三) 电子版技术资料的高效共享与智能管理

计算机网络技术的飞速发展与电子版资料的日益普及,实现了技术资料的智能分类、高效检索与实时共享,从而大幅提升管理效率与质量,建议存放电子版技术资料的计算机配备UPS,确保可靠。

在资料存档方面,建议按照设备类型(如发电机、导航系统等)进行细致分类并编号存放,同时确保电子版资料的同步备份与定期更新。纸质版手册应存放于专用且符合防潮、防火要求的资料柜内,以确保其长期保存的安全性与完整性;电子版资料则需借助先进的信息化手段进行定期更新与维护,以保持其时效性与准确性。此外,还应为说明书建立详细的借阅清单与管理制度,这是防止资料丢失与确保信息安全的有效手段之一,值得航运企业广泛推广与实施。

三、船舶技术资料使用要点

操作前查阅:更换变频器模块前应核对手册中的各类参数设定值、注意事项等。

故障排查:按手册流程图逐步排除。

修订记录:手写修改需由修订者进行签字确认,如发现说明书图纸中与现有设备不相符或者有误,尤其是在重要备件的型号更新时,需进行及时修订,修订后,签字并写好日期。

参考文献

[1] 马昭胜. 船舶电气设备维护与修理[M].北京:机械工业出版社,2020.

[2] 中国海事服务中心. 电子电气员模拟器[M].大连:大连海事大学出版社,2017.

[3] 李建伟. 船舶电站操作与维护[M].大连:大连海事大学出版社,2015.

[4] 林叶春,吴志良,丁龙祥,等. 船舶电气[M].大连:大连海事大学出版社,2021.

[5] 朱永强,姚建飞. 船舶电站操作[M].大连:大连海事大学出版社,2014.

[6] 徐先弘,孙莉莉. 船舶电气设备维护与管理[M].大连:大连海事大学出版社,2015.

[7] 高峰,程真启. 船舶电气设备与系统[M].大连:大连海事大学出版社,2018.

[8] 张春来,王海燕,孙立新. 船舶电气与自动化(船舶电气)(二/三管轮)[M].大连:大连海事大学出版社,2021.

[9] 薛征宇,许长青,汪旭明,等. 船舶电力拖动系统[M].大连:大连海事大学出版社,2021.